Über dieses Buch

Briefmarken machen heute Kulturgeschichte. Sie sind nicht mehr schlichte Quittungen für bezahltes Porto. Politiker propagieren ihre Ideen über die Bildserien der Briefmarken, Revolutionen verkünden ihren Erfolg durch die Herausgabe neuer Briefmarken. Vergangenheit wird durch Sondermarkenausgaben wachgehalten und Zukunft auf Marken plakatiert. Mit Darstellungen von Stadt und Natur werben die Postverwaltungen für ihr Land. So nimmt es kein Wunder, daß sich in den Briefmarken der Welt die geschichtlich-kulturellen Entwicklungen wie in einem Brennspiegel zeigen. Deshalb wendet sich dieses Buch ganz allgemein an den aufmerksamen Beobachter und nicht nur an den Philatelisten. Wenn auch der Briefmarkensammler mit Nutzen hier sein weites Reich vorgestellt bekommt, so wird doch zu gleicher Zeit dem Nichtsammler das oft wunderliche Gebiet der Philatelie in seinen Höhen und Tiefen, seiner Massensuggestion von wertvollen Nichtwerten, seinen skurrilen Spielregeln, seinen Bilanzen von Gewinn und Verlust dargestellt.

Der Autor

K. K. Doberer, geboren in Nürnberg, graduierte an der H.T.S. Nürnberg als Ingenieur. An der Hochschule für Wirtschafts- und Sozialwissenschaften in Nürnberg und an der Hochschule für Politik in Berlin setzte er seine Studien fort. — Heute gehört er zu den führenden Kennern der Philatelie. Von der Regierung von Mittelfranken zum beeidigten Sachverständigen für Briefmarken bestellt, arbeitete er als Pressereferent des Bundes Deutscher Philatelisten. Nachdem der Verband bayerischer Philatelistenvereine ihm die Goldene Verdienstmedaille für seine literarischen Arbeiten verlieh, erhielt er 1972 vom Bund Deutscher Philatelisten die höchste Auszeichnung für Literatur, die Kalckhoff-Medaille. Als Mitarbeiter führender philatelistischer Zeitschriften hat er internationalen Ruf erlangt und gilt als profiliertester Autor seines Fachgebiets.

Kurt Karl Doberer

Kulturgeschichte der Briefmarke

Fischer
Taschenbuch
Verlag

Fischer Taschenbuch Verlag
1.–15. Tausend: November 1973
16.–20. Tausend: November 1974
Umschlagentwurf: Christoph Laeis
Durchgesehene und korrigierte Ausgabe
des Bandes »Schwarze Einser, rote Dreier«
des Fackelträger-Verlags, 1967
Fischer Taschenbuch Verlag GmbH, Frankfurt am Main

Gesamtherstellung: Hanseatische Druckanstalt GmbH, Hamburg
Printed in Germany
ISBN 3 436 01798 1

Inhaltsverzeichnis

Wie alles anfing: Königsbriefe und Dichterbriefe

Wer ein Buch über die Briefmarke schreibt, scheint stets bei Adam und Eva beginnen zu wollen, zumindest aber bei den Briefen der Sumerer und Ägypter. Aber wie man die Chronik des Automobils nicht mit der des Rades beginnt, werden auch wir nicht mit der Geschichte des Briefes beginnen.

Da aber die Abenteuer der Briefmarke immerhin auch ein Kapitel der Geschichte der Post sind, dürfte es nicht uninteressant sein, der Anfänge der Post zu gedenken. Das um so eher, als wir hier die Bibel zitieren können. Nach der Übersetzung Luthers heißt es im Buch Esther im 1. Kapitel, Vers 22:

»Da wurden Briefe ausgesandt in alle Länder des Königs, in ein jegliches Land nach seiner Schrift und zu jeglichem Volk nach seiner Sprache ...« Und im 13. Vers des 3. Kapitels heißt es weiter: »Und die Briefe wurden gesandt durch die Läufer in alle Länder des Königs ...«

Dies aber ist die Stelle, die schon Geschichte der Post ist, wenn dies auch in der Lutherischen Übersetzung nicht zum Ausdruck kommt. Dagegen heißt es in der englischen, unter König Jakob I. entstandenen Bibelübersetzung, daß die Briefe ›by posts‹ geschickt wurden. Und das Oxford Dictionary sagt dazu: »Post ... einer aus einer Serie von Männern, die mit Pferden entlang einer Straße stationiert waren und deren Aufgabe es war, Briefe von einer Station zur nächsten zu bringen.«

Das Lexikon ergänzt, daß ›Post‹ ein im Mittelalter aufgekommenes Wort sei, das aus dem mittellateinischen ›posta‹, gekürzt aus ›posita‹ (aufgestellt), komme, und daß ›station‹ zu ergänzen sei. Dies sei eine Relaisstation gewesen, wo Boten und Pferde ausgewechselt wurden.

Aus einem Ineinanderfließen der Begriffe für Personen und Einrichtungen entstand das Wort ›Post‹. Aus einer Institution für den König wurde eine staatliche Anstalt zur Beförderung von Briefen für jedermann.

Das wäre die Geschichte der Post in wenigen Worten. Aber wie kam es, daß die Post eine Briefmarke brauchte? Auch dies ist mit wenigen Worten zu sagen, in eine Anekdote gekleidet.

Ort der Handlung ist England, kurz vor Erfindung der Briefmarke. Die handelnden Personen sind zwei Dichter, von denen wir den einen am Schreibtisch finden. Er überlegt sich gerade, wie er seinen lieben Kollegen und Konkurrenten ärgern könnte. So schneidet er seine Gänsefeder zu und schreibt: »Lieber Kollega! Es geht mir außerordentlich gut. Von meinen letztlichen Erfolgen werden Sie ja gehört haben. Ich hoffe, daß

Ihnen beim Anblick meines neuesten Buches doch auch das eine oder andere daraus einfällt. Das wünscht Ihnen von Herzen Ihr ganz ergebener Freund.«
Der Dichter, der gerade nichts Besseres zu tun hat, schreibt diesen Brief um so lieber, als er ja das teure Porto von London nach Schottland nicht selber zu bezahlen braucht. Das Porto mußte zu jener Zeit noch der Empfänger zahlen.
Als der liebe Kollege in Edinburgh den Brief ausgehändigt bekommt, kämpft seine sparsame Seele einen heroischen Kampf: Soll er den Brief annehmen, soll er das teure Porto bezahlen? Aber eine wichtige Nachricht verweigert zu haben, wer will sich das jahrelang dann gern vorwerfen? So nimmt er den Brief an und bezahlt das Porto.
Den Inhalt kennen wir bereits. Die Schotten sind sparsam, aber nicht dumm. So kommt bald ein gewichtiges Paket bei seinem Konkurrenten in London an. Das Porto ist diesmal noch sehr viel höher. Aber immerhin — was könnte alles in dem Paket sein? Der Kollege in Edinburgh will es also doch nicht mit mir verderben, denkt sich der Kollege in London, und er zahlt das Porto. Mit raschen Griffen löst er die Siegel, öffnet die umfangreiche Sendung. Heraus fällt ein flacher Feldstein. Ein Blick auf den Briefanfang genügt: »Lieber Kollega! Dieser Stein fiel mir vom Herzen, als ich hörte, daß es Ihnen so wohl ergehe.«
Zumindest zeigt dieser Briefwechsel die Vorteile eines im voraus per Briefmarke entrichteten Portos, wenn uns auch ein kleines, unerfreuliches Überbleibsel dieser Zeiten in der oft unerwünschten Nachnahmesendung geblieben ist.

Als der Metzger die Post überbrachte

Im Mittelalter waren es vor allem die Herrschenden, soweit ihre Interessen über ihr Gebiet hinausgingen, die an eine Briefübermittlung dachten. Dann waren es Mönche und Äbte, die anderen Klöstern, Gelehrte, die befreundeten Gelehrten Nachrichten zukommen ließen. Schließlich hatten noch die Handelsherren mit fernen Niederlassungen Verbindung zu halten, um ihre Waren zu bestellen und herbeizuschaffen.
Alles in allem war es ein sehr kleiner Kreis, der schreiben konnte, und ein etwas größerer, der sich mit Hilfe von Schreibern der brieflichen Nachrichtenübermittlung bediente.
Oft waren selbst regelmäßigere Postverbindungen nur aus einem ganz bestimmten Grund, einer drängenden Situation entstanden, in der ein Rechtsstreit ausgehandelt, Grenzen festgelegt, eine Erbfolge geklärt werden mußten. War die Si-

tuation geklärt und der Friede eingekehrt, dann schliefen diese Postverbindungen wieder ein.
Im März des Jahres 1500 wurde auf einer Besprechung in Nürnberg mit den Vertretern der Stadt Augsburg beschlossen, zwischen den beiden Reichsstädten eine solche ›Posterey‹ einzurichten, und die Gesandten meldeten dem Augsburger Rat: »... als vor unserm abschied von einer Posterey etwas reden sind bescheen, bedunkt und gut und notturftig sein, dieselben zwuschen hie und Nurmberg an gelegen end uffzurichten.«
Wie lange diese Vereinbarung gegolten hat, wissen wir nicht. Aber Postverbindungen wurden immer neu angeknüpft und dann wieder aufgegeben. So wurde im Februar 1518 von der gleichen Reichsstadt Nürnberg beschlossen, eine Postverbindung nach Ulm auszubauen, »... dadurch man allweg in tag und nacht mug pottschaft haben«.
Noch liefen die Boten des Rates und der Kaufleute getrennt. Aber die Nachrichtengebung wurde immer wichtiger, und eine Verflechtung der Botenaufträge war nicht mehr zu vermeiden — sie ergab sich zwangsläufig. Wenn auch so mancher Bote erst nur nebenbei und illegal auch andere Briefschaften mitnahm, so wurde dies doch schließlich geduldet und dann zur anerkannten Regel.
Den ›gemeinen Mann‹ brachten zwei andere Entwicklungen als Teilhaber in den Postverkehr. Die eine war die Erfindung der Buchdruckerkunst. Um 1455 hatte Gutenberg seinen Bibeldruck vollendet und leitete damit die Verbreitung gedruckter Bücher ein. Mehr Leser bedeuteten aber auch mehr Schreiber.
Eine andere Entwicklung im Boten- und Briefverkehr kam von praktischen Gesichtspunkten her. Die Metzger, die zum Einkauf des Viehs über Land reisten, benutzten dazu meist Pferde, hatten ihre regelmäßigen Touren, damit sich die bäuerliche Lieferkundschaft darauf einstellen konnte.
Kein Wunder, daß diese Rundreisen bald dazu benutzt wurden, erst mündliche und dann schriftliche Botschaften zu übermitteln. Der Metzger wurde zum Postboten.
Aus dem privaten Freundschaftsdienst wurde bald eine amtliche Verpflichtung. Die Landesväter begannen, die Metzger in ihre eigenen Botendienste einzuschalten. Eine frühe Nachricht dazu liegt aus dem Jahr 1595 vor: Der Vogt zu Tuttlingen berichtet, daß bei seinem Amtsantritt kein Metzger seines Bereiches eine Verpflichtung zu Postritten gehabt habe und daß er deshalb anordne, die Metzger seien zu Postritten verpflichtet, wofür sie eine Entschädigung von 5 Batzen für den Tag und das Pferd erhielten.
Diese amtliche Verpflichtung hatte wahrscheinlich nichts mit

privater Briefbeförderung zu tun. Aber sie zeigt uns, daß die Metzger selbst dort, wo sie aus natürlicher Faulheit sich nicht mit Briefbeförderung befaßten, durch behördliche Anweisung darauf hingewiesen wurden, daß hier das Gewerbe bequem zu einem kleinen Nebenverdienst erweitert werden konnte.

Die Herren von Thurn und Taxis

Die Herren von Thurn und Taxis zeigen uns, wie man in allen Gesellschaftsschichten gerade durch die rechten Nebenbeschäftigungen vorwärtskommt. Und da die Herren von Thurn und Taxis es schließlich auch so weit brachten, eigene Briefmarken herauszugeben, ist ihre Geschichte es schon wert, daß man sie hier erzählt.
Friedrich III., Erzherzog von Österreich, 1440 zum deutschen König gewählt und 1442 zu Aachen gekrönt, schuf sich über das Wiener Konkordat enge Verbindungen zum Papst. Er ließ sich von seinem Oberjägermeister Roger de Tassis einen Kurierdienst nach Italien einrichten.
Die Tassis, später Taxis, waren eine italienische Familie aus der Gegend von Bergamo und hielten nach altem Brauch in der Sippe fest zusammen. Nachdem einer aus der Familie einen Kurierdienst zu aller Zufriedenheit einrichten konnte, war es nicht überraschend, daß andere Familienmitglieder sich bald ähnliche Aufträge verschafften.
Franz von Tassis richtete dem Kaiser Maximilian I. eine Stafettenpost zwischen Wien und Brüssel ein. Andere Tassis bauten ähnliche Verbindungen für den Papst und den König von Spanien auf.
Damit saßen die Tassis bereits fest im Sattel, denn sie waren ausnehmend tüchtig. Die Stafettenposten dienten eigentlich nur dem Hofdienst des Kaisers Maximilian. Und die Tassis werden den hochgestellten Herren und reichen Kaufleuten auch klargemacht haben, daß es sich um eine gar nicht zu bezahlende, das heißt um eine gut zu bezahlende Ehre handle, wenn man private Briefe in der privilegierten und sicheren kaiserlichen Post mitnahm.
Daß der Kaiser selber gegen solche Geschäfte keine Einwände erheben konnte, dafür hatten die Tassis vorgesorgt. Der Kaiser steckte durch die Kostspieligkeit dieser Poststafetten bereits so tief in Schulden bei den Tassis, daß er ihnen fast empfehlen mußte, sich durch Mitnahme privater Post schadlos zu halten.
Es war eine Zeit expansiver, ja explosiver Kulturentwicklung. Die ersten Drucker verbreiteten ihre Bücher. Kolumbus ent-

deckte 1492 Amerika. Immer gab einer der Tassis dem nächsten die Verwaltung der Post in die Hand. Rudolf II. ernannte Lamoral von Taxis zum Generaloberpostmeister des Reiches und erhob die Taxis zu erblichen Reichsfreiherren. Im Jahre 1564 gab die Reichspost ihre ersten Postempfangsscheine aus.

Es war das Glück der Familie Taxis, daß ihre Frauen so tüchtig wie die Männer waren. Als Leonhard II. von Taxis jung starb, übernahm seine Gemahlin Alexandrine van Rye mitten in den Wirren des 30jährigen Krieges die Zügel der Postgeschäfte des Reiches. Sie tat dies mit ausdrücklicher Genehmigung des Kaisers als Vormund ihres sieben Jahre alten Sohnes Lamoral Claudius.

Wer Alexandrine auf den prächtigen Wandgemälden aus jener Zeit betrachtet und ihre Züge studiert, versteht, daß diese fast männliche Gestalt das gewaltige Unternehmen der Reichspost mit fester Hand zusammenhalten und nach vierzehn Jahren intakt ihrem dann mündigen Sohn übergeben konnte.

Aber Alexandrine hat mehr für Thurn und Taxis getan, als nur das Bisherige zusammenzuhalten. Sie ist Erfinderin des ›Thurn‹ zum späteren Fürstenhaus Thurn und Taxis. Sie ließ nämlich durch einen gelehrten Kanonikus und Kanzler des Hohen Ordens vom Goldenen Vließ ein prächtiges Ehrenbuch anfertigen, in dem eine Verbindung der Häuser Taxis und Torriani konstruiert wurde. Dieses Geschlecht der La Tour, wie es in Frankreich hieß, hatte sich verwandtschaftlich mit dem Königshaus verknüpft und führte deshalb auch zwei goldene Lilienzepter in seinem Wappen. Alexandrine wird diese vornehme Verknüpfung gut honoriert haben. Aber es war die Sache wert. Obwohl es keinen geschichtlichen Beweis für diese Stammbaumwünsche gibt, hatte Alexandrine durch ihr Ehrenbuch einen Adel gefestigt und erhöht, dem sie bereits durch die gut geführten Postgeschäfte sein finanzielles Fundament gegeben hatte.

Dies ist aber auch der Undank der Welt, daß diese Frau, eine der bedeutendsten Erscheinungen in der Familien-Postgeschichte derer von Thurn und Taxis, in dem prachtvollen Gedenksatz, den die belgische Post zur 13. Tagung des Weltpostvereins in Brüssel im Mai 1952 herausgab, nicht erwähnt ist. Auf vierzehn Marken werden dreizehn Erb-Großpostmeister aus dem Fürstenhaus Thurn und Taxis und ihr Sommersitz, Schloß Beaulieu in Mechelen, gezeigt.

Die Thurn und Taxis waren 1695 Reichsfürsten geworden, indem man ihr seit 1681 im Hennegau bestehendes spanisches Fürstentum anerkannte. Um diese Zeit hatten sie, die bis dahin nur mit reitender Post arbeiteten, die ersten Fahrposten eingeführt – die Postkutsche war entstanden.

Es ist eine Ironie, daß vielleicht gerade die Tüchtigkeit der Thurn und Taxisschen Postorganisation zuerst ihre Einschränkung und dann ihr Ende brachte. Nachdem so mancher Landesfürst mit Neid gesehen hatte, wie reich man mit den Einnahmen einer Post werden kann, nahm er diese Einrichtung aus ›staatspolitischen Gründen‹ in den eigenen Verwaltungsbereich.

So ist zur Zeit der Einführung der Briefmarke das deutsche Thurn und Taxissche Postgebiet schon recht bescheiden geworden. Es umfaßte neben dem Kurfürstentum Hessen die Großherzogtümer Sachsen-Weimar und Hessen-Darmstadt, dann noch einige Herzogtümer, wie das von Nassau, und eine Reihe von Fürstentümern, wie die von Lippe-Detmold, Schaumburg, Reuß und andere. Bemerkenswert ist vielleicht, daß die Thurn und Taxissche Post auch noch die Hohenzollernschen Lande und Frankfurt am Main als damals noch Freie Stadt bediente.

Zu dieser Zeit gehörten die Fürsten von Thurn und Taxis nicht mehr zu jenen, die bei Neuerungen in der ersten Reihe standen und sie am schnellsten durchführten. Darum benötigten sie zwölf Jahre, ehe sie herausfanden, daß die Briefmarke eine brauchbare Neuerung war.

Am 1. Januar 1852 brachten sie ihre erste Briefmarkenserie heraus. Es gab zwei Wertreihen, da das kleine, aber doch weit verstreute Thurn und Taxissche Postgebiet zwei Währungsbezirke hatte. Die eine Markenreihe, die auf Silbergroschen lautete, begann mit der rotbraunen 1/4 Silbergroschen und endete mit der gelben 3 Silbergroschen. Die Markenreihe des Kreuzer-Gebietes begann mit der grünen 1-Kreuzer-Marke und schloß mit der gelben 9-Kreuzer-Marke ab.

Diese Thurn-und-Taxis-Marken waren in schwarzem Buchdruck hergestellt und hatten ihre Markenfarben aus verschiedenfarbigen Papieren, auf die das Markenmuster gedruckt wurde.

Trotz der Schlichtheit der Anfertigung gehören die Thurn-und-Taxis-Marken zu den repräsentativen ›klassischen‹ Marken. Ihr zentrales Bildmotiv war die Zahl, die jedem Benutzer sofort sagte, um welchen Portowert es sich hier handelte. Die ruhige, sachliche Gediegenheit dieser Ausführung, die durch einen sorgfältig ausgearbeiteten Hintergrund gehoben wurde, macht die Thurn und Taxisschen Marken in ihren charakteristischen Bildformen für jeden unvergeßlich, der sie nur einmal nachdenklich betrachtet hat.

Das Land, das erstmals Marken druckte

›Der Mann, der die Briefmarke erfand‹, so hätten wir dieses Kapitel auch überschreiben können. Aber über die Fakten zu dieser Behauptung sind sich die Gelehrten nicht einig. Natürlich hätten wir Tatsachen und Behauptungen so montieren können, daß der Leser überzeugt wäre, er wisse nun alles über den wahren Erfinder. Zumindest so lange, bis er ein anderes Buch zur Hand genommen hätte, in dem unsere Beweisführung als lückenhaft, voreingenommen und des wahren Beweismaterials ermangelnd dargestellt wäre.

Auf jeden Fall verlangte die weitere Entwicklung des Postsystems die Einführung eines Postwertzeichens, einer amtlichen Marke, die bestätigte, daß das notwendige Briefporto vom Absender bereits bezahlt war. Wie dies schließlich am besten durch einen aufgeklebten Wertzettel erreicht wurde, sehen wir im Verlauf unserer Schilderung. Daß die verschiedensten Leute in den verschiedensten Ländern auf diesen Einfall kommen mußten, ist selbstverständlich. Es kommt nicht darauf an, wer die Briefmarke ›erfand‹. Es kommt darauf an, welche Postverwaltung sie zuerst druckte und durchsetzte. Und dies war, wie alle Welt weiß, die Postverwaltung von Großbritannien.

Auch in England hatte das Postwesen die übliche Entwicklung genommen. Erst gab es den mit Pferdestafetten durchgeführten Kurierdienst für die Staatskorrespondenz. Dann wurde 1635 das erste Postamt eröffnet, das auch die Briefe des einfachen Bürgers beförderte. Fünfundzwanzig Jahre später führte der Generalpostmeister Henry Bishop Stempel mit beweglichen Zeitangaben ein. »A stamp is invented which is put upon every letter« – ein Stempel ist erfunden, der auf jeden Brief gedrückt wird – so schrieb Colonel Henry Bishop. Der Stempel bestand aus einem waagerecht halbierten Kreis, der in seiner oberen Hälfte die Anfangsbuchstaben des Monats und in seiner unteren das Tagesdatum zeigte. So wurde das Beförderungsdatum durch mechanischen Aufdruck angezeigt und der individuellen Ausführung entzogen.

Die Engländer zeigen sich in der Postgeschichte immer wieder als praktisch und energisch. Es war also nicht der berühmte ›reine Zufall‹, daß sie schließlich die Briefmarke eingeführt haben. Als William Dockwra 1680 für das Londoner Stadtgebiet eine private Briefpostbeförderung einrichtete, da war vor nun fast dreihundert Jahren sein System so vernünftig ausgedacht, daß er sicherlich auch noch heute einen tüchtigen Postminister abgäbe.

Erstens hatte der Absender den Brief zu bezahlen. Mr. Dock-

wra dachte nicht daran, erst sein Personal die Mühe der Zustellung leisten zu lassen, um etwa dann vom Empfänger erfahren zu müssen, daß er zufällig kein Kleingeld habe oder auf den Brief nicht neugierig sei. Es wurde ein Netz von Postannahmestellen errichtet, die ihre Briefe dann an sieben Zentralstellen der Londoner Stadtteile einlieferten. Die Briefgebühr, also das Porto, betrug für das ganze Londoner Stadtgebiet einheitlich einen Penny. Eine besondere Gewichtsabstufung wurde der Einfachheit halber gar nicht eingeführt. Der Absender zahlte an der Annahmestelle seinen Penny, und der Brief bekam einen dreieckigen Barfrankierungsstempel aufgedrückt. Dieser besagte: PENNY — POST — PAID, Penny-Post bezahlt. Vor dem Austragen bekam der Brief noch einen herzförmigen Datumsstempel.
Wir haben bereits erzählt, wie die Thurn und Taxissche Post in Deutschland wegen zu großer Tüchtigkeit und zu hoher Einnahmen nach und nach von den verschiedenen Staaten in eigene Regie übernommen wurde. Natürlicherweise ereilte die Post des Mr. Dockwra das gleiche Schicksal. Sie funktionierte so exakt und war so zuverlässig, daß man sie mehr und mehr zur Nachrichtenübermittlung benutzte. Nun fand der Staat, daß es sich hier um eine Beeinträchtigung seiner Posthoheit handle. Dem so erfolgreichen Unternehmen wurde bereits nach drei Jahren durch Gerichtsbeschluß ein Ende gemacht.
Die Vorzüge von Mr. Dockwras Postwesen leuchteten allerdings auch der Obrigkeit ein, und nach zweijähriger Pause wurde der Dienst wieder eröffnet, jetzt jedoch als staatliche Einrichtung, die als Londoner Bezirkspost über hundert Jahre funktionierte.
So hatte Mr. Dockwras' Erfindungsgabe wenigstens den Londonern eine moderne Posteinrichtung beschert. Die Inlandpost jedoch wurde weiter in herkömmlicher Weise befördert.
Man hatte eine komplizierte Portostaffelung nach Meilen. Dazu gab es einfache, doppelte und mehrfache Briefe. Dabei ging es nicht wie heute nach Gewicht, sondern nach der Anzahl der verwendeten Briefbogen. Der Brief mußte also offen an die Aufgabestelle gebracht werden. Dort wurde er umständlich taxiert. Das festgestellte Porto wurde aber dann nicht etwa vom verantwortlichen Absender bezahlt. Man überließ dies und die Entscheidung über Annahme oder Ablehnung der Sendung dem Empfänger.
Gegen dieses schildbürgerliche System gab es im Laufe der Zeit starke Einwände. Entscheidenden Ausdruck fanden diese Beschwerden schließlich in der berühmten Denkschrift von Rowland Hill zur ›Post Office Reform‹.
Rowland Hill schlug 1837 vor, eine von Entfernungen unabhängige allgemeine Inlandsbriefgebühr einzuführen, das

Die junge Königin Victoria auf der ersten Briefmarke der Welt im Jahre 1840.

Briefbogenzählen abzuschaffen und dafür eine Gewichtsstaffelung vorzunehmen, bei der jede halbe Unze Briefgewicht mit einem Penny Porto zu bezahlen sei. Die Bezahlung des Portos sollte einheitlich der Absender übernehmen. Soweit waren die Reformvorschläge eine Wiederaufnahme der Prinzipien, die bereits fast hundertsechzig Jahre vorher William Dockwra bei seiner Londoner Penny-Post angewendet hatte.
Aber Rowland Hill machte doch einen entscheidenden weiteren Vorschlag. Das Porto sollte nicht mehr bei Auflieferung des Briefes entrichtet, sondern in weit bequemerer Weise bezahlt werden. Es sollten Briefbogen oder Briefumschläge ausgegeben werden, die bereits mit einem Wertstempel, der Bestätigung des bezahlten Portos, versehen waren. Aber auch das war noch nicht alles. Man dachte bereits daran, diesen Wertstempel als Briefmarke herzustellen, die jeder dann auf sein eigenes Briefpapier kleben könnte.
Es ist selbstverständlich, daß derart radikale Vorschläge von der Postverwaltung nicht einfach mit Begeisterung begrüßt wurden. In England gab es jedoch schon immer zwei Institutionen, die einer hohen Bürokratie beibringen konnten, was das Beste für das allgemeine Wohl sei. Es sind dies die öffentliche Meinung und das Parlament.
Vor allem der Vorschlag eines einheitlichen, vom Absender zu zahlenden Inlandportos von nur einem Penny erregte den begreiflichen Widerspruch der Post. Die Öffentlichkeit war aber so begeistert von dieser Neuerung, daß ein Parlamentsausschuß eingesetzt werden mußte, der die Durchführbarkeit des neuen Systems zu prüfen hatte. Da durch die Einfachheit der Methode und gerade auch durch die Portosenkung eine Flut neuer Postbenutzer zu erwarten war, was wiederum eine ›Rationalisierung‹ der Posteinrichtungen ermöglichen würde, kam der Ausschuß schließlich zu der Ansicht, daß das Einheitsporto durchaus rentabel sein könnte. Im August 1839 unterschrieb die Königin das neue Gesetz. Der Einheitstarif wurde bewilligt und schließlich auch tatsächlich auf einen Penny für die halbe Unze Gewicht festgelegt.
Es wurde ein Wettbewerb für die neuen Briefmarken ausgeschrieben, und die vier besten der eingegangenen Entwürfe erhielten einen Preis. Nicht, daß einer dieser preisgekrönten Vorschläge ausgeführt wurde, aber alle zusammen verhalfen den Postbehörden zu einer klareren Vorstellung vom Aussehen des zukünftigen Wertzeichens. Das endgültige Ergebnis war ausgezeichnet. Diese englischen Briefmarken, die ersten Briefmarken der Welt, die ab 1. Mai 1840 an das Publikum abgegeben wurden (sie durften erst ab 6. Mai verwendet werden), gehörten und gehören zu den schönsten Briefmarken der Welt.

Was auf die Briefmarke gehört

Unter den vier Preisträgern des ersten aller Briefmarkenwettbewerbe vom Jahre 1839 befand sich Benjamin Cheverton, der ein Essay mit dem Bild der Königin eingereicht hatte.
Auf die gleiche Idee waren auch noch andere Künstler gekommen, aber Cheverton hatte gleichzeitig eine umfangreiche Denkschrift eingereicht, in der er begründete, warum er ein Porträt als zentrales Markenmotiv gewählt hatte.
Cheverton hielt die Darstellung eines Porträts auf der Marke für eine wirksame Sicherheitsvorkehrung gegen allzu leichte Fälschungen: »Es ist nun einmal so, daß das Auge dazu erzogen ist, die Unterschiede im Gesichtsausdruck zu erkennen, und damit würde jede Abweichung in der Fälschung leichter entdeckt werden — der Unterschied würde einem Betrachter bei einem Gesicht rascher auffallen, als dies bei Buchstaben oder Verzierungen der Fall wäre, obwohl er vielleicht gar nicht sagen könnte, wo der Unterschied liege oder aus was er bestehe.«
Wenn man auch Chevertons Essay selbst nicht angenommen hatte, so erkannte man seine Beweisführung doch dadurch an, daß man ihm einen der Preise zusprach. Als Vorlage für die ersten beiden Markentypen, die schwarze 1-Penny-Marke und die blaue zu 2 Pence, benutzte man eine Medaille, auf der William Wyon einige Jahre vorher die Königin dargestellt hatte, als sie die Guildhall von London besuchte. Dieses Bild wurde von Frederick Heath in Stahl graviert. Das Markenbild erhielt neben den kleinen Zähl- oder Kontrollbuchstaben in den unteren beiden Ecken und den kleinen Kreiskreuzchen in den oberen Ecken sowie der schmalen Rahmenguilloche links und rechts nur oben die Inschrift ›Postage‹ und unten die Wertangabe ›One Penny‹ oder ›Two Pence‹.
Damit blieb der Kopf der Königin der Blickfang der Marke. Und obwohl, wie wir gesehen haben, seine Anbringung mehr eine Sicherheitsmaßnahme denn ein Staatsakt war, hat sich in der Geschichte der Briefmarke die zweite Lesart besser durchgesetzt als die erste praktische Begründung. Es gab eine ganze Schule von amtlichen Auftraggebern in der Briefmarkenherstellung, die den Kopf ihres Herrschers als die beste Repräsentation des Staates auf der Briefmarke betrachteten. Besonders trifft dies für England zu. Hier hat sich eine Nützlichkeitsüberlegung in eine starre Tradition verwandelt. Mag auf modernen englischen Marken was immer auch abgebildet sein — in einem kleinen Oval muß dazu die Marke den Kopf der Königin zeigen. Das erste Prinzip einer Briefmarke, die siegelartige Schlichtheit, ist durch zeremonielle Vorschrift mit Sicherheit immer gestört.

Gerade dieses negative Beispiel läßt uns aber fragen, was nun wirklich auf einer idealen Briefmarke mit Notwendigkeit zu sehen sein muß.
Vor allem soll man natürlich erkennen können, daß es sich um eine Briefmarke handelt, daß die Marke also etwas mit der Post zu tun hat. Das ergibt sich entweder aus einer Aufschrift oder auch aus einem Zeichen, das man sofort mit der Post in Verbindung bringt, etwa der Darstellung eines Posthorns.
Wenn es klar ist, daß es sich um eine Briefmarke handelt, dann will der Beschauer natürlich vor allem wissen, welcher Portosatz mit dieser Marke bezahlt ist. Dies kann dadurch geschehen, daß man den Wert der Marke mit einer entsprechenden Zahl deutlich angibt. Es besteht aber auch die Möglichkeit, das Problem so zu lösen, daß die Farbe der Marke angibt, für welchen Typ von Postsendungen das Porto entrichtet ist. Also etwa eine braune Marke für Drucksachen, eine grüne Marke für Postkarten, eine rote Marke für Inlandsbriefe und eine blaue für Auslandsbriefe. Die Farben, die hier genannt werden, sind eine Zusammenstellung, die aufgrund internationaler Vorschläge seit langem in Deutschland eingehalten wird. In der ersten Zeit der Briefmarke gab es ja auch noch keine Postkarten, und das Auslandsporto erforderte ganz komplizierte Berechnungen.
Erst als die Briefmarke durch zwischenstaatliche Postverträge internationale Anerkennung gefunden hatte, ergab sich auch die Nützlichkeit einer Angabe, welches Land die betreffende Marke herausgegeben hatte.
Normalerweise werden von den meisten Briefmarken alle drei der Grundforderungen erfüllt. Es gibt aber auch genug Marken, bei denen das eine oder andere dieser als notwendig erkannten Merkmale unbeachtet geblieben ist. Was aber das wichtigste Kennzeichen ist, darüber gehen die Meinungen auseinander.

Briefe mit Wertzeicheneindruck — Konkurrenz der Briefmarke

Der entscheidende Punkt der Postreform-Vorschläge von Rowland Hill, mit dem er über die Bar-bezahlt-Stempel von William Dockwra hinausging, war der Verkauf von Portobestätigungen an Leute, die ihren Brief erst schreiben wollten. Dies konnte zwar auch mit aufklebbaren Briefmarken geschehen. Aber der weniger revolutionäre Weg war die Vorausabstempelung des Briefes mit einem amtlichen Wertzeichen oder, wie es Rowland Hill vorschlug, der Verkauf solcher Briefe oder Umschläge an das Publikum, die bereits amtlicherseits mit

einer Darstellung bedruckt worden waren, aus der die Bezahlung des Portos hervorging.
Wenn wir nicht von einem einfachen Wertstempel für diesen Zweck sprechen, so darum, weil man mit dem ersten Briefumschlag einen etwas anderen Weg ging.
Vorerst aber gab es ein Zwischenspiel mit der eben erschienenen Denkschrift des Rowland Hill. In den englischen Besitzungen saßen, fast möchte man sagen natürlicherweise, agile Leute, die Neuerungen gegenüber weit aufgeschlossener waren als die konservativen, zu Hause gebliebenen Beamten. Da gab es in Sydney, der Hauptstadt der australischen Kronkolonie Neusüdwales, einen Generalpostmeister, der erkannte die Vorteile der Neuerungen von Hill viel rascher, als man es in der fernen Heimat tat. Bereits am 13. November 1838 informierte er das verehrte Publikum, daß auf dem Hauptpostamt gestempelte Umschläge zu haben seien — sie waren mit dem Amtssiegel des Generalpostmeisters versehen —, so daß der Briefträger nicht mehr an jedem Haus auf das Porto zu warten hätte und damit die Beförderung beschleunigt würde. Die gestempelten Umschläge kosteten einen Schilling und drei Pence das Dutzend. Bald konnte man auch seine eigenen Umschläge oder sein eigenes Briefpapier — das man damals noch üblicherweise zum Brief faltete — bringen, damit die Wertstempel angebracht würden.
Als nun eineinhalb Jahre später die Neuerungen Rowland Hills auch in England eingeführt wurden, waren es neben den beiden Briefmarken zu 1 Penny und 2 Pence auch zwei Umschläge, die als amtliches Wertpapier dadurch gekennzeichnet waren, daß sie eine komplizierte Zeichnung, die über Handel und Wandel des Empire thronende Britannia, zeigten. Die verschlungene Zeichnung sollte eine Nachahmung besonders schwierig machen. Aber man fand sie altmodisch, und sie war Anlaß für viele Karikaturen. Vielleicht war die Unbeliebtheit der Zeichnung der Grund, warum es die beiden gleichzeitig erschienenen aufklebbaren Briefmarken in ihrem schlichten Kopfmuster waren, die mehr und mehr benutzt wurden und in der allgemeinen Verwendung schließlich in England den Sieg davontrugen. An sich mußte es die ganz neuartige Briefmarke viel schwerer haben, die Gunst des Publikums zu gewinnen, obwohl sie im Grunde ja praktischer war. Man brauchte sie erst aufzukleben, wenn die Adresse geschrieben war. Trotzdem war der Sieg der Briefmarke noch nicht endgültig. Lange Jahrzehnte noch gaben alle Postbehörden diese mit Wertstempeln versehenen Umschläge heraus, und in manchen Ländern sind sie nicht nur zu besonderen Gelegenheiten wie bei uns, sondern ganz regulär weiter in Gebrauch. In der Sowjetunion erfreuen sich die amtlichen Umschläge, die neben

der rechts angebrachten Wertzeicheneinprägung links meist eine hübsche Zeichnung haben und in den verschiedensten Variationen existieren, einer wachsenden Beliebtheit. Dies hat nebenbei den Vorteil gehabt, daß das Format der Briefpost ohne besondere weitere Vorschriften genormt werden konnte. Für die elektronische Sortierung mag es sich ergeben, daß auch die fluoreszierende Briefmarke, die in freier Platzwahl aufgeklebt wird, den modernen technischen Ansprüchen nicht mehr genügt, daß also die Technik uns zwingt, schließlich zum amtlich hergestellten Briefumschlag mit einheitlichen Markierungsmöglichkeiten zurückzukehren.

Köpfe — Zahlen — Wappen

Wenn auch das Beispiel der ersten Briefmarke, der schwarzen 1 Penny, die den Kopf des Herrschers als Repräsentanten des Landes zum zentralen Motiv machte, einen starken Einfluß auf viele folgende Briefmarkenausgaben hatte und bis heute für manche Länder maßgebend blieb, so gab es doch genug Postverwaltungen, die ihre eigenen Wege gingen. Zwar hatte sogar die Idee, daß der ›bekannte‹ Kopf des Herrschers die Nennung des Landesnamens erspare, ihre Nachahmer etwa in den schönen Ausgaben von Preußen, in denen der Niederlande, Belgiens und Österreichs gefunden, aber schon die frühen Ausgaben Sachsens setzten vorsichtshalber doch den Landesnamen darüber.
Es war das Kaiserreich Brasilien unter Kaiser Dom Pedro II., das bereits wenige Jahre nach Großbritannien mit eigenen Briefmarken auch einen eigenen Stil entwickelte. Hier war man erst einmal der Meinung, daß die Briefmarken nichts weiter darzustellen haben als die Summe, die für das Porto bezahlt worden war. Dies wurde durch das Zentralmotiv einer Zahl, 30, 60 und 90 Reis, ausgedrückt. Diese Zahl war durch das feine Liniengewirr einer ovalen Guilloche herausgehoben, die eine Nachahmung der Marke im gleichen Tiefdruck nahezu unmöglich machte. Die Marken hatten keinerlei Aufschrift. Die Hersteller sagten sich, daß nur zwei Gruppen von Leuten zu wissen brauchten, daß es sich um ein Wertzeichen der brasilianischen Post zur Bezahlung des Portos handle. Das waren zum einen die, die damit ihre Briefe zu frankieren hatten. Diese Leute erfuhren es dadurch, daß sie ja die Marken genau zu diesem Zweck auf der Post erworben hatten, wenn ihnen die Arbeit nicht der brasilianische Postbeamte abgenommen hatte. Zum anderen mußten es die Postbeamten wissen. Aber diesen hatte man es bereits mitgeteilt.

Mit dem Landesnamen hielten es die Brasilianer genauso hochmütig. Unsere Briefmarken sind eigenartig genug, so sagten sie mit vornehmer Arroganz, wer sie nicht als brasilianisch erkennt, dem fehlt es an Bildung. Und eigenartig, mit anderen zu verwechseln waren diese Marken tatsächlich nicht. Man nannte sie ihrer Form wegen ›Ochsenaugen‹. Später, als man Marken gleichen Grundtyps im kleineren Querrechteck herstellte, nannte man sie ›Ziegenaugen‹.
Und als die ›Ochsenaugen‹ von 1843 und die ›Ziegenaugen‹ von 1844 im Jahre 1850 von einer leicht veränderten Form abgelöst wurden, nannte man diese ›Katzenaugen‹.
Es wird übrigens behauptet, daß es mit der brasilianischen Eigenart der ›Ochsenaugen‹ gar nicht so weit her sei, weil die Urgravierung dazu und auch die in Stahl gehärteten Übertragungswalzen von Perkins, Bacon & Co., der gleichen Firma in London hergestellt worden seien, die die Hersteller der ersten englischen Marke, der ›Penny black‹ waren. Die Übertragung der Markenzeichnung von den Walzen auf die eigentliche Druckplatte und der Druck selbst sei allerdings von der Münze in Rio de Janeiro durchgeführt worden.
Nun waren Perkins, Bacon & Co. tatsächlich die langjährigen Lieferanten brasilianischen Papiergeldes, und ein Auftrag zur Gravierung der ersten Postwertzeichen könnte dadurch plausibel sein. Aber bei der Herstellung von Briefmarken scheint man schon immer mehr Nationalstolz entwickelt zu haben als bei der Erzeugung von Papiergeld, dessen Entwerfer und Hersteller traditionsgemäß in der Anonymität bleiben. Jedenfalls ergab eine Nachforschung bei der Firma, daß eine Herstellung der Urgravur und der Walzen für die ›Ochsenaugen‹ bei ihr nicht aktenkundig gemacht werden konnte.
Nun existiert neben dieser Theorie auch noch eine andere, daß nämlich die ersten Marken Brasiliens auf einer Graviermaschine entstanden, die vom brasilianischen Zoll beschlagnahmt worden war. Welch ein Fortschritt gegenüber unserer Zeit, wo im allgemeinen erst die fertigen Briefmarken beschlagnahmt werden! Vielleicht ist aber auch diese abenteuerliche Erklärung gar nicht richtig und die Marken sind einfach, wie so viele spätere südamerikanische Ausgaben, bereits in New York graviert worden. Das Dunkel um die Entstehung der Urstempel ist aber nicht die einzige Merkwürdigkeit der ersten brasilianischen Ausgabe. Alle drei Werte der ersten Ausgabe wurden als Zusammendrucke auf einem Markenbogen gedruckt. Das ist etwas, was wir heute nur noch für diejenigen Bogen machen, die auseinandergeschnitten als Kombinationen in den Markenheftchen der Post erscheinen. Auf den ersten brasilianischen Bogen von vierundfünfzig Marken — für uns eine merkwürdige Bogenzahl, die wir an die Hunderterbogen gewöhnt

sind — befanden sich die drei Werte der ersten Ausgabe, die zu 30, zu 60 und zu 90 Reis, in drei Gruppen zu je achtzehn Marken. Als sich später herausstellte, daß nur die Werte zu 30 und 60 Reis rasch aufgebraucht wurden, druckte man bei diesen Werten Einzelbogen zu sechzig Marken.
Im allgemeinen wurden auch bei den ersten Drucken die Bogen zu einzelnen Wertgruppen aufgeschnitten. So entstanden Kleinbogen von dreimal sechs Marken. Allerdings geschah dies nicht in allen Fällen und wahrscheinlich nicht auf kleinen Postämtern, wo es kein Gedränge und keine Gefahr von Verwechslungen gab.
Solche Streifen mit verschiedenen Werten sind deshalb heute große Raritäten. Hin und wieder erscheinen sie auf internationalen Auktionen. Einer, der im März 1963 bei Harmer Rooke in London zur Versteigerung kam, enthielt oben zwei 30-Reis-Marken und als unterste Marke des senkrechten Streifens eine 60-Reis-Marke. Die Marke zu 60 Reis ist von den beiden oberen, den 30-Reis-Marken, durch eine sogenannte Brücke getrennt, einen zusätzlichen Leerstreifen, wie wir ihn auch von anderen klassischen Emissionen, wie etwa in Bayern, Bergedorf und Kirchenstaat, kennen. Hier trennen diese Leerstreifen, die Brücken, teils waagerecht, teils senkrecht Gruppen gleichwertiger Marken.
Obwohl der brasilianische Dreierstreifen mit der Brücke wohl ein Unikum und heute etwa 100 000 DM wert ist, sind klassische Brücken immer rar und stets begehrt. Es kam selten vor, daß ein Postbeamter sich die Mühe machte und über die Bogengruppe bis zur nächsten Marke hinwegschnitt. Und noch seltener kam es vor, daß dies mit einem so geraden Schnitt geschah, daß keine der Marken angeschnitten wurde.
Die erste deutsche Briefmarke, der am 1. November 1849 erschienene ›Schwarze Einser‹, war eine typische Zahlenmarke. Die schwarz auf weißem Papier gedruckte Marke im Werte von einem Kreuzer erhielt wiederum ihre Schönheit durch die Schlichtheit und Geradlinigkeit der Idee und ihre sorgfältige Ausführung. Hier stand nichts als eine Eins im Mittelfeld mit einer Rahmenumschrift ›BAYERN — EIN — KREUZER — FRANCO‹, aber die Wirkung als Wertzeichen war unübertrefflich. Wie die erste englische Marke ein klassischer Vertreter der Gruppe des Kopfmotivs war, so war die erste deutsche Marke ein ebenso würdiger Vertreter der Gruppe des zentralen Zahlenmotivs. Die bayerische Marke war zwar im Gegensatz zur englischen Marke im Buchdruck hergestellt, aber sie hatte in der gleichen Farbe eine ähnliche Gesamtwirkung. Sogar die Farbe des nächsthöheren Wertes, der blauen 3 Kreuzer, stimmte in der Farbe mit der weiteren englischen Marke von 1840, der blauen 2 Pence, überein. In England war man aller-

Oben: Viererblock der ersten deutschen Briefmarke, der bayerischen 1 Kreuzer, schwarz.
Unten: Eine Fälschung des Meisterfälschers Sperati.

dings inzwischen aus stempeltechnischen Gründen dazu übergegangen, die 1-Penny-Marken rotbraun herauszubringen. Dies spiegelte sich in der dritten bayerischen Marke wider, der rötlichbraunen 6 Kreuzer.

Obwohl auch die ersten Schweizer Marken, die im März 1843 im Kanton Zürich erschienenen Freimarken zu 4 und zu 6 Rappen, schöne Muster des Zahlentyps waren, so ergaben hier — ich möchte sagen — konstitutionelle Erwägungen die Entstehung eines weiteren Typs des zentralen Motivs. Das sind die Marken, in deren Bildmittelpunkt das Wappen als Repräsentation des Staates steht.

Zwischen der vielleicht für manchen etwas zu abstrakten und unpersönlichen Glorifizierung der Zahl und der monarchistischen des Herrscherkopfes fand die Postverwaltung des Kantons Genf, die für das Jahr 1843 nun auch Briefmarken herauszubringen gedachte, keine rechte Entscheidungsmöglichkeit. Zwar hatte man ein Jahr zuvor, im Frühjahr 1842, auch in den Vereinigten Staaten eine Briefmarke herausgebracht, die das Brustbild von George Washington, dem ersten Präsidenten der Vereinigten Staaten von Amerika, zeigte, und die Amerikaner halten es seitdem damit, daß verstorbene Präsidenten die Nation auf der Briefmarke vertreten dürfen. Aber in der Wolle gefärbte Demokraten, wie es die Schweizer und auch die Franzosen sind, halten nichts von solchen Lösungen, die auch die Deutschen immer wieder einmal probieren.

Darum wählten die Genfer ihr Wappen, den halben Adler in der linken, den Schlüssel in der rechten Wappenhälfte. Es wurde das zweifache Hauptmotiv ihrer ersten Marke, einer schwarz auf gelbgrünem Papier gedruckten Doppelmarke von 5 + 5 Centimes Wert. Diese Marke ist heute als die ›Doppelgenf‹ in der Welt bekannt. Sie ist fünfmal so teuer wie die 1845 erschienene erste Marke des Kantons Basel, die ebenfalls das Wappen der Stadt, die weiße Taube zeigte, die aber als ›Basler Täubchen‹ zumindest so berühmt wie die etwas seltenere Genfer Marke ist.

Es hat sich dann übrigens gezeigt, daß Marken mit dem Wappenmotiv besonders für Monarchien mit demokratischem Einschlag genauso brauchbar sind wie für echte Republiken. Das beste Beispiel sind hier die bayerischen Wappenmarken, wo das im weißen Prägedruck hervorgehobene Wappen mit den beiden Löwen von 1867 bis 1911, also vierundvierzig Jahre in unverändertem Motiv und zu allgemeiner Zufriedenheit kursierte. Wenn auch hin und wieder ein bayerischer Monarch leicht murrte — die treuen Beamten überzeugten ihn immer wieder, daß für die Stetigkeit eines Staates das Wappen ein besseres Symbol sei als das Antlitz des Regierenden oder Herrschenden.

Die Abenteuer der ›Mauritius‹

Neuerungen brauchen in unserer schnellebigen Zeit kaum einen Tag, um rund um die Welt zu gehen.
In der ›guten alten Zeit‹, als die Briefmarken gerade erfunden waren, konnte es bequem Jahre dauern.
Als am 30. September 1847 Lady Gomm, die Gattin des Gouverneurs auf Mauritius, ihren Maskenball veranstaltete, da waren Briefmarken noch etwas bemerkenswert Neues. Es mußten in aller Eile welche gedruckt werden, damit die Einladungen auf diese neumodische Art freigemacht werden konnten.
Die Aufgabe, die Druckplatte zu gravieren — es sollten eine 1-Penny- und eine 2-Pence-Marke sein —, bekam der halbblinde Uhrmacher Barnard in Port Louis.
Es fand sich eine Kupferplatte von acht mal sechs Zentimeter Größe, und Barnard begann seine Arbeit. Er wird wohl hin und wieder Visitenkarten graviert haben, war aber kein berufsmäßiger Graveur. Darum sind die beiden Marken, die er schließlich zustande brachte, um so höher einzuschätzen. Wenn auch der Kopf der Königin nicht das Londoner Vorbild erreichte, so bekam Mauritius doch Marken, deren es sich nicht zu schämen brauchte. Neben dem Kopfbild der Königin hatten die beiden Marken Inschriften wie ihr Vorbild. Oben gab das Wort ›Postage‹ den Verwendungszweck an, und unten nannte die Wertinschrift den bezahlten Betrag. Statt der Guilloche-Randleisten links und rechts brachte Barnard weitere Inschriften an: rechts den Namen der ersten britischen Kolonie, die offiziell ihre eigenen Briefmarken herausgab, ›Mauritius‹, links das Wort ›Post Office‹.
Allzu viele Briefmarkenbücher — einer schrieb es vom anderen ab — haben hier die naive Geschichte erzählt, wie dieser ›Irrtum‹ auf die erste Marke von Mauritius gekommen sei, so daß es hohe Zeit ist, mit der Legende Schluß zu machen.
Also zum vorletzten Male erst die Geschichte: Der gute Barnard hatte die beiden Marken nahezu fertig graviert. Die Köpfe standen bereits. Oben stand schon ›Postage‹, unten die jeweilige Wertbezeichnung und auf der rechten Seite der Landesname ›Mauritius‹. Aber nun konnte sich Barnard absolut nicht mehr erinnern, was er auf die linke Seite gravieren sollte. Er beschloß deshalb, den Postmeister zu fragen. Als er nahe beim Postamt war, fiel sein Blick auf die Tafel ›Post Office‹. Ah, glaubte er sich zu erinnern, natürlich ›Post Office‹! Und so, schließt die Lesebuchgeschichte, gravierte Barnard das falsche Wort ›Post Office‹ auf die Briefmarke.
Die Leute, die diese Geschichte glauben, übersetzen das Wort

›Post Office‹ mit ›Postamt‹ — eine Übersetzung, die für heute korrekt ist, aber nicht der Bedeutung des Wortes von vor hundert Jahren entspricht. Damals bedeutete dieses Wort Post-Dienst, wie ja auch Rowland Hill seine berühmte Denkschrift ›Post Office Reform‹ nannte: Natürlich wollte er aber keine Änderungen im Postamt, sondern eine Reform des Postdienstes. Und warum sollte auf einer Briefmarke der frühen Zeit nicht ›Post-Dienst‹ stehen? Auf vierzehn verschiedenen Marken der Vereinigten Staaten ist das gleiche ›Post Office‹ zu lesen, und niemand hat sie bis jetzt für Fehldrucke gehalten.
Auch die Ansichten der Postbeamten ändern sich. Und wenn man in Amerika an die Stelle des Wortes ›Post Office‹ später das Wort ›U. S. Postage‹ gesetzt hat, so konnte man das auf Mauritius nicht, weil ›Postage‹ bereits auf der Marke stand. So erfand man einen anderen überflüssigen Füller, indem man links das Wort ›Post Office‹ durch das ebenfalls überflüssige Wort ›Post Paid‹ — ›Porto bezahlt‹ — ersetzte.
Die letzte der in der Kolonie Mauritius selbst hergestellten Marken mit dem Kopf der Königin machte mit den überflüssigen Beschriftungen radikal ein Ende. Die in Mauritius 1859 von Dardenne in Steindruck hergestellten 1-Penny- und 2-Pence-Marken zeigen neben dem Königinkopf — der immer die Königin Victoria darstellen sollte, muß man vorsichtig hinzufügen — nur noch oben den Landesnamen Mauritius und unten die Wertbezeichnung. Die anderen Inschriften links und rechts sind nun einem einfachen Mäandermuster gewichen.
Aber nun zurück zu unserer Rarität, der ›Blauen Mauritius‹, und ihrer ebenso seltenen Schwester, der ›Roten Mauritius‹. Warum die Blaue Mauritius ein geflügeltes Wort geworden ist, aber nicht die fast ebenso rare Rote Mauritius, das weiß kein Mensch und gehört zu den Geheimnissen der ›Bestseller‹. Denn daß es von der ›seltenen‹ Blauen nur zwölf Exemplare, aber von der ›häufigeren‹ Roten schon vierzehn Exemplare gibt, das ist wohl keine rationale Begründung.
Unser Uhrmacher Barnard in Port Louis druckte also von seiner kleinen Platte Marke um Marke. Er mußte fünfhundert Ein-Penny-Marken in Rotorange herstellen und fünfhundert 2-Pence-Marken in Blau. Die Einnahmen der Post spielten bei diesem Unternehmen anscheinend keine besondere Rolle, denn die Ausgaben für das Gravieren der Platte und das Drucken der Marken betrugen zehn Pfund und zehn Schilling, während die Portoeinnahmen der Post, wie jeder nachrechnen kann, für die ganze Markenauflage nur sechs Pfund und fünf Schilling sein konnten.
Die Mauritius-Marken dieser Ausgabe mit der Seiteninschrift ›Post Office‹ zählen heute zu den großen Briefmarkenraritäten der Welt, denn so neumodisch und zu witzigen Gedankengän-

Königsportrait-Marken. Oben Sachsen, unten Preußen.

gen einladend die Sache mit den aufklebbaren Briefmarken für viele auch im Jahre 1847 noch war — die Marken wurden deswegen noch lange nicht gesammelt und des Aufbewahrens für würdig befunden.

Erst als die Postverwaltungen überall in der Welt begannen, solche bunten Portobildchen herauszugeben, wurde das Sammelinteresse wach. Der erste Sammler scheint ein junger Mann in London gewesen zu sein, der durch ein kleines Inserat um Zusendung von Briefmarken bat, weil er sein Zimmer damit zu tapezieren wünschte. Eine solche Tapete hinter anderen Tapeten zu finden, wäre der Traum eines jeden Briefmarkensammlers von heute.

Im Jahre 1864 war man bereits eifrig bei dem neuen Steckenpferd. Madame Borchard, die Gattin eines Kaufmanns in Bordeaux, war eine engagierte Briefmarkensammlerin. Sie durchsuchte die abgelegte Firmenpost nach Briefmarken und fand auch ein Exemplar der 1-Penny-Mauritius, das auf dem Brief ungestempelt geblieben war. Den Briefausschnitt mit der Marke legte sie nun nicht etwa in lauwarmes Wasser, um ihn ordentlich abzulösen, wie dies heute ein rechter Briefmarkensammler macht. Nein, sie zog die Marke wahrscheinlich trokken vom Umschlag ab. So wurde sie dabei auf der Rückseite ein bißchen dünn, und weil es nur noch zwei erhaltene ungebrauchte Exemplare von diesem Wert gibt, müssen sich die Briefmarkenliebhaber mit diesem Zustand abfinden — auch diejenigen, die sonst überempfindliche Ansprüche stellen.

Madame Borchard war aber von ihrer Mauritius gar nicht so besonders begeistert, weil nämlich in ihrem neuen Lallier-Briefmarkenalbum aus Paris für diese Marke gar kein Platz vorgesehen war.

Hier erhebt nun der Chronist seinen Zeigefinger, unterbricht den Lauf der Handlung und fragt: ›Was werden Sie tun, wenn Sie über den Zustand des Sammelns in Pappschachtel oder Zigarrenkiste hinausgekommen sind und schon das kleine und große Einsteckbuch — mit den klaren, durchsichtigen Streifen, hinter die man die Marken Reihe um Reihe stecken kann — auch zu eng geworden ist? Sind Sie der komplettierende Typ, der im philatelistischen Zusammensetzspiel eifrig die vorgedruckten und auch mit den rechten Abbildungen versehenen Albumfelder zu füllen trachtet und begeistert Jagd auf die Marken der letzten Lücken macht? In solchem Falle kommt das Vordruckalbum gerade recht. Es unterstützt die schlichteren Neigungen Ihres Gemütes wie ein sicheres Gerüst. Anders allerdings, wenn Sie Phantasie haben und ein Abenteurer sind. Dann wollen Sie natürlich in unbekanntes Land hinausziehen und allezeit Ihr eigener Herr bleiben. Dann nehmen Sie ein Album mit blanken, auswechselbaren Blättern, das mit Ihren Interessen wachsen und wechseln kann. Dann wird der Spaß nie zu Ende sein, und die tiefere Philatelie, die ganz spezielle Briefmarkenwissenschaft, die ja bekanntlich erst beginnt, wenn man das Gerippe des Normalkataloges hinter sich läßt, wird Ihnen immer ein Vergnügen bleiben.

Da also nun Madame Borchard in ihrem Lallier-Vordruckalbum keinen Platz für die Mauritius vorgesehen fand, so tauschte sie sie bei Madame Desbois für zwei andere Marken, die den ›Vorteil‹ hatten, im Album richtig eingezeichnet zu sein.

Seitdem wanderte dieses Exemplar der Mauritius von Sammler zu Sammler. Es war eben eine ganz besondere Marke. Darum wissen wir auch heute noch ganz genau, wer sie erwarb und an wen sie weiterverkauft wurde. Nachdem sie durch sechs weitere Hände gegangen war, kam sie 1923 zusammen mit einer blauen 2-Pence-Mauritius für dreißigtausend Dollar in den Besitz des amerikanischen Millionärs Arthur Hind.

Zehn Jahre später wurden Hinds Schätze versteigert und in alle Welt verstreut. Sir Ernest de Silva, Direktor der Bank von Colombo, erhielt unsere Mauritius für den Preis von 30 000 Mark. Silva war leidenschaftlicher Sammler und die Mauritius sein größter Stolz. Aber Silva war auch Buddhist. Für einen Buddhisten sind Leidenschaft und Stolz zwei menschliche Schwächen, von denen er sich zu reinigen suchen muß. So verschenkte der Siebzigjährige seine schönste Marke an die Vereinigung der jungen Buddhisten Ceylons, die auf dem großen Briefmarken-Umschlagplatz der Welt, in London, fünfzigtausend Mark dafür erhielten.

So sehen wir, wie in dieser Welt auch eine Mauritius verschenkt werden kann. Und es ist der tiefere Sinn dieser Geste, daß uns die Briefmarken zwar Freude am kleinen Kunstwerk, Spaß an der waidgerechten Erjagung einer Seltenheit, künstlerischen Genuß an der harmonischen Anordnung variierender Farben zu geben vermögen. Moderne Marken können uns in Symbol und Motiv noch weiter führen, hinein in alle Bezirke von Vergangenheit und Zukunft, hin zu allem Großen und zu allem Schönen, das die Erde bietet. Man muß sich von dem kleinen Bild nur anregen und führen lassen. Aber so, wie der Geizige über seinen Goldstücken sitzt, mag auch der Briefmarkensammler über seinen Schätzen brüten. In der heimlichen oder öffentlichen Anhäufung, der Stapelung von ›Werten‹, werden Raritäten ›im Werte von soundsoviel Mark‹ zu abgeschmackten Stückchen Papiers, die Sinn und Unsinn menschlicher Vorstellungskraft zugleich deutlich machen.

Köpfe, Zahlen oder Wappen füllten das Mittelfeld der ersten Briefmarkenausgaben. Unter die Wappen rechnen wir dabei auch das ›Wappen‹ der Post, das Posthorn, das so manche frühe Briefmarke schmückt. Es erscheint zusammen mit dem Schweizer Kreuz auf der ersten allgemeinen Ausgabe der schweizerischen Bundespost von 1849, auf den ersten Ausgaben des Fürstentums Moldau — dem späteren Fürstentum Rumänien — zusammen mit einem Ochsenkopf in ganzen Sätzen heute seltenster Marken. Seine schönste Repräsentation fand das Wappen der Post jedoch auf der schwarzen 1/2-Groschen-Marke des Königreichs Hannover vom Jahre 1860, wo Posthorn und Krone, Landesangabe und Wertbezeichnung zusammen ein schlichtes, aber wirkungsvolles Bild ergaben. Daß sich kleine Sammler auch heute noch an dieser schönen Marke erfreuen können, haben wir einem billigen Neudruck zu verdanken, der 1882 von Galvanos ausgeführt wurde, die über Abformungen vom Orginal-Messingstempel hergestellt waren. Es ist bemerkenswert, daß die schönste und schlichteste Freimarkenausgabe der Bundesrepublik ebenfalls Zahl und Posthorn in wappenartiger Darstellung zeigt.

Wenn nun auch das Wappen schon eine symbolische Repräsentation ist, so gab es doch viele Briefmarken-Herausgeber, die sich unter einer symbolischen Darstellung etwas weit weniger Abstraktes vorstellten. Diese sahen in einer Abbildung, in der die Nation durch eine thronende, sitzende, stehende oder liegende Frauengestalt repräsentiert wurde, eine blutvollere und lebendigere Verkörperung des Staates.

Das älteste philatelistische Vorbild allegorischer Frauengestalten ist die (für die drei britischen Kolonien Barbados, Mauritius und Trinidad) von Perkins, Bacon & Co. gravierte sitzende Britannia mit Schwert und Schild. Die erste Ausgabe dieses Typs erschien am 11. April 1851 in Trinidad. Auf ihr stand nur der Landesname, nicht der Verwendungszweck und keine Wertangabe. Alle Briefschreiber der Insel wußten also offenbar, um was es sich hier handelte, und daß der Wert der Marke ein Penny war. Als weitere Merkwürdigkeit kam aber hinzu, daß auf der Insel Trinidad acht Jahre lang immer neue Ausgaben dieser Marke in wechselnden Farben ausgegeben wurden — erst braun, dann blau, dann grau, dann rot —, die immer nur für das gleiche Porto von einem Penny galten. In Barbados und Mauritius war es zur gleichen Zeit mit dem gleichen Markentyp ganz anders. Die Marke ohne Wertbezeichnung, in Grün gedruckt, bedeutete auf Barbados, daß man einen halben Penny Porto bezahlt hatte, in Blau war es

ein Penny und in Grau waren es zwei Pence. Auf Mauritius dagegen verwendete man diesen neuen in der Metropole gedruckten Typ von Marken – alle übrigen Marken der Kolonie waren ja bis jetzt durchaus ansprechende, aber immerhin schlichte Eigenproduktionen gewesen – für die Werte des Auslandsportos. Die Marken sollten also als Repräsentation der Insel in anderen Ländern und in der fernen Heimat auftreten. Die Idee, daß Briefmarken ein Land ›repräsentieren‹ können, beginnt also hier aufzutauchen.
So bedeutete nun auf Mauritius die grüne Marke, die außer dem Bildnis der sitzenden Britannia auch hier vorläufig nichts als die Landesinschrift ›Mauritius‹ trug, ein Porto von vier Pence, die zinnoberrote eines von sechs Pence und die in Purpurlila eines von neun Pence.
Nicht nur auf fernen Inseln des britischen Kolonialreiches benutzte man nun die allegorische Frauengestalt als Repräsentation des Landes. Wir finden ein frühes Beispiel ganz in unserer Nähe. Es ist die Schweiz, die im September 1854 begann, das Land durch die sitzende Helvetia mit Schild und Speer auf den Briefmarken zu symbolisieren. Nachdem sie so achtundzwanzig Jahre auf den recht ansprechenden Prägedruckmarken gesessen hatte, stand sie zur Verbesserung ihres Gesamteindrucks im Jahre 1882 auf, stützte sich auf den Schild, faßte den Speer bequemerweise etwas weiter unten und repräsentierte in dieser Stellung weitere fünfundzwanzig Jahre die Schweiz, diesmal in sehr schönem Stichtiefdruck. Dann plötzlich, im Jahre 1908, modernisierte sich unsere liebe Helvetia radikal, warf Schild und Speer weg, kaufte sich neue Kleider und ein gutes Schwert und setzte sich wieder. Nun vertrat sie ihr Land in schönem zweifarbigem Buchdruck. Nebenbei sei noch gesagt, daß es die Helvetia ebenfalls im Brustbild gibt, wohl in leichter Anlehnung an die seit dem 1. Januar 1900 als Brustbild in Berlin erschienene Germania; damit haben wir wohl alle Möglichkeiten der Anbringung allegorischer Frauengestalten auf Briefmarken erschöpft. Wir sind leicht ungeduldig geworden und erfreut, daß Briefmarkenkünstler auch noch andere Ideen entwickelten.
Die ersten französischen Briefmarken aus dem Jahre 1849 zeigen einen nach links blickenden Frauenkopf, der von den unvorsichtigeren philatelistischen Kommentatoren als ein Kopf der Ceres, der Göttin des Ackerbaues und der Fruchtbarkeit, bezeichnet wird, während die vorsichtigeren den einmal eingeführten Begriff nur als Typenkennzeichnung in Klammer angeben. Diejenigen, die den Frauenkopf für die Freiheitsgöttin halten, haben für sich, daß die Franzosen unter der Republik immer mehr für die Freiheit als für die Fruchtbarkeit ein Interesse bekundet haben. Gegen die Freiheit spricht, daß

die Pariser zwar eben 1848 ihren König Louis Philippe davongejagt, die Republik ausgerufen und eine provisorische Regierung aus Republikanern und Sozialisten gebildet hatten, daß aber Cavaignac im Juni einen Arbeiteraufstand niederschlug und der Kandidat der Monarchisten, Klerikalen und Sozialisten, Prinz Louis Napoléon zum Präsidenten von Frankreich gewählt worden war. Immerhin führen die Anhänger der Anschauung, daß auf der ersten Marke Frankreichs die Freiheit allegorisch verkörpert sei, weitere wichtige Tatsachen an. Der Frauenkopf auf der Briefmarke zeigt in seinem Kopfschmuck nicht die festliegenden Attribute der Ceres, Ähren und Mohn – Brot und Schlafmittel –, sondern Kornähren und Wein, in Blatt und Traube. Und da wir im Zweifel den Vorrang der Freiheit geben, ist für uns bis zum Gegenbeweis die Freiheit auf der ersten Briefmarke Frankreichs repräsentiert.
Für unsere Beweisführung ist aber die genaue Definition der Göttin nicht entscheidend. Jedenfalls wird hier zum erstenmal ein Prinzip, das die ganze Menschheit betrifft und nicht mehr die Symbolisierung eines Landes, zum Ausdruck gebracht.
Das war ein großer Fortschritt. Er führte vom Herrscherkopf auf der Briefmarke, der Verneigung vor dem Gegebenen, hin zur Allegorie eines Prinzips, einer Idee, also zu der Verneigung vor dem zu erstrebenden Wünschenswerten. Der Anlaß zur Herausgabe von ›Motivmarken‹ war damit bereits gegeben. Aber die Briefmarke näherte sich dem Motiv auch noch auf einem zweiten Wege, dem der delegierten Repräsentation. Eine solche Art der Repräsentation des Landes oder der Nation war ja bereits die Darstellung Washingtons und anderer verstorbener Präsidenten auf den ersten Marken der Vereinigten Staaten. Wenn ein Land durch seine verstorbenen großen Präsidenten repräsentiert werden kann, so kann dies ja auch durch die Köpfe seiner großen Männer, seiner Dichter und Denker, Wissenschaftler und Künstler geschehen. Eine derartige Argumentation, die uns heute selbstverständlich erscheint, war aber erst möglich, nachdem so manche Hemmung, die solchen Gepflogenheiten im Wege stand, durch revolutionäre Entwicklungen beseitigt war.
Ein solcher Wendepunkt waren die umstürzenden Ereignisse der Jahre 1917 bis 1919. Plötzlich konnten auch Typen des Volkes eine Nation auf der Briefmarke vertreten. 1920 erschien die bayerische ›Abschiedsserie‹. Sie zeigte einen Pflüger und einen Sämann als Vertreter der Bauernschaft, eine Gestalt mit Blitz und Wasserrad als Vertreterin von Handwerk und Industrie, die Madonna mit dem Jesuskind als solche der Kirche und die Maiglöckchengöttin – ein Entwurf von Friedrich August von Kaulbach, der bereits aus dem Jahre 1911 stammte – als die der schönen Künste.

Die blaue Mauritius.

Wenn auf der bayerischen Abschiedsserie der Arbeiter noch nicht als ganz repräsentationsfähig angesehen wurde, so änderte sich dies doch rasch. Es war durchaus keine politische Radikalisierung, sondern die sich verbreitende Einsicht über den wahren Aufbau der Nation. Die fortschreitende Demokratisierung drückte sich auch im Bild der Briefmarke aus. Die deutsche Dauerserie des Jahres 1921 ist ein Beispiel für diese Entwicklung. Zwei Marken zeigten nun Schmiede bei der Arbeit, zwei stellten den schweren Beruf des Bergmanns dar, und zwei weitere zeigten Bauer und Bäuerin bei der Ernte. Der schaffende Mensch war zum Staatssymbol geworden.
Natürlich mußte eine solche Umwälzung der graphischen Repräsentation eines Volkes auch in Staaten wie der Sowjetunion Nachfolge finden. Dies geschah dort schon durch Briefmarkenserien aus den Jahren 1922 und 1923. Aber klaren Ausdruck fand das neue Prinzip erst durch die Freimarkenserie von 1929. Diese Serie von Arbeitern und Bauern stellte aber auch zugleich ein weiteres Prinzip in den Vordergrund, das der Gleichberechtigung der Geschlechter. Mann und Frau waren in den Darstellungen auf den Marken der verschiedenen Werte in gleicher Weise berücksichtigt. Auch diese Gleichberechtigung hatte sich also nun auf der Briefmarke manifestiert.
Die Repräsentation durch Volkstypen, die in vielen Staaten nun auch durch das Zeigen verschiedenster Volkstrachten variiert wurde, eröffnete neue und weite Möglichkeiten. Was konnte nicht alles noch ein Land oder eine Nation repräsentieren? Da waren seine Burgen, Dome, Wälder, Landschaften, ja seine Früchte, Pflanzen und Tiere. Da war der besondere Stolz der Nation in ihren Erfindungen, Entdeckungen und geschichtlich bedeutsamen Ereignissen. Den Möglichkeiten waren keine Grenzen mehr gesetzt. Die Zeit der Motivmarke hatte begonnen.
Wir wollen das Prinzip der Sache nicht vergessen: daß eine Briefmarke in ihrem zentralen Bild immer das Land repräsentieren soll, zumindest immer eine charakteristische Eigenart des Landes zu zeigen hat. Wenn diese Grundhaltung heute manchmal im Eifer der Herausgabe neuer Briefmarkenserien zur Verbesserung des Finanzhaushaltes etwas übersehen zu werden scheint, so kann der Staat doch auch bei den merkwürdigsten Motiven immer noch dadurch repräsentieren, daß er seinen Marken eine charakteristische künstlerische Note gibt. Es ist das gewisse Etwas, an dem man mit Sicherheit und mit einem Blick die Marken dieses Landes erkennt. Jede Postverwaltung, die zumindest diese Voraussetzung zu erfüllen vermag, wird bei aller Vielfalt gewählter Motive ihr Gesicht wahren und der Zustimmung aller Briefmarkenfreunde sicher sein.

Die Dreieckmarken vom Kap der Guten Hoffnung

Wer hätte nicht schon von den Kap-Dreiecken gehört — Briefmarken, die ihre Berühmtheit eigentlich nur dieser besonderen Form verdanken? Aber selbst wenn wir über die Zufälligkeit der Form erhaben wären, müßten wir kurioserweise doch kurz auf die ersten Marken vom Kap der Guten Hoffnung zu sprechen kommen. Sie zeigen nämlich unsere allegorische Frauengestalt, die wir schon im Sitzen und im Stehen kennen, nun in einer neuen Haltung. Nämlich in gelöst sein sollender Haltung, aber in Wirklichkeit sehr unbequem auf einem Anker liegend. Vielleicht hat diese hingeflossene Gestalt, bei der die weit ausgestreckten Füße samt den Zehen unterzubringen waren, den Künstler auf das Dreieckformat gebracht? Weiterhin war die Landesaufschrift ›Cape of Good Hope‹, Kap der Guten Hoffnung, tatsächlich ein bißchen lang, so daß sich noch ein weiterer Anstoß hin zum Dreieck ergab. Jedenfalls, hier war sie, bereits im Jahre 1853, als erste Marke vom Kap der Guten Hoffnung.

Man wird es nicht übelnehmen, wenn wir kurz und bündig sagen: Vier Ecken soll eine Briefmarke haben. Und in aller Welt durch hundert lange Jahre hatten und haben die allermeisten Briefmarken jene vier erwünschten Ecken, die die einfachste, schlichteste, praktischste Lösung sind. Nicht zu leugnen, daß andere Lösungen interessant oder merkwürdig genug sein könnten, um für kurze Zeit unsere Aufmerksamkeit zu erregen. Es sind die Merkwürdigkeiten, nach denen besonders auch der Briefmarkensammler sucht, und darum sind auch die Postverwaltungen den Kuriositäten nicht abgeneigt. Aber am praktischsten sind eben die Marken mit den vier Ecken, Rechtecke, die man bequem vom Bogen schneiden oder reißen kann.

Mit den vier Ecken begann es ja auch. Die erste Marke von Großbritannien war ein Hochrechteck. Es ergab sich aus dem Quadrat des zentralen Kopfbildes und der Anfügung der Schriften oben und unten. Generationen von Markenentwerfern haben diese Lösung ideal gefunden, wenn auch frühzeitig andere der Meinung waren, daß das strikte Quadrat noch praktischer sei. So erschienen die ersten Marken von Baden, Bayern, Sachsen, die von Dänemark und von Nova Scotia, von Neuschottland, strikt im Quadrat. Allerdings fügte Neuschottland bei den höheren Werten der Serie vom Jahre 1851 die Variation hinzu, daß es hier das Quadrat auf eine Spitze stellte.

Unter den quadratischen Marken der ersten altdeutschen Ausgaben haben wir zwei Staaten aus besonderen Gründen nicht

aufgezählt. Das eine dieser Staatsgebiete ist Bergedorf, gemeinsamer Besitz der Freien und Hansestädte Hamburg und Lübeck.
Die Postverwaltung von Bergedorf gab im November 1861 ihre erste und einzige Freimarkenserie heraus, deren Werte von einem halben Schilling bis zu dem von vier Schilling alle quadratisches Format hatten. Jede der Marken zeigte als Bildmotiv das kombinierte Wappen von Lübeck und Hamburg: die linke Hälfte den halben Lübecker Doppeladler, der so als Vogel mit einem Kopf erscheint, die rechte Hälfte anderthalbe von den drei Hamburger Wappentürmen. Der Markenrahmen zeigte oben die Landesinschrift, unten den Verwendungshinweis ›Postmarke‹ und links und rechts das Zahlwort und die Wertbezeichnung Schilling.
Als Besonderheit hatte sich aber Bergedorf ausgedacht, daß man den relativen Wert der einzelnen Marken schon an ihrer Größe erkennen solle. Der blaue 1/2-Schilling-Wert war deshalb eine winzige Marke von sechzehn Millimeter Seitenlänge. Dieses Format vergrößerte sich von der weißen 1-Schilling-Marke über die gelbe 1 1/2-Schilling-Marke und die 3-Schilling-Marke, die nicht wie alle anderen Werte mit Druckerschwärze auf farbiges Papier, sondern mit blauer Druckfarbe auf rosa Papier gedruckt worden war, bis zur braunen 4-Schilling-Marke. Mit dieser hatte man dann glücklich ein erträgliches Normalformat von dreiundzwanzig Millimeter im Quadrat erreicht.
Diese Bergedorf-Marken sind besonders im gestempelten Zustand heute sehr selten. Trotzdem sind die bunten Marken dieses Gebietes weithin bekannt. Das verdanken wir dem Brüsseler Philatelisten und Briefmarkenhändler J. B. Moens, der im Juni 1868 die Briefmarkenrestbestände der ein Jahr vorher aufgegebenen Bergedorfer Post zusammen mit dem Ur-Druckstein der im lithographischen Verfahren hergestellten Marken erworben hatte. Durch Umdrucke von diesem Urstein erzeugte Moens später neue Druckplatten der Bergedorf-Marken und stellte damit 1872 bis 1888 in vier Druckauflagen Neudrucke her. Diese Neudrucke waren auch bei jugendlichen Sammlern wegen ihrer Buntheit sehr beliebt. Um so mehr, als sie sehr billig erworben werden konnten. Heute sind sie aber bereits eher ein Stück für die Spezialsammlung geworden, da besonders größere Blockstücke, also Bogenteile von vier und mehr Marken, nicht mehr so leicht zu finden sind.
Neben diesen Neudrucken ist aber doch noch etwas von der ursprünglichen Idee der Bergedorfer Post verblieben. Bis zum heutigen Tag werden die hohen Werte der normalen Freimarkenserien in größerem Format gedruckt als die gängigen unteren Werte. Man hat also statt der durchlaufenden Abstu-

fung nur eine Zweiteilung vorgenommen. Diese Zweiteilung wird bei manchen Postverwaltungen noch dadurch unterstrichen, daß man die obere Gruppe, also die wertvolleren der ›Wertzeichen‹, in einem edleren Druckverfahren herstellt als die kleineren Werte.

Wie wir sahen, hatte der Postbenutzer schon seine Sorgen mit den normalen viereckigen Marken, mochten sie nun quadratisch, gerade oder querstehend, mochten sie im Hochrechteck oder im Querformat sein. Auch dreieckige Marken mußten ertragen werden und schließlich auch sechseckige wie die Telegraphenmarken von Belgien und achteckige wie die Besetzungsausgabe der Türkei von 1898 für Thessalien. Über das Normale hinaus gingen schon die trapezförmigen Marken von Monaco, wie sie im Januar 1955 zur Würdigung des Nobelpreisträgers Dr. Albert Schweitzer und im Juni des gleichen Jahres zum fünfzigsten Todestag des Autors berühmter Zukunftsromane, Jules Verne, erschienen.

Immerhin gab es achteckige Marken in Großbritannien schon seit 1847, und alle ähnlichen Formate störten auch nicht, solange sich das Format nur auf das Druckbild bezog. Der Postbeamte konnte sie ja trotzdem im Rechteck aus dem Druckbogen schneiden. Wenn dann der liebe Postbenutzer zuvor in allzu kleinlicher Sorgfalt genau am Bildrande entlang schnitt und so seine viereckige Marke in eine tatsächlich achteckige verwandelte, so war es seine eigene Schuld. Er wurde heimgesucht an seinen Kindern und Kindeskindern, weil sie nämlich eine so zugerichtete Marke nur zu einem Bruchteil der Summe verkaufen konnten, die sie für die rechteckig verbliebene bekommen hätten.

Und nun die runden Marken. Auch solche gab es schon früh. Denken wir nur an die ersten Marken von Britisch-Guayana, die im Juli 1850 in Georgetown in einer Zeitungsdruckerei, der der ›Royal Gazette‹, hergestellt wurden. Die Lettern und Zahlen sind hier in einem Kreis untergebracht. Wer Zeit sparen wollte, konnte aber die Marken rechteckig abschneiden. Wer sich schädigen wollte, konnte sich die Mühe machen, den Kreis aus dem Papier zu schnipseln. Der ganze Unterschied besteht heute darin, daß die viereckigen Marken nach dem Katalog das Fünffache der rundgeschnittenen kosten. Und da es sich um Tausende von Mark handelt, ist das schon ein Unterschied. Die Möglichkeit, runde Marken viereckig und rund nach freier Wahl ausschneiden zu können, hat aber eigensinnige Verfechter des Systems der wirklich runden Marken nicht ruhen lassen. Sie fanden es unerträglich, dem Postbenutzer eine Wahl zu lassen, wenn sie sich für runde Marken entschlossen hatten. Zugunsten solcher Grundsätze verzichteten sie sogar auf den offensichtlichen Vorteil des Briefmarkenbogens,

von dem die Marken bequem und nach Wunsch und Bedarf abzuschneiden sind. Auf einer Maschine ließen sie ihre runden Marken auch rund ausstanzen.
Wahrscheinlich die ersten Vorkämpfer der garantiert vollkommen runden Briefmarke waren die Wertzeichenhersteller der ›Expreß-Paket-Beförderung‹ in Oelsnitz im Vogtland. Schon vor der Jahrhundertwende gab diese Privatpost ihre Briefmarken rund ausgestanzt heraus.
Neuerdings sind nun die Reklameagenten und Finanzexperten der Regierung der Tongainseln wiederum auf den Spuren der Oelsnitzer Expreß-Beförderung gewandelt. Sie haben ihre philatelistischen Geschmacklosigkeiten auf Goldfolienpapier münzenähnlich ausstanzen lassen. Daß man diese Produkte auch als Briefmarken zur Bezahlung von Porto aufkleben kann, wird wohl die Postverwaltung der Tongainseln arbeitsmäßig nicht zu sehr belasten. Der Zweck der goldigen Serie wird es sein, unter denen, die nicht alle werden, Abnehmer zu finden.
Ich bin überzeugt, daß der Goldmarkensatz von Tonga eine finanziell erfreuliche Angelegenheit war. Er hat seine Drukker, die englische Lithographic Company in Walsall, Hersteller von Verschlußmarken, Steuerbanderolen und Reklamemarken, nicht ruhen lassen. Die Frage war nur: Was könnte noch ärger als die runden Marken auf Goldfolienpapier sein? Die Berater der Sierra-Leone-Regierung hatten diese Krone der philatelistischen Schöpfungen entdeckt. Ein Londoner Vertreter des sehr kritischen Ausschusses zur Bekämpfung von unerwünschten Ausgaben meinte wohlwollend, die Idee ›deute auf ein neues philatelistisches Zeitalter‹ hin. Er nannte das neue Produkt die ›Frei-Form‹. Sie bestand darin, daß man eine kleine Landkarte von Sierra Leone samt einem Stück blauem Meer ausstanzte und in kombiniertem Vierfarben-Offset- und Dreifarben-Stichtiefdruck druckte. Das kleine Farbenwunder wurde in einer Serie von vierzehn Werten hergestellt und mit selbstklebendem Latexgummi auf einem farbigen Untergrunddeckblatt befestigt. Die meisten der Marken wurden wohl bereits auf Gala-Elite-Ersttagsbriefen verbraucht, und die übrigen müssen postfrisch auf der Unterlage erhalten werden. Aber wie wir hören, ist auch für die Möglichkeit gesorgt, daß ein zufällig auf einem richtigen Brief als rechtes Porto benutztes Exemplar von einem normalen Sammler für sein Album abgelöst werden kann. Gestempelte Stücke sollen tatsächlich mit Spiritus wieder vom Brief abzulösen sein. Diese Angabe haben wir aus zweiter Hand, und wir betonen ausdrücklich, daß wir für den Erfolg des Verfahrens und die Wirkung des Spiritus auf die Farbenpracht jede Verantwortung ablehnen.

Die größte Briefmarke der Welt

Ob es das Bedürfnis der Amerikaner war, alle Rekorde zu schlagen, oder ob tatsächlich praktische Überlegungen dazu führten — wer kann das heute sagen. Jedenfalls hielten die Vereinigten Staaten nahezu hundert Jahre den Rekord, die größten Briefmarken der Welt erzeugt zu haben. Der Satz von drei Zeitungsmarken — 5 Cent in Blau mit dem Kopf von Washington, 10 Cent in Grün mit dem Kopf von Franklin, 25 Cent in Rot mit dem Kopf von Lincoln —, der 1865 bei der National Bank Note Co. gedruckt wurde, bekam die enorme Größe von 51 mal 96 Millimeter. Vielleicht sollten die Postbeamten auch bei dem ungünstigen Licht der Nacht- und Morgenstunden aus größerer Entfernung leichter erkennen können, ob die Zeitungspakete ordnungsgemäß frankiert waren. Jedenfalls war man in Amerika sehr stolz auf diese größten Marken der Welt, denn sie wurden zweimal, nachdem sie bereits außer Kurs waren, in den Jahren 1875 und 1880 neu gedruckt.

Gegen diese Riesen mußten alle anderen Länder zurückstehen. Natürlich gab es eine ganze Reihe von Ländern, die ihre Briefmarken auch nicht groß genug gestalten konnten. Aber so sehr sie sich dehnten und streckten — neben den Riesen aus den USA waren sie immer noch kleine Marken. Am nächsten kam ihnen wohl die Marke, die 1943 von der kroatischen Postverwaltung anläßlich der philatelistischen Ausstellung in Agram herauskam. Diese Marke war nach einem Gemälde von Professor K. Seizinger hergestellt und zeigte die alte Marienkirche und das Zisterzienserkloster von Zagreb (Agram), wie es um 1650 ausgesehen hatte. Man wollte offenbar alle Feinheiten dieses Bildes einfangen, das im Stichtiefdruck in der Wiener Staatsdruckerei kopiert wurde. Das Bildformat der Marke betrug immerhin 38 mal 55 Millimeter. Der Kunstfreund konnte und kann heute noch immer damit einen schönen Stich erwerben, der ihn noch nicht einmal eine Mark kostet.

Trotz allem, auch diese Marke war immer noch ein Kleinformat gegen die amerikanischen Rekordhalter. Aber wie alle Rekorde fallen, so fiel auch dieser. Es war die polnische Postverwaltung, die hier eine fiktive Goldmedaille der Briefmarkenolympiade gewann. Dies geschah durchaus nicht plötzlich, sondern erst nach verschiedenen Versuchen. Einen beachtenswerten ›ersten Erfolg‹ erzielte die polnische Post im Juli 1960 mit dem höchsten Wert der Gedenkausgabe zum 550. Jahrestag der Schlacht von Grunwald. In dieser ersten Schlacht bei Tannenberg besiegten Polen und Litauer am 15. Juli 1410 das

Heer der deutschen Ordensritter. J. Matejko hat diese Schlacht in einem großen Gemälde dargestellt. Nach diesem Bild fertigte J. Miller einen Stich an, der als der Wert zu 2,50 Zloty dieser Serie erschien. Auch da kann man also einen schönen Stich im Original für noch nicht eine Mark erhalten, besonders wenn man ein gestempeltes Stück der Marke vorzieht. Hier überwiegt aber im Postdokument das Kunstwerk, und der Connaisseur wird die Marke am liebsten im sogenannten ›postfrischen‹ Zustand erwerben.
Und nun das Format der Marke! Es ist ein Querformat von 78 mal 35 Millimeter — wir messen hier die reine Bildgröße. Das Format kam damit nahe an das amerikanische heran, schlug es in einer Hinsicht sogar: Polen hatte ›die breiteste Marke der Welt‹. Denn mit ihren einundfünfzig Millimeter war ja die USA-Marke direkt ›schmal‹ geworden.
Wenige Monate später, im September 1960, unternahmen die Polen ihren Generalangriff auf den Rekord. Sie brachten eine wunderschöne Serie sorgfältig gestochener Marken mit Abbildungen des Veit-Stoß-Altars der Sankt-Marien-Kirche in Krakau. Aber als Krönung erschien der von R. Kleczewski gezeichnete und von S. Lukaszewski gestochene Mittelteil des Altars auf einer besonders großen Marke, dem Wert von 10 Zloty.
Wer diesen Stich mit der Lupe studiert, kann erst voll würdigen, welch feine Arbeit er darstellt. Ein Miniaturkunstwerk, das nicht nur eine Abbildung eines Kunstwerkes darstellt, sondern ein solches aus eigenem Recht ist, wird hier als Briefmarke abgegeben.
Damit ging der Rekord der größten Marke der Welt an Polen. Die Bildgröße dieser Marke ist 72 mal 94 Millimeter. Wir nennen hier ausdrücklich nicht die Größe am Papierrand, weil es heute ja eine Menge Marken mit überbreitem Rand auf Einzelbogen, die sogenannten Blöcke, gibt.
Das Beispiel einer sehr kleinen Marke bieten die Halfpenny-Marken von Südaustralien und Victoria, die nur rund 10 mal 19 Millimeter messen. Aber der Preis der kleinsten Marke der Welt gebührt sicherlich einer altdeutschen Marke. Es ist die Mecklenburg-Schweriner Marke von 1856 zu 1/4 Schilling. Man könnte zwar sagen, daß sie ja nur das Viertel einer größeren Marke sei, weil immer vier dieser Marken in einem kleinen Block zusammengedruckt waren. Aber diese Ansicht ist nicht richtig. Bei der 1/4 Schilling handelt es sich um eine vollständige Marke mit allen Kennzeichen einer solchen. Sie zeigt als zentrales Bildmotiv das Wappen des Landes, einen gekrönten Büffelkopf mit Nasenring. In der Umschriftleiste finden wir den Landesnamen Mecklenburg-Schwerin, die Angabe, daß es sich um eine ›Freimarke‹ handelt, und die Wert-

Hannover.
Kombinationen aus Krone, Zahl und dem Zeichen der Post, einem Posthorn.

bezeichnung ›Schilling‹. In den vier Ecken steht der Betrag ›1/4‹. Es ist also auf dieser kleinen Marke vieles korrekter angegeben als auf mancher größeren. Trotzdem ist das ganze Bildformat dieser roten Marken nur zehn mal zehn Millimeter.

Die Kleinheit der Marken kommt bei ihren Liebhabern nicht zur Geltung, weil diese glauben, sie in Viererblocks sammeln zu müssen. Das ist aber Einbildung. Ganze Marken, die zur Viertelung und Halbierung eingerichtet waren, kennen wir durchaus auch. Aber sie haben nichts mit dem mecklenburgischen Typ zu tun. Wir finden eine solche Viertelungsmarke etwa in der braunschweigischen Gutegroschen-Marke von 1857. Auch ein Viertel dieser Marke enthält noch alle notwendigen Angaben. Aber das Viertel ist nach dem Ausschneiden unsymmetrisch geworden. Es ist der unvollkommene Teil des erst im Ganzen Vollkommenen. Noch schärfer ausgeprägt ergibt sich dies bei der zur Halbierung vorgesehenen Doppel-Genf von 1843. Auch hier hat der Postkunde nach der Teilung noch alle notwendigen Angaben auf der verwendeten Markenhälfte. Aber die Markenhälften sind als Einzelstück nicht nur unsymmetrisch. Sie enthalten in der Oberleiste jeweils andere Inschriftteile. Die Schriftleiste ›10-PORT CANTONAL CENT‹ wird genau nach dem ersten A getrennt. Die obere Schrift wird nach der Trennung ungültig und sinnlos.

Dagegen bleibt unsere Mecklenburg-Schwerin nach dem Schnitt in das Viertel in allen ihren Teilen vollkommen und hat sogar noch allseitig den für eine vollkommene klassische Briefmarke notwendigen schönen weißen Papierrand. Es bleibt also die 1/4 Schilling Mecklenburg-Schwerin als kleinste Marke der Welt. Und da der Trend der modernen Marke immer eher nach größeren Formaten geht, ja kleine Marken bei der Masse der Motivfreunde unbeliebt sind, so ist es wahrscheinlich, daß diese Marke ihren Rekord noch lange halten kann.

Victoria und die Tiefdruckverfahren

Rowland Hill, der Schöpfer der ersten wirklich verwendeten Briefmarken, hatte ja vor allem darum den Kopf der jungen Königin Victoria zum zentralen Bildmotiv genommen, weil auch das ungeübte Auge eine Veränderung in der Zeichnung eines Gesichtes sofort erkennen kann. Jede unbefugte Nachahmung der neuen Postwertzeichen war damit außerordentlich erschwert, vorausgesetzt, daß beim Druck alle Köpfe der zweihundertvierzig auf einem Druckbogen erscheinenden Marken absolut gleich aussahen.

Zwar war der gewählte Tiefdruck eines der exaktesten und edelsten Druckverfahren. Bei ihm werden die Striche, die als Zeichnung auf der Marke erscheinen sollen, auf Stahl oder Kupfer vertieft eingraviert. Diese Rillen werden dann mit Farbe gefüllt, und das leicht angefeuchtete Druckpapier saugt beim Druck die Farbe aus den Rillen.
Trotz aller Exaktheit und Klarheit eines solchen Tiefdruckbildes ist dadurch aber nicht von vornherein die absolute Gleichheit aller Bilder gesichert. Die Gravierung mußte zweihundertvierzigmal genau die gleiche sein.
Diesen Kunstgriff erreichte man dadurch, daß der Urstempel zunächst als Spiegelbild in weichen Stahl gegraben wurde. Dann wurde er gehärtet und in einer Reihe hintereinander auf einer Stahlrolle eingeprägt, die nach diesem Vorgang ihrerseits gehärtet wurde. Nun standen die Bilder richtig auf der Rolle. Wenn man sie wiederum in langen Markenzeilen auf die eigentliche Druckplatte einrollte, so standen die Markenbilder auf der Druckplatte, wie es notwendig ist, wieder spiegelverkehrt. Beim Druck ergaben sich dann richtigstehende Markenbilder. Bei den ersten englischen Ausgaben wurde die Fälschung der Marken weiter dadurch erschwert, daß jeder Marke auf der Platte in den Ecken noch wechselnde Buchstaben eingeprägt wurden. Von einer Fälschung der ersten englischen Briefmarkenausgaben zum Schaden der Post hat man deshalb auch nie etwas gehört. Trotzdem konnte nun nicht jedes kleine Land derart hochqualifizierte und kostspielige Druckverfahren anwenden. Neben dem allgemeinen Einwand, daß billigere Sicherungsmethoden zu finden seien, ergab die Praxis, daß auch primitivere Verfahren mit etwas schlichteren Produkten ohne eine Überschwemmung durch falsche Wertzeichen einen geordneten Postbetrieb erlaubten.
Ein Beispiel für diese Ansicht finden wir in der Briefmarkenproduktion von Neusüdwales. Des besseren Vergleichs wegen wählen wir die Ausgaben von 1853, die ebenfalls den Kopf der jungen englischen Königin tragen. Aber die Neusüdwaliser ahmten nicht einfach die Künstler des Mutterlandes nach. Der Entwurf ihrer Königin-Marken ist durchaus selbständig, der Kopf selbst zeigt nicht eine gekrönte, sondern eine lorbeerumkränzte Königin. Zwar sind diese Marken ebenfalls im Tiefdruck hergestellt, aber hier lernen wir die einfachere Methode kennen, solche Tiefdruckmarken herzustellen.
Nehmen wir erst einmal die gelbe 8-Pence-Marke vom Mai 1853, die in Bogen zu fünfzig Marken gedruckt wurde, weil wir hier die Systematik des Markengravierverfahrens besonders gut verfolgen können.
Der Auftrag für die Gravierung war an die Firma H. C. Jervis in der Pitt Street in Sydney gegeben worden. Da es keine Ab-

prägevorrichtungen für einen Urstempel gab, mußten hier fünfzig Marken nebeneinander in eine Stahlplatte graviert werden, die auch schließlich die Druckplatte war.
Um zu erreichen, daß alle fünfzig Marken möglichst gleichförmig erschienen, wendete der Künstler die folgende Methode an: Er gravierte nicht die einzelnen Marken Stück um Stück fertig, sondern machte immer möglichst nur ein Ornament oder ein Detail bei allen fünfzig Marken fertig.
Wir werden gleich entdecken, wieso uns diese Graviermethode so genau bekannt ist, obwohl nicht einmal ein ganzer Bogen dieser Marke, der etwa einhundertzwanzigtausend Mark kosten würde, aufzutreiben ist. Glücklicherweise existieren von der Originalplatte einige Farbabzüge in Blau, an denen wir alle Feinheiten besser als an einem der gelben Originalbogen erkennen können. Wenn nun das Gravierverfahren in der von uns angenommenen Weise ablief, daß der Stecher nämlich eine Einzelheit, etwa eine Blattverzierung, von der ersten bis zur letzten Marke für sich durchgravierte, dann ergab sich die Möglichkeit, daß beim Durchgehen der Reihe durch Unterbrechung oder Ablenkung des Stechers eine bestimmte Einzelheit bei einer Marke oder Markengruppe nicht angebracht wurde.
Solche Fehler sind auf der Platte tatsächlich zu finden. Bei der einundzwanzigsten Marke fehlt zum Beispiel die aus drei Lorbeerblättern bestehende Verzierung in der oberen Schriftleiste rechts von ›SOUTH‹ aus dem Wort NEW SOUTH WALES. Aber erst wenn wir Gruppenfehler finden, bestätigt sich unsere Ansicht. Tatsächlich finden wir in einer ganzen Gruppe von drei untereinanderstehenden Marken — der Graveur ging also bei seiner Arbeit die Markenreihen senkrecht von Reihe zu Reihe durch —, daß hier die Eckstrichleisten über dem P und E des bogenförmigen ›Postage‹ fehlen.
Wenn bei den nur einmal gravierten Bogen die Unterschiede im Kopf der Königin Victoria noch erträglich waren, dann waren sie es bei den nachgravierten Bogen keinesfalls mehr. Und die sparsamen Verantwortlichen der Post von Neusüdwales hatten die Gewohnheit, abgenutzte Platten bis zu viermal nachgravieren zu lassen. Von Echtheitskennzeichen war da natürlich keine Rede mehr.
Unser Beispiel dafür ist die in einer Platte von nur fünfundzwanzig Marken gravierte 6-Pence-Marke vom April 1852. Die Stahlplatte für diese braune Marke mit dem Kopf der Königin wurde ursprünglich vom Stecher John Carmichael in Sydney graviert.
Sie war offensichtlich nicht tief genug gestochen, denn sie erwie sich im Juni 1853 als schon so abgenutzt, daß sie bei der Firma Jervis nachgraviert werden mußte.

Natürlich war die Firma an der künstlerischen Ausführung dieser ihr ursprünglich nicht in Auftrag gegebenen Platte nicht sonderlich interessiert, ja vielleicht sogar betont uninteressiert. Es scheint, daß man sie einem Lehrjungen zum Nachgravieren überlassen hat. Das Ergebnis waren fünfundzwanzig verschiedene Marken auf der Stahlplatte und vor allem – fünfundzwanzig verschiedene Köpfe von lorbeerumkränzten Königinnen. Daß dies jeweils die Königin Victoria sein sollte, war zu allgemein bekannt, als daß es da Zweifel geben konnte. Aber es mußte die Königin Victoria ›in allen Lebenslagen‹ sein: einmal mißtrauisch, einmal zufrieden, einmal bestürzt und einmal verschmitzt in die Welt blickend. Es war die Bestätigung der Theorie nicht nur von Rowland Hill, daß schon wenige Striche ein Gesicht entscheidend verändern können.
Aber man hörte trotzdem auch im fernen Neusüdwales nicht, daß ein Untertan das wechselnde Gesicht der Postwertzeichen ausgenützt hätte, um der Post Ihrer Majestät nachgeahmte Marken anzudrehen.
Wenn auch die Postverwaltung von Neusüdwales mit ihrer nicht allzusehr auf Sicherheit bedachten Produktion während der Laufzeit der Postwertzeichen offensichtlich keinerlei Schwierigkeiten hatte, so sollten sich doch einige Jahrzehnte später bei den Philatelisten um so größere Zweifel ergeben. Anfang des Jahres 1891 kam ein Mann aus Sydney nach London und brachte eine Anzahl Bogen der Neusüdwales-Ausgabe vom Typ der lorbeerumkränzten Königin Victoria mit. Bei den Bogen des 6-Pence-Wertes handelte es sich um solche, die von der geschilderten, vom taubstummen Graveur erst sauber gravierten, aber dann zum halben Preis bei Jervis nochmals stümperhaft nachgravierten Platte stammten. Die Experten der Firma Stanley Gibbons in London fanden die Bogen als Originale in Ordnung, und der Kauf wurde abgeschlossen. Ungebrauchte Stücke dieser Werte und besonders größere Einheiten waren bis dahin nahezu unbekannt gewesen und sind es auch heute noch.
Es gab eine Sensation, als die Marken von Gibbons nun zu einem verhältnismäßig niedrigen Preis auf den Markt kamen. Man war der Ansicht, daß es sich hier um Neudrucke handeln müsse. Besonders interessiert an dieser Behauptung mochten die bis jetzt glücklichen Besitzer von ungebrauchten Lorbeerköpfen sein.
Die Firma Gibbons bezeichnete sie als alte Bestände, die am Ende der Ausgabeperiode gedruckt worden seien. Da bereits genügend Marken auf von London bezogenen, im exakten Umprägeverfahren bei Perkins, Bacon & Co. hergestellten Platten gedruckt worden waren, die den mehrmals gravierten und nochmals abgenutzten Typen im Aussehen zu sehr über-

legen waren, seien sie ungummiert geblieben und nicht mehr verausgabt worden.

Der Verkäufer der umstrittenen Bogen war inzwischen nach Amerika abgereist. Dort dürfte er die heftige Diskussion in der internationalen Fachpresse, die inzwischen über seine Neusüdwales-Bogen entstanden war, mit Aufmerksamkeit verfolgt haben. Mit besonderem Interesse auch darum, weil er noch im Besitz einer Anzahl von Bogen war.

Beim Absatz der restlichen Bogen würde man sicherlich von ihm nun nähere Erklärungen verlangen. Herr Alfred van Dyck – dies war der Mann aus Sydney – hatte zwei Möglichkeiten. Einmal konnte er sich zu einer genauen Erklärung bequemen, wie er in den Besitz der Originalbogen gelangt sei. Dies ergab entweder einen glatten Diebstahl oder zumindest eine Unterschlagung durch einen Beamten, der noch im Dienst sein mochte. Es gibt Dokumente, die diese Möglichkeit in der Lagerverwaltung des Postbüros von Neusüdwales als nicht ausgeschlossen erscheinen lassen.

Alfred van Dyck konnte aber auch den bequemeren Weg gehen. Dabei sanken zwar die zu erzielenden Preise, es erhöhte sich aber seine persönliche Sicherheit. Van Dyck brauchte nur der philatelistischen Lesart zuzustimmen, daß es sich hier um Neudrucke handle, von den Originalplatten gedruckt, die zu diesem Zweck in Sydney ›ausgeliehen‹ worden waren. Wenn er wußte, daß die Platten gar nicht mehr existiert hatten und solche Neudrucke unmöglich waren, konnte er noch angeben, daß die Platten nach seinem Neudruck zerstört worden seien. Alle die hier geschilderten Manipulationen waren weit komplizierter und unmöglicher als das einfache Entwenden einer Anzahl noch lagernder alter Bogen. Aber die so romanhafte zweite Version hatte gegenüber der ersten einen entscheidenden Vorteil. Sie stellte alle jene zufrieden, die für ihr teures Geld bereits eine ungebrauchte Neusüdwales erworben hatten, ehe das billige Angebot auftauchte. Und nur wer die merkwürdig verschlungenen Wege eines Hobbys, das oft zugleich eine Finanztransaktion ist, genau kennt, der weiß, wie die Abmachungen über Tatsachen zwischen Lieferanten und Belieferten in diesem Gesellschaftsspiel häufig dem ›make believe‹ in den Kinderspielen gleichen.

Da niemals der geringste Zweifel erhoben wurde, daß die im Besitz von van Dyck befindlichen Bogen originale Abzüge von den Originalplatten seien – und diese Tatsache kann noch heute jeder an den existierenden Bogen nachprüfen –, so schränken sich die Kriterien des Vergleichs auf verwendete Druckfarbe, verwendetes Papier und verwendete Gummierung ein. Davon ist der Vergleich der Gummierung schon deswegen hinfällig, weil die Firma Gibbons ganz richtig erklärte, daß

ausgelagerte Bogen eine solche Gummierung noch gar nicht besaßen.
Bleiben Farbe und Papier. Davon zuerst der Farbvergleich. Die Anhänger der Neudruckversion nannten als Farben der Originale Braun und Gelbbraun, bezeichneten die Farbe der Bogen van Dycks aber als Schwärzlichbraun. Tatsächlich sind die Bogen van Dycks aber nach den Farben des Schwaneberger-Farbenführers einfach Braun. Dagegen zählt der maßgebende englische Gibbons-Katalog als Farben der verschiedenen Originalausgaben auf: Van-Dyck-Braun, Gelbbraun, Schokoladebraun, Graubraun und Braun. Wer nach dieser Differenzierung noch behaupten wollte, daß das Braun der Bogen Alfred van Dycks sie als einen Neudruck kennzeichnen kann oder auch nur könnte, dem fehlt es am Vermögen, stichhaltige Schlußfolgerungen zu ziehen. Bleibt also nur noch das Papier. Man sagt den Bogen van Dycks nach, daß das Papier etwas zu dick (Original dünner) und weniger haltbar (Original zäher) sei. Dann bemängelt man noch die Papierfarbe, die als Bläulichweiß bezeichnet wird. In Wirklichkeit ist die Farbe des Papiers der Bogen aus dem Besitz des van Dyck leicht grauweiß mit einem winzigen Stich ins Bläuliche.
Dieser Stich ins Bläuliche wird ebenso bei den ersten Tiefdruckausgaben von Großbritannien beobachtet und hat zu minutiösen Untersuchungen geführt. Die Blaureaktion im Papier ergibt sich aus der Einwirkung der Farbsubstanzen auf die Feuchtigkeit der Tiefdruckbogen. Es reagieren Blutlaugensalz und Eisenoxyd oder Eisenoxydul. Die Blaufärbung dürfte demnach eher ein Kennzeichen des zeitgenössischen Druckvorgangs sein, also ein Kennzeichen des Originals.
Zitieren wir hier, was die Brüder Williams in ihrem Buch ›Stamps of Fame‹ über das Papier der um 1850 in Neusüdwales gedruckten Briefmarken sagen: »Das für die Marken verwendete Papier schwankte außerordentlich in der Farbe, der Struktur und der Stärke. Man findet Marken auf weichem, gelblichem, glattem und hartem, bläulich glattem und auf gelblichem oder bläulichem gestreiftem Papier mit verschiedenen Untergruppen.«
Ein früher Philatelist, Amtsrichter F. A. Philbrick, beschrieb das Papier als »gewöhnliches Papier, wie es die Anwälte zum Entwerfen ihrer Schriftsätze benutzen, und die Unterschiede sind die, die man in Papieren jener Epoche für solche Zwecke eben antrifft«.
Genau diese Situation des Jahres 1850 lag auch in den Jahren 1851 bis 1854 vor, wo wir in dem genauen Gibbons-Katalog für die Lorbeerkopf-Ausgaben der verschiedenen Auflagen folgende Papiere angegeben finden: Dickes gelbliches glattes Papier — bläuliches mittleres glattes Papier — dickes, senk-

recht gestreiftes bläuliches Papier — mittleres blaues bis graues Papier — mittleres blaues glattes Papier — bläuliches mittleres bis dickes glattes Papier — hartes blaues glattes Papier — starkes weißes glattes Papier — mittleres graublaues glattes Papier — dickes blaues glattes Papier — mittleres weißes glattes Papier — mittleres bläulichgraues glattes Papier — mittleres bläuliches Papier.

Wer nach dieser Aufstellung noch hofft, die Bogen aus dem Besitz des Herrn Alfred van Dyck in ihrer Papierfarbe oder Textur als Neudrucke definieren zu können, hat mehr Phantasie, als sie selbst die Philatelie erlaubt.

Die Briefmarke auf Sicherheitspapier

Als wir bei den Briefmarken von Neusüdwales die neuen ›modernen‹ Ausgaben des Jahres 1856 erwähnten, deren Platten nicht mehr wie bisher mit der Hand graviert, sondern im Umprägeverfahren in London hergestellt worden waren, hatten wir einer weiteren Neuerung noch nicht gedacht.

Zur Erhöhung der Sicherheit gegen Nachahmung der Wertzeichen wurden diese nunmehr auf einem Spezialpapier gedruckt, das für die einzelnen Werte jeweils besonders angefertigt worden war.

Am Platz jeder Marke war in den Papierbogen eine Zahl als Wasserzeichen eingearbeitet, die dem auf dem Markenbild angegebenen Wert entsprach. Die 1-Penny-Marken zeigten also bei Durchsicht im Papier eine Eins, die 2-Pence-Marken eine Zwei und so weiter.

Solche Wasserzeichen entstehen auf die folgende Weise. Man bringt in der Papiermaschine auf einer der egalisierenden und abpressenden Walzen, den Egoutteuren, die Schrift-, Bild- oder Linienzeichen an, die im Papier erscheinen sollen. Diese erhabenen Stellen drücken in die Papiermasse und machen sie etwas dünner. Das hat den Effekt, daß diese Zeichen im fertigen Papier bei Schrägaufsicht dunkler, bei Durchsicht heller erscheinen.

Solche Wasserzeichen wurden auch in der noch primitiveren Papierherstellung schon frühzeitig als Firmenzeichen der Papiermühlen angebracht. Sie, die im fertigen Papier kaum nachzuahmen sind — Versuche mit Fettdruck sind zu erkennen und entfernbar — sind als Sicherheitsmaßnahme natürlich ausgezeichnet.

Nur ist eben die Post von Neusüdwales, wie es oft bei neuen Ideen geht, über den notwendigen Rahmen weit hinausgeschossen. Es ist völlig unnötig, für jeden Briefmarkenwert

Zeit der symbolisierenden Frauengestalten: Hier Britannia.

extra ein anderes Papier herzustellen, da die Sicherheit damit nicht, die Verwechslungsgefahr aber sehr wächst. Außerdem muß auch ein viel zu großes Papierlager gehalten werden. Das System der wechselnden Wasserzeichen mit wechselnden Werten ist daher sehr selten angewandt worden. Wir finden es auf einer Ausgabe des kaiserlichen Rußlands von 1858, wo der 10-Kopeken-Wert mit einer Eins, die Werte zu zwanzig und dreißig Kopeken mit einer Zwei und einer Drei versehen waren. Das Wasserzeichen dieser russischen Serie hatte aber noch eine andere Eigenart. Die Zahlen erschienen bei Durchsicht nicht heller, sondern dunkler. Dies wurde dadurch erreicht, daß die Zahlen auf den Rollen nicht aufgelötet, sondern eingegraben waren. Dadurch wurde das Papier an dieser Stelle dicker. Aber man gab den Versuch rasch wieder auf. Nach einigen Ausgaben ohne Wasserzeichen erschien 1866 die erste, die auf ihrem Papierbogen ein über die ganze Fläche verteiltes Liniennetz zeigte.
Ein immer wiederkehrendes Muster, das gleichmäßig über die ganze Papierfläche verteilt ist, hält man heute ganz allgemein für eine vollkommen genügende Sicherheitsmaßnahme.
Allerdings hat es lange gedauert, bis man sich zu dieser Ansicht durchrang. Unzählige Briefmarkenausgaben wurden durch Jahrzehnte auf Papier gedruckt, dem für jede Marke ein besonderes, sich wiederholendes Wasserzeichen eingearbeitet war. Da gab es Buchstaben und Anker, Wappen und Kronen, Lorbeerkränze und Posthörner. Und es war ein schöner Zufall, wenn dieses für die Marke bestimmte Wasserzeichen am Ende des Druckablaufs sich auch tatsächlich in der Markenmitte befand.
Da waren diejenigen Ausgaben schon besser daran, die ein gleichmäßiges Rautennetz oder Reihen von Wellenlinien, wie etwa bei den späteren Ausgaben von Bayern, als Wasserzeichen trugen.
Unter den Sicherheitszeichen im Papier hatte die Schweiz übrigens eines — das Schweizerkreuz im Oval —, das nicht von vornherein in die Papiermasse eingearbeitet worden war. Unter großem Druck kann man verhältnismäßig kompakte Zeichen nämlich auch trocken im Papier anbringen. Diese Methode ist vor Nachahmung nicht so sicher und wird deshalb nur selten gewählt.
Anzumerken ist hier, daß die sogenannte Waffel, die in den sechziger Jahren in Marken der Vereinigten Staaten eingepreßt wurde, nichts mit einem Trockenzeichen zu tun hat. Ihr Zweck war es vielmehr, die Marke auf einem quadratischen Feld siebartig zu durchlöchern, so daß die Druckerschwärze des Stempels bis zur Rückseite der Marke dringen konnte. In solchem Fall war es dann nicht mehr möglich, die Stempelfarbe

chemisch zu entfernen oder auszuwaschen, damit die Marke ein zweites Mal in betrügerischer Weise verwendet werden konnte.

Ehe die bayerische Post 1870 mit ihren Markenausgaben ebenfalls zum Wasserzeichenpapier als Sicherheitsmaßnahme überging, hatte sich bei ihr fast zwanzig Jahre lang ein anderes in das Papier eingearbeitetes Kennzeichen bewährt. Bei der Papierherstellung für den Markendruck wurde in regelmäßigen Abständen ein roter Seidenfaden so eingearbeitet, daß er nach dem Druck durch die Mitte des Markenbildes lief. Der rote Seidenfaden war im allgemeinen leicht auf der Rückseite der Marke zu sehen, konnte aber auch auf der Vorderseite sichtbar werden.

Die Schweiz, die die ersten Auflagen der Ausgabe ›Sitzende Helvetia‹ von 1854, die sogenannten Strubli, in München bei der Weiß'schen Universitätsdruckerei herstellen ließ, verwendete die gleiche Sicherheitsmaßnahme. Auch sie bezog das Papier wie die bayerische Post von der Pasinger Papiermühle. Nur wurden in das für die Schweizer Marken bestimmte Papier nicht bloß rote, sondern abwechselnd auch grüne, gelbe, blaue, braune und schwarze Seidenfäden eingearbeitet.

Die Schweiz ist übrigens das Land, das bis heute den eingearbeiteten Seidenfaden beibehielt. Allerdings nicht als eingezogenen Faden, sondern als Faserpapier, in das die blauen, braunen, grünen und roten Seidenfäden als feine Fasern eingebettet sind.

Die Idee, um der Sicherheit willen farbige Seidenfäden in das Papier der Briefmarke einzuarbeiten, wurde jedoch weder in der Schweiz noch in Bayern geboren. Auch hier war es wiederum ein Engländer, der das Verfahren einführte. John Dickinson, Besitzer einer Papiermühle in Hertfordshire, im Norden Londons, stellte ein Papier her, dem Seidenfäden während der Papieraufbereitung eingearbeitet wurden. Dieses Dickinsonsche Sicherheitspapier wurde zuerst in England bei den Prägedruckmarken von 1847 für die grüne 1-Schilling-Marke verwendet. Durch jede dieser Marken, die achteckig gedruckt, aber viereckig geschnitten wurden, liefen von oben nach unten zwei Seidenfäden.

Die Buchdruckmarken des Kirchenstaates

Ganz ohne besonderes Sicherheitspapier, ohne den teuren Tiefdruck und in gewöhnlichem Buchdruck, wie ihn schon Gutenberg anwandte, ohne neben der Druckerschwärze besondere Druckfarben für die Kennzeichnung der verschiedenen Wertstufen zu gebrauchen, hat die Postverwaltung des Kirchenstaates nicht nur ihre ersten Ausgaben, sondern alle ihre Marken gedruckt. Allerdings, das muß hier hinzugesetzt werden, brachte es die Post des Kirchenstaates nur auf drei Briefmarkenserien, deren erste am 1. Januar 1852 erschien und deren dritte nach Einverleibung des Kirchenstaates in das Königreich Italien, Ende Dezember 1870, ungültig wurde.

Wie der Buchdruck arbeitet, kann jeder einmal an den gegossenen Zeilen einer Zeitungsdruckerei sehen. Es ist genau der gleiche Vorgang wie bei einem Gummistempel. Die im Spiegelbild stehende Schrift wird an ihren erhabenen Stellen eingefärbt. Durch Andruck auf Papier entsteht unter Abgabe der Farbe von den erhabenen Stellen das Druckbild. Wer sich den Vorgang beim Stempel klarmacht, weiß über den Buchdruck Bescheid.

Die Post des Kirchenstaates hatte sich die neun Werte der neuen Briefmarken, die in verschiedenen Rahmen immer das gleiche Wappen des Papstes zeigten, durch Giovanni Valagna zeichnen und in Rom von der Firma Doubiet und Decoppet in Messing schneiden lassen. Diese Matrizen brauchten dann nur in das Gießinstrument eingesetzt und von ihnen die benötigte Anzahl der Klischees gegossen zu werden.

Da man sich für alle Werte — außer bei den zwei hohen Sonderwerten zu 50 Bajocchi und einem Scudo — zu Bogen von hundert Marken entschlossen hatte, benötigte man theoretisch nur einhundert Klischees von jedem Wert. Üblicherweise wurden natürlich Reserveklischees gegossen, für den Fall, daß das eine oder andere Beschädigungen erleiden sollte. Da die Serie fünfzehn Jahre im Umlauf war, so ergab sich, daß Auswechslungen auch notwendig wurden, was bis zur Ergänzung ganzer Platten ging.

Wie schon gesagt, gab es für die Postverwaltung des Kirchenstaates keine Probleme mit Druckfarben. Trotzdem konnte auf eine sehr einfache und doch effektvolle Weise Farbe in das Markenbild gebracht werden. Man druckte die verschiedenen Bajocco-Werte auf verschiedenfarbene Papiere.

Für die erste Ausgabe von 1852 wählte man Papiere in gedämpften Farben, die dazu noch für jeden Wert sehr schwankten. Die Marke zu einem halben Bajocco gab es vom Blaugrau über Grünlichgrau bis zum Rötlichgrau, vom Grau über Lilarosa bis zum Dunkelviolett. So ging es mit allen Werten. Die 6-Bajocchi-Marke schwankte zum Beispiel vom blassen Grünlichgrau bis zum auffallenden Blaulila.

Anders wurde es, als 1867, als Folge der Währungsänderung, die Freimarken von Bajocchi auf Centesimi umgestellt werden mußten. Zu dieser Serie bezog man das Papier aus einer Aschaffenburger Papierfabrik, die Glanzpapiere mit lebens-

freudigen Farben lieferte. Und gerade diese auffallenden Farben wurden das Charakteristikum der Kirchenstaatsmarken. Damit wurden sie leicht kenntlich und in der ganzen Sammlerwelt bekannt.
Die Umstellung auf das Dezimalsystem mit seiner Centesimi-Währung fand bereits ein Jahr zuvor, nämlich 1866, statt, doch sah der Generalintendant der päpstlichen Post darin noch lange keinen Grund, das Motiv des traditionellen Papstwappens auf den Marken zu ändern oder überhaupt neue Marken entwerfen zu lassen. Solche Gelegenheiten ergreift heute jede Postverwaltung mit Vergnügen. Man nimmt weit fadenscheinigere Gründe zum Anlaß, dem Publikum eine neue Serie von Briefmarken zu verkaufen.
Die Umstellung erfolgte auf die einfachste Weise. Man nahm die ursprünglichen Messinggußformen für die betreffenden Werte, bohrte die alte Wertbezeichnung samt Zahlenangabe aus, feilte die entstandene Öffnung vierkantig und setzte die negative neue Zahl mit den Buchstaben ein. In der so geänderten Gußform wurden dann mit dem Blei der eingeschmolzenen alten Druckklischees die neuen mit der Centesimi-Währung gegossen. Das ist die Grundmethode. Ob sie über positive oder negative Urstempel, etwa unter Zwischenschaltung von Gipsformen, durchgeführt wurde, können wir im einzelnen bei den Kirchenstaat-Buchdruckserien heute nicht mehr dokumentarisch beweisen. Jedenfalls wurden von jedem Wert vierundsechzig Markenklischees gegossen, da die Bogen der neuen Marken aus vierundsechzig Einzelmarken bestanden.
Weil man die auffallenden Farben der neuen Glanzpapiere gewählt hatte, erschien trotzdem diese nur ›umgekrempelte‹ alte Serie als etwas grundlegend Neues. Auch die neue Serie war jedoch ungezähnt.
Die englischen Postwertzeichen sind rund vierzehn Jahre mit der Schere vom Postbeamten aus dem Bogen geschnitten worden, ehe man auf eine bequemere Methode verfiel.
Schon im Jahre 1847 hatte ein englischer Geschäftsmann, Henry Archer, eine Maschine gebaut, die zwischen die Markenreihen der Briefmarkenbogen nahe aneinander kurze Durchstiche anbrachte, so daß die Marken nicht mehr durch Schneiden, sondern durch einfaches Reißen vom Bogen abgetrennt werden konnten. Archer bot die Maschine dem Generalpostmeister zur Einführung an, und einige Monate später wurde ihm vom Schatzamt ›großzügig‹ erlaubt, diese Erfindung auf eigene Kosten ausprobieren zu dürfen.
Henry Archer verwendete nacheinander zwei verschiedene Durchstichmaschinen, war aber selber mit den erzielten Ergebnissen nicht zufrieden. Allerdings verwendete er zu seinen Versuchen gewöhnliches Papier, denn soweit er den Durch-

stich direkt an den amtlichen Briefmarkenbogen probieren wollte, mußte er sie sich wie jeder andere erst auf dem Postamt kaufen.

Nun konstruierte Archer die erste richtige Kammzähnmaschine, die von einer Markenreihe immer zugleich drei Seiten zähnte und jeweils um eine Reihe vorwärtsgeschoben wurde. Dabei zähnte sie dann wiederum die obere Reihe der Zähnungslöcher der zweiten Reihe, die nun zugleich die untere Reihe der Zähnungslöcher der ersten Reihe war, und alle senkrechten Lochreihen der zweiten Reihe.

Im Dezember 1848 wurden die ersten Zähnungsversuche in der bekannten Briefmarkendruckerei von Perkins, Bacon & Co. unternommen. Trotzdem dauerten die verschiedenen Versuche noch einige Jahre, bis dann 1854 die erste gezähnte englische Briefmarkenausgabe von 1-Penny- und 2-Pence-Marken erschien.

Wenn man bedenkt, daß selbst ein so früh Briefmarken emittierendes Land wie Bayern erst ab Juli 1870 gezähnte Marken auszugeben begann, so ist die päpstliche Postverwaltung, die ihre ersten gezähnten Marken bereits im März 1878, also kaum ein halbes Jahr nach ihrer ersten noch geschnittenen Centesimi-Ausgabe herausbrachte, als fortschrittlich zu bewundern.

Für die neue gezähnte Ausgabe wurden auch größere Druckbogen angefertigt, indem man zu den vorhandenen vierundsechzig Klischees eines jeden Wertes noch sechsundfünfzig neue Klischees gießen ließ.

Eines von den einhundertzwanzig Druckklischees oder auch eines von den zusätzlichen Reserveklischees für den Wert von 2 Centesimi enthielt einen auffallenden, aber flüchtigen Betrachtern doch Jahrzehnte unbekannt gebliebenen Fehler. Er wurde erst unter den etwa achtzig Bleidruckstöcken gefunden, die ein gewisser Usigli in Florenz illegal in seinen Besitz bringen konnte. Statt einer richtigen 2 enthielt eines der Klischees eine ähnlich aussehende umgekehrte 3.

Es war um das Jahr 1878, als Usigli diese Originaldruckstöcke in seine Hand bekam. Da — wie gesagt — die farbenfreudigen Kirchenstaatsmarken unter den Briefmarkensammlern in aller Welt immer größeres Interesse fanden, stellte Usigli mit seinem originalen Druckmaterial noch weitere, ebenso farbenfrohe Neudrucke der Kirchenstaatsserien her.

In den philatelistischen Fachbüchern heißt es immer wieder, ein gewisser Bonasi hätte diese ›Platten‹ später von Usigli erworben, um seine eigenen Geschäfte damit zu machen. Aber für diese Lesart der Geschichte habe ich noch nirgendwo einen Beweis gesehen. Eher scheint der gewandte Bonasi als Vermittler für noch tüchtigere Leute aufgetreten zu sein.

Der in bezug auf die Marken von Bergedorf erwähnte Händler und Philatelist J. B. Moens in Brüssel interessierte sich ebenfalls für das in Usiglis Hand befindliche Druckmaterial. Am liebsten hätte er es natürlich so, wie es war, in seinen Besitz gebracht. Aber offensichtlich dachte Usigli gar nicht daran, es einem anderen zu überlassen.

So ließ sich nun Moens über Bonasi einen Satz galvanisch originalgetreu abgeformter Druckplatten beschaffen, die nach den besterhaltenen der Klischees Usiglis hergestellt waren. Man hatte zu diesem Zweck sechzig Arbeitsstempel von jedem Wert zu einer Druckplatte vereinigt und diese dann in einer Elektrotype abgeformt.

Moens in Brüssel gefielen diese Platten so ausgezeichnet, daß er noch eine zweite Abformung nachbestellte. Wie wir wissen, benutzte er sie, um nicht einen Sechzigerbogen, sondern einen Hundertzwanzigerbogen seiner Neudrucke herzustellen, mit einem Steg, einer sogenannten Brücke, zwischen den beiden Sechziger-Markenblocks.

Als die weitere Bestellung von Moens in Italien eintraf, waren dort die Originaldruckstöcke bereits wieder durcheinandergeworfen worden und mußten für die zweite Platte neu montiert werden. Dabei kamen im wesentlichen die gleichen Originalklischees, aber in anderer Zusammenstellung zur Verwendung.

Offenbar mußte die Zweitbestellung, für die Bonasi sich keine vernünftige Erklärung geben konnte, in ihm den Verdacht erweckt haben, daß Moens nun seinerseits mit Elektrotypplatten von Kirchenstaatsmarken zu handeln begonnen hatte. Bonasi ließ deshalb schlauerweise gleich drei Sätze Galvanoplatten von der neuen Zusammenstellung der Originalklischees anfertigen. Er lieferte den einen Satz wie bestellt an Moens, aber verkaufte die anderen beiden an Gelli & Tani in Brüssel und an David Cohn in Berlin. Neben den genannten Herstellern von Kirchenstaat-Neudrucken kennen wir jedoch noch die Produktion eines dem Namen nach unbekannten Druckers, der später die Platte von Gelli & Tani in Brüssel benutzt hat. Es ist bemerkenswert, daß trotz der großen Auflagen der bunten Kirchenstaat-Neudrucke heute diese Marken auch als Neudruck selten zu werden beginnen. Ein Kirchenstaat-Liebhaber, der etwa alle verschiedenen Neudrucke der Kirchenstaatsmarken jeweils im Viererblock — eine Anordnung, die charakteristische Eigenarten der Marken besonders zum Vorschein bringt — besitzen will, dürfte sie in den Variationen aller Drucker kaum mehr auftreiben.

In alle diese Druckplatten, die beiden Zusammenstellungen von Originaldruckstempeln, ist nun auch das Klischee mit dem Fehldruck geraten. Dies ist kein großer Zufall, denn in

der zweiten Zusammenstellung dürften nur etwa drei bis sechs neue Originalklischees aufgetaucht und ebenso viele alte zum Klischeelager zurückgewandert sein. Die zuerst hergestellte Sechzigerplatte ist mit der rechten Seite des Moens-Neudruckbogens identisch. Auf ihr befindet sich der Fehldruck im Feld 7. Die Felderbezeichnung geht in der Philatelie — im Gegensatz zur Methode der Post — immer waagerecht die Reihen entlang von links nach rechts. Da eine Seite des Moensbogens pro Reihe sechs Marken zählt, befindet sich der Fehldruck hier also im ersten Feld der zweiten Reihe. Bei der zweiten von Bonasi erhaltenen Platte, die die linke Seite des Moensbogens wurde, befindet sich der Fehldruck auf Feld 17.
Der Fehldruck, und das ist die große Überraschung für die weiten Kreise, die sich heute für die Marken des Kirchenstaates als Vorläufer der Marken des Vatikanstaates interessieren, ergab sich aus einem Setzfehler. Es liegt keine nachträgliche Drucktypenbeschädigung vor, sondern ein echter Fehldruck. Bei der Herstellung der Klischees für die neue Centesimi-Ausgabe war im Neusatz der Wertbezeichnung zu irgendeinem Zeitpunkt statt der normalen Zwei für die 2 Centesimi eine umgekehrte Drei verwendet worden, die in dieser kopfstehenden Stellung dem Aussehen einer beschädigten Zwei sehr nahekommt. Der Fehler wurde sicherlich bald entdeckt, und die damit gegossenen Klischees dürften ausgeschieden worden sein. Alle — bis auf eins, das unerkannt bis zu Usigli gelangt ist.
Es ist zu beachten, daß dieser Fehldruck bis zum heutigen Tage noch nicht auf einer Originalmarke gefunden worden ist. Wer diese Entdeckung eines Tages machen könnte, hätte eine Welträrität in seinem Besitz.

Die siebzehn Methoden, eine Briefmarke abzutrennen

Es ist mir nicht bekannt, ob jemand schon einmal versucht hat, eine Briefmarke, mangels einer Schere, mit Beil und Hackstock abzutrennen — aber der Methoden, das kleine Wertobjekt aus dem Bogen zu entfernen, gibt es viele.
Da war, wie wir bereits wissen, die Zeit der glatten Bogen, aus denen die einzelne Marke mit der Schere herausgeschnitten werden mußte. Selbst bei vorhandener Schere war dies durchaus kein gleichförmiges Manöver. Da kam zum Beispiel der ganz Geheime Herr Oberkanzleirat auf das Postamt und wollte seinen mit prachtvoller Schnörkelschrift adressierten Brief aufgeben. Wie höflich wurde da die Schere! In weitem Abstand schnitt sie um die Marke, die so mit extrabreiten

sauberen Rändern auf den Brief kam. Die bei dieser hochachtungsvollen Prozedur angeschnittenen Marken bekamen dann Krethi und Plethi, die eben mit dem übriggebliebenen zufrieden sein mußten.
Dann wieder kam eine gewisse vornehme Dame auf die Post, die ein Billetdoux geschrieben hatte, dem ein leiser Veilchenduft entströmte. Das Format war sehr klein, die Adresse sehr zierlich und der für die Marke übriggebliebene Platz nicht der Rede wert. So schnitt der zuvorkommende Postbeamte die Marke erst einmal ohne den geringsten Rand ganz knapp aus dem Bogen. Damit war sie immer noch viel zu groß. Darum schnitt er oben noch ein wenig und unten noch ein wenig ab, und dann stutzte er sie noch zu beiden Seiten. Heute wundert man sich beim Anblick eines solchen Briefes, wie wenig von einer normalen Freimarke in der guten alten Zeit als stellvertretend für die ganze Marke anerkannt worden ist.
Und dann war ja auch nicht immer eine Schere zur Hand. Auf dem Postamt war sie vielleicht angekettet. Aber zu Hause war sie nicht immer gleich zu finden. Da wurde das Papier geknickt und gerissen, die Marke wurde mit Tranchiermessern, Küchenmessern und Tafelmessern vom Bogen getrennt. Manchen Marken bekam es, anderen sah und sieht man die Anstrengungen für immer an.
Wie in England mit dem reihenweise durchstochenen und dann dem reihenweise gelochten Bogen eine neue, bequemere Trennmethode aufkam, haben wir schon kurz beschrieben.
Alle anderen Briefmarkenländer sind England in dieser Verbesserung nicht so rasch gefolgt. Eine ganze Reihe von Staaten hat längere Zeit daran festgehalten, die Marken zur besseren Trennung nur mit einem Durchstich — einer Reihe feiner Schnitte — zu versehen. Zwischen den Durchstichen hängen die Marken dann an kleinen Stückchen Papier noch zusammen und können so mehr oder weniger gut abgerissen werden. Mehr oder weniger gut — weil die Absichten der Durchsticherzeuger meist nicht mit den praktischen Endergebnissen übereinstimmten, denen sich der Erwerber der Markenbogen oder auch der Beamte im Postamt gegenübersah.
Natürlich gibt es Durchstiche in den verschiedensten Weisen. Da gibt es Trennanordnungen, bei denen gerader Schnitt hinter geradem Schnitt sitzt und das Ganze nur eine unterbrochene gerade Linie bildet. Man kann auch bogenförmige Durchstichmesserchen anwenden. Dann besteht der Durchstich aus lauter kleinen Bogen oder auch aus Wellen oder, wie bei Finnland, aus ganzen Zungen oder, wie bei Thurn und Taxis, aus farbigen, also gedruckten und geschnittenen Trennungen.
England ist von vornherein auf die zuverlässigere Zähnung der Marken gekommen. Man bringt die richtige Anzahl von

Löchern zwischen den Markenreihen an, und sie lassen sich Stück um Stück als Einzelmarken abtrennen.
Man hat auch hier experimentiert. Manche Briefmarken haben zu wenige und zu große Löcher. Sie sehen nach dem Abtrennen eben nicht wie abgetrennt, sondern wie abgerupft aus. Marken mit zu vielen kleinen Löchern neigen dazu, sich allein, ohne weitere Mithilfe vom Bogen zu entfernen. So gibt es entweder ein Zuviel oder ein Zuwenig. Es gibt jedoch von allem Mittelwerte der Erfahrung und ein Maß, auch für die Zähnung. Man zählt, wie viele Zähne auf einer Strecke von zwei Zentimetern sind, und mit dieser Zahl ist dann die Zähnung der Marke fixiert. So bedeutet also Zähnung 14, daß die Marke vierzehn Löcher auf zwei Zentimeter Markenlänge hat. Da aber keineswegs alle Marken genau zwei Zentimeter lang sind, erforderte diese Feststellung eine schwere Rechnerei, wenn es nicht einfache Zähnungsschlüssel aus Pappe oder Kunststoff gäbe, mit denen man die Zähnung durch einfaches Anlegen der Marke feststellen kann. Allerdings kann es auch zwei verschiedene Zähnungen 14 geben, eine solche, bei der die Zahnlöcher groß und deshalb nahe beieinanderliegend, und eine andere, bei der die Zahnlöcher sehr klein und darum weit auseinanderliegend erscheinen.
Bleibt nur noch, dieses Kapitel mit einem kleinen Rat abzuschließen. Auch eine Briefmarke soll alle ihre Zähne intakt zeigen. Wer eine Briefmarke nicht nur als Portoquittung, sondern zu dem Zweck abtrennt, damit sie ihre Art repräsentiere, der knicke sie erst nach der einen, dann nach der anderen Richtung, ehe er sie abtrennt. Schnell gerupft ist schlecht frankiert.

Schiffchen von Buenos Aires

Eine der frühesten der heute so beliebten Motivmarken ist die Schiffchen-Marke von Buenos Aires aus dem Jahre 1858. Ein Dampfschiff als zentrales Bildmotiv zu nehmen, dazu hatte die Post des Freistaates Buenos Aires gute Veranlassung.
Während der Laufzeit der ›Barquitos‹, der Schiffchen, wie die Freimarken populärerweise aufgrund ihres Bildes hießen, wurde der Großteil der Post von Buenos Aires in Dampfschiffen transportiert, von denen eines wöchentlich zweimal den Paranafluß hinauf und hinab fuhr, während ein zweites die Anlieger des Uruguayflusses bediente. Nur die weiter im Inland liegenden Postbenutzer erhielten ihre Briefe durch Pferdepost. Wie wir auf den Marken gut erkennen können, waren diese Postdampfer jene Fahrzeuge, bei denen die Er-

aus Aluminiumtellern speisen, die anderen mußten sich mit goldenen begnügen.«

Obwohl dieser Bericht durchaus nur Tatsachen mitteilt, so ist er doch für unseren Fall irreführend. Bereits 1855 war nämlich der Preis für Aluminium in Paris auf 3000 Franken das Kilogramm gefallen, und 1858, das Jahr, das uns angeht, brachte bereits einen Aluminiumpreis von 300 Franken für das Kilogramm, mit Ankündigungen der Hersteller von baldigen weiteren Senkungen.

Nach den damaligen Silberpreisen lag der Preis des Aluminiums nur noch 25 Prozent über dem des Silbers. Da es viel leichter war, kostete jedoch ein Plättchen aus Aluminium gleicher Stärke nur etwa ein Drittel eines Silberplättchens. Wenn wir dazu wissen, daß zu diesem Zeitpunkt als bemerkenswertester Verwendungszweck des neuen Metalls die Prägung von Medaillen propagiert wurde, ist es naheliegend, daß man in Buenos Aires, in einer Begeisterung für den Fortschritt, nun ein Plättchen des Metalls zur Prägung einer Matrize — der ersten Matrize aus Aluminium — verwendet hat.

Als der argentinische Generalpostmeister 1893 die Unbrauchbarmachung der alten Druckplatten von Buenos Aires für die guten, alten ›Barquitos‹ anordnete, hat er sich nicht den Kopf zerbrochen, wohin wohl der Urstempel und seine Matrizen gekommen sein mochten. Dieses Material dürfte von der Postverwaltung auch nie vom Graveur Pablo Cataldi angefordert worden sein und ist nie in amtlichen Gewahrsam gelangt.

Wie uns das gleiche auch von anderen Markenstechern bekannt ist, wanderte das Material in eine Schatulle — ein Inhalt, der den Erben dann recht belanglos erschienen sein mag. Jedenfalls wurden Urstempel und Matrizen Ende der siebziger Jahre des vorigen Jahrhunderts in Buenos Aires von einem Deutschen — wohl um einen Pappenstiel — erworben. Dieser Mann sammelte Kuriositäten, um in seine Heimat auch einige südamerikanische Merkwürdigkeiten mitbringen zu können. Als er um die Jahrhundertwende nach Deutschland zurückkam, brachte er auch seine Kisten voller Raritäten mit. Viel hielt er wohl selber nicht davon, denn da ruhten sie nun unbeachtet bis zu seinem Tod in den fünfziger Jahren.

Aber wie in unserer aufgeweckten Zeit schließlich alles in die richtigen Hände kommt, fand sich nun bald nach Entrümpelung der Kisten auch der Fachmann, der erkannte, was er hier vor sich hatte.

Geheimnisse des Druckvorgangs dieser doch im einfachen Buchdruck hergestellten Schiffchenmarken konnten nunmehr geklärt werden. Bis dahin hatte auch der große Spezialist Peplow, der ein ganzes Buch über die ›Barquitos‹ geschrieben hat, angenommen, daß ein so grober Druck kaum über Galvanos erzeugt worden sein könnte. Peplow hatte aber einen falschen Schluß gezogen. Galvanos mit ihrem elektrolytischen Kupferniederschlag geben zwar auch die feinste Einzelheit wieder, aber ein grobes Urbild können sie nur ebenso grob abformen. Jetzt zeigte sich, daß die grob und einfach hergestellten Drucke der Schiffchenmarken von Buenos Aires doch ein kompliziertes technisches Verfahren hinter sich hatten. Man hatte offensichtlich von den vier Matrizen noch Galvanos abgenommen, weil man erst die dünnen Kupferniederschläge leicht in Einzelheiten verbessern und zum Druck korrigieren konnte. Von den Galvanos mußten aber wiederum Matern, wahrscheinlich Gipsmatern, abgenommen werden, denn eine zweimalige Abformung war zur Erreichung eines seitenrichtigen Druckbildes notwendig. Erst dann konnten die achtundvierzig Druckstöcke für jeden Bogen aus Letternmetall gegossen werden.

So zeigen sich in der Druckpraxis auch bei einfachen Druckverfahren wie dem Buchdruck oft die interessantesten Komplikationen. Erst die Kenntnis des Druckablaufs erlaubt aber ein wirkliches Verständnis für eine Markenausgabe. Die charakteristischen Einzelheiten der echten alten Marken ergeben sich aus der jeweiligen Entstehungsgeschichte.

Auch hier, bei den argentinischen ›Barquitos‹, wurde sie durch einen praktischen Vorgang aufgehellt. Als nämlich mit Hilfe des aufgefundenen originalen Druckmaterials im Sommer 1955 in Berlin eine Neudruckauflage der Schiffchen-Marken hergestellt wurde.

Die Zeiten der Lady McLeod

Obwohl die argentinischen Schiffchen-Marken von Buenos Aires im Jahre 1858 wohl für sich in Anspruch nehmen konnten, sehr früh ein Motiv auf einer staatlichen Briefmarkenserie benutzt zu haben, so wurden sie doch durch Privatinitiative geschlagen — und dies nicht nur um die berühmte Nasenlänge, sondern um volle zehn Jahre.

Es ist April 1847, und wir befinden uns auf der tropischen Insel Trinidad vor der Küste Venezuelas. Damals verband ein neues Dampfschiff in regelmäßigen Fahrten die beiden Haupthäfen der Insel, Port of Spain und San Fernando. Reiche Kaufleute der Insel hatten das Schiff in England bauen lassen. Mit seiner mächtigen Maschine von vierzig Pferdestärken schaffte es brav Fracht, Passagiere und Post von einem Hafen zum anderen.

Tatsächlich gab es so viel Post, daß der Eigentümer des Sech-

zigtonnenschiffes, David Bryce, am Posttag nicht genügend Kleingeld hatte, um allen Kunden bei der Bezahlung des Portos richtig herausgeben zu können. Da ließ man eben Portomarken — oder, wie wir heute sagen, Briefmarken — drucken, die dann in der Schiffsagentur für fünf Cent das Stück und für vier Dollar das Hundert zu haben waren. Man sieht, in jener schönen Zeit gab es auch bei Briefmarken für gute Kundschaft noch Engrospreise.
Diese Briefmarken, deren Zeichner und Drucker man nicht kennt, gehören zu den romantischsten aus der frühen Briefmarkenzeit. Sie zeigen das ›Dampfsegelschiff‹ auf hoher See mit wehenden Flaggen und einer kräftigen Rauchfahne. Die untere Hälfte der Marke trägt die verschlungenen Initialen der ›Lady McLeod‹. Es ist der Name des Schiffes, das nach der Gattin des britischen Insel-Gouverneurs benannt worden war. Die geschmackvollen, schönen blauen Marken wurden allerdings nach dem Aufkleben auf den Brief zur Entwertung nicht eben vornehm behandelt. Wenn Feder und Tinte in Reichweite waren, dann wurden sie mit einem dicken Federkreuz entwertet. Aber dies war leider durchaus nicht immer der Fall. Dann hob der Kapitän oder der Steuermann oder der Schiffsbesitzer — vielleicht war David Bryce sogar alles in einer Person — oder wer immer Generalpostmeister auf der ›Lady McLeod‹ war, mit dem Fingernagel die aufgeklebte Marke etwas vom Brief ab und entfernte mit einem Ruck das Eck der schönen Marke. Solche Methoden wurden später nur noch in Afghanistan zur Entwertung von Briefmarken angewendet.
Bekannt unter den Briefmarkenfreunden und auch beliebt ist die romantische Marke erst sehr spät geworden. Zwanzig Jahre nach ihrem Erscheinen, also in den sechziger, siebziger Jahren, hielt man sie für eine Schwindelausgabe. Noch vor fünfzig Jahren konnte man das Stück für zweihundert bis dreihundert Mark kaufen. Aber dann freilich hörten diese günstigen Zeiten auf.
Als vor einigen Jahren die große Trinidadsammlung von Hodsell Hurlock, Mitglied der Royal Philatelic Society, in London versteigert wurde, betrugen die Preise für ein nicht entwertetes Stück etwa viertausend Mark, für ein durch Federzug entwertetes auf Brief etwa fünftausend Mark. Ein Muster der Eckenabreißentwertung konnte man dagegen immer noch für rund tausend Mark erwerben.
Private Schiffspostmarken, auch wenn sie, wie die HAPAG-Marke, von der Deutschen Reichspost genehmigt und damit offiziöse Briefmarken waren, sind in der Philatelie immer etwas stiefmütterlich behandelt worden. Die HAPAG-Marke, deren Verwendungsgebiet auch wieder das Trinidad der ›Lady

McLeod‹ mit einschloß, kam eigentlich erst fünfzig Jahre später in den Gesichtskreis einer weiteren deutschen Öffentlichkeit. Das war 1925, als die HAPAG (Hamburg-Amerikanische Packetfahrt-Actien-Gesellschaft) anläßlich des 31. Philatelistenkongresses in Hamburg einen Besuch ihres Schiffes ›Albert Ballin‹ arrangierte und bei dieser Gelegenheit in großzügiger Weise den seinerzeit von der Hauptagentur in Sankt Thomas zurückgeschickten Bogenrestbestand an die Teilnehmer verschenkte.

Die HAPAG-Marke erschien 1875 in der Wertstufe zu 10 Cent. Diese Wertstufe und die Beschriftung in englischer Sprache waren dem Verwendungsgebiet angepaßt, das die westindischen Inseln umfaßte, in deren Lokaldienst die HAPAG mehrere Dampfer eingesetzt hatte, die zugleich auch den Postdienst besorgten.

Als Bildmotiv der HAPAG-Marke finden wir jedoch diesmal kein Dampfschiff, sondern die Reedereiflagge. Gekreuzte Diagonalen schufen die sich gegenüberliegenden gelben und dunkelblaugrünen Dreiecke, die in der Markenmitte auf einen weißen Kreis zuliefen, in den das Ankerwappen der Reederei eingeprägt war.

Auch hier lernen wir wieder eine Eigenart kennen, die in der Briefmarkenherstellung auftauchen kann. Die Bogen der HAPAG-Marken hatten nämlich keine gesonderten Ränder. So blieben alle Marken an den Rändern einseitig und die vier Eckmarken zweiseitig ungezähnt. Die HAPAG-Marke wurde, wie bereits alle Marken aus dieser späteren Zeit, natürlich gezähnt ausgeführt.

Die Marken wurden auf dünnem, glasigem Papier in dreifarbigem Steindruck in der Hamburger Lithographieanstalt von Charles Fuchs, in der auch die Steindruckmarken von Bergedorf hergestellt worden waren, gedruckt.

Zu wissen, daß die HAPAG-Marke, die zu einer teuer zu bezahlenden Rarität geworden ist, in Steindruck hergestellt wurde, ist gar nicht so sinnlos.

Die HAPAG hatte nämlich inzwischen entdeckt, welch großes Interesse solchen Marken entgegengebracht wurde, und die Marken insofern in ihre Werbung einbezogen, als sie dreimal ihre eigenen Marken reproduzieren und nachdrucken ließ. Die erste Reproduktion erfolgte bereits 1896, sie wurde aber nur in die Festschrift zum fünfzigjährigen Bestehen der Gesellschaft eingeklebt.

Die beiden Auflagen aus den Jahren 1938 und 1955 hingegen wurden in größeren Mengen verbreitet. Während die erste Nachahmung ungezähnt blieb — nur wenige Stücke wurden 1955 aus dieser Auflage gezähnt und für die Pressewerbung verwendet und sind sehr selten —, war die Auflage von 1955

nicht nur gezähnt, sondern auch mit einem Wasserzeichen versehen.
Beide offiziell durch die HAPAG ausgegebenen Reproduktionen unterscheiden sich jedoch von den Originalen in der Drucktechnik. Sie sind im Buchdruck, den wir schon an anderer Stelle besprochen haben, ausgeführt und zeigen auch im Rahmen die charakteristischen Durchprägungen des von erhöhten Klischees druckenden Buchdrucks.
Bei den im Steindruck, das heißt im Flachdruck, hergestellten Originalen ist diese Erscheinung — außer bei geätztem Steindruck — nicht möglich. Steindruck arbeitet nicht mit hoch- und tiefliegenden Schichten. Der Druckstein ist in seiner ganzen Fläche gleichmäßig eben. Die nicht zu druckenden Stellen sind mit fetthaltiger Schicht eingezeichnet. Sie nehmen weder Feuchtigkeit noch Druckfarbe auf und geben während des Druckvorgangs auch keine Druckfarbe ab. Unter der Lupe ist der Steindruck an der relativen Unschärfe von Randlinien zu erkennen. Hieran können auch gefälschte Briefmarken erkannt werden. Sie sind in vielen Fällen nicht mit der gleichen Druckmethode nachgeahmt. Schon die andere Druckmethode, die der Fälscher oft aus technischen Gründen anzuwenden gezwungen ist, verrät ihn.

Wohltäter des Publikums

Das Sammeln der bunten Postwertzeichen war nun schon lange ein weltweites Steckenpferd geworden, mit dem sich Schüler ebenso wie Erwachsene beschäftigten. Vielleicht mit einem Unterschied gegen die heutige Art des Briefmarkensammelns: Der Trend zum Materiellen hin, zu materiellen Ergebnissen, hin zur ›Aktie des kleinen Mannes‹, um ein sehr unschönes und auch in seinem Vergleich nicht ganz zutreffendes Schlagwort zu benutzen, stand nicht so im Vordergrund.
Natürlich jagte man auch damals nach Raritäten, aber kaum, weil sie ›wertvoll‹ waren, sondern weil man auch die seltenen Kuriositäten in seiner Sammlung haben wollte.
Fanatische Sonderlinge, die ihr Vermögen dieser Jagd zu opfern bereit waren, gab es immer. Aber der Durchschnittsbürger fand zumindest für den Teil seines Geldes, das er sicher anlegen wollte, viele andere solide Möglichkeiten. Für eine Freizeitbeschäftigung, eine vergnügliche Entspannung, war nur ein mehr oder weniger großer Anteil vom Taschengeld reserviert.
So begnügte man sich bescheidenerweise oft mit einem bunten

Stück, das zwar genauso wie das Original, die große Rarität, aussah — in Farbe, Zeichnung und Papier nicht zu unterscheiden —, aber nur ein paar Pfennig oder, wenn es hoch kam, ein paar Mark kostete. Faksimiles nannte man diese Kunstwerke, die menschenfreundliche Fachleute in Spezialwerkstätten herstellten — nicht, um jemanden zu betrügen, um ihm eine Fälschung statt der echten Rarität zu verkaufen, sondern um ihm für wenig Geld die Illusion oder auch das Anschauungsmaterial von Marken zu geben, die er im Original nicht in seine Sammlung bringen konnte.

Böse Fälschungen und brave Faksimiles brauchen in jedem Fall die gleiche Apparatur zum Druck, die gleichen Fachleute und philatelistischen Experten zur Herstellung. Es kommt nur darauf an, ob man sie dann als gute Kopien dem Liebhaber offeriert oder durch dunkle Kanäle dem Handel so zuführt, daß sie den Sammlern schließlich als Gelegenheitskäufe von Originalen suggeriert werden können. Wie bei falschen Gemälden brauchen die Hersteller durchaus nicht die Hauptverdiener beim Geschäft zu sein, sie sind es auch meistens gar nicht. Aber die eigentliche Schuld liegt immer doch bei ihnen.

Um 1890 hatte ein gewisser Heinrich Goegg, der sich zur Hebung seines geschäftlichen Verkehrs Louis Henri Mercier nannte, in Genf eine kleine Briefmarkendruckerei. Eines Tages kam ein tüchtiger Mann zu ihm, François Fournier, Veteran des deutsch-französischen Krieges, der weite Kenntnisse hatte und auch geschäftlich wußte, was er wollte: Keine dunklen Geschäfte mit zweifelhaften Leuten, wenn die Gewinne auf ehrliche Weise genausohoch sein konnten. Er nahm die Produktion fachmännisch erzeugter Faksimiles auf, die als das, was sie waren, zu für beide Seiten annehmbaren Preisen direkt an die interessierten Sammler geliefert wurden.

Fournier war kein oberflächlicher Kopist. Er studierte Druckfarben, Papiere, Druckmethoden der einzelnen Briefmarkenausgaben, ehe er Faksimiles von den Experten seines Ateliers anfertigen ließ. Die meisten der beliebten, aber für den einfachen Sammler unerreichbaren Erstausgaben wurden von ihm nachgeahmt. Viele seiner Faksimiles sind ausgezeichnet gelungen, besonders wenn man die drucktechnisch weniger raffinierten Methoden jener Zeit in Betracht zieht. Viele altdeutsche Werte wurden von Fournier gedruckt. So stellte er zum Beispiel die erste Ausgabe von Braunschweig her im gleichen Buchdruck wie die Originale. Besondere Kunstfertigkeit zeigte er bei der Herstellung der seltenen Ausgaben der altitalienischen Staaten. Die Löwenmarken von Toskana druckte er auf einem Papier mit einem sehr ähnlichen Kronenwasserzeichen, das auch die leicht blaue Färbung des Originalpapiers hatte. Solche Papiere ließ sich Fournier eigens für seine Ar-

Oben: Dreiecksmarke vom Kap der Guten Hoffnung.
Unten: zwei brasilianische ›Ochsenaugen‹, über ›Brücke‹ zusammenhängend.

beiten herstellen. Wenn es zu jener Zeit wirkliche philatelistische Fachleute gab, dann war François Fournier einer von ihnen. Das wurde auch öffentlich anerkannt. Der Mann von Nr. 6 der Rue Corraterie in Genf hatte die Ehre, als Sachverständiger den Jurys internationaler Briefmarkenausstellungen der Jahre 1896 und 1898 anzugehören. Er stellte Muster seiner Faksimiles bei solchen Ausstellungen aus und erhielt Medaillen und Preise für seine Kunstwerke. Dies alles zeigt, wie weit man in Philatelistenkreisen seine Tätigkeit als nicht nur genehm, sondern den Ideen des Briefmarkensammelns nützlich betrachtete.

Der Widerstand gegen sein ›Atelier des Facsimiles des Timbres-Poste‹ kam dann auch nicht von den Sammlern, sondern von gewissen Seiten des Handels, denen die Faksimiles von Fournier als eine Komplikation und Belastung des Briefmarkengeschäftes erschienen. Der Öffentlichkeit wurde dieses Bedürfnis nach Schutz vor geistigen Belastungen als ein Bestreben nach Sauberkeit und Ehrlichkeit des Geschäftsgebarens serviert.

Nachdem man Fournier die Inseratenspalten der Fachpresse gesperrt hatte, gab er einfach seine eigene Zeitschrift ›Le Fac-Simile‹ heraus, die es auf eine Auflage von 25 000 Exemplaren brachte. Es war der Ausbruch des Ersten Weltkriegs, der das weltweite Versandgeschäft Fourniers zum Erliegen brachte. Bald darauf starb er.

Einer seiner Angestellten versuchte das Unternehmen weiterzuführen, aber dazu wäre eben ein zweiter Fournier notwendig gewesen. Als 1927 die Apparaturen zur Reproduktion und die Lagerbestände an Faksimiles versteigert werden sollten, übernahm im öffentlichen Interesse die Philatelistische Union in Genf das Material.

Es wäre in der Tat ein Unglück gewesen, wenn dieses Material in falsche Hände gelangt wäre, um dann durch dunkle Kanäle als ›Originalmaterial‹ wieder an das Tageslicht zu kommen. Besonders die in der Qualität hervorragenden Nachahmungen sollten eben von allem Anfang an, ehe sie den Druckprozeß beenden, auf der Rückseite ein feines, aber klares Merkmal tragen, das sie als Reproduktion kennzeichnet. Diese einfache Maßnahme wäre allen Gesetzen überlegen, die sich eifrige philatelistische Helfer der Justiz von Zeit zu Zeit immer wieder ausgedacht haben.

Die lobenswerte Philatelistische Union von Genf war in dieser Hinsicht allerdings etwas zu eifrig. Sie ließ alle Reproduktionen Fourniers rückseitig in Streifen mit einem — teils durchschlagenden — anilinblauen Aufdruck ›Fac-Simile‹ versehen und versah andere Reproduktionen vorn mit einem schwarzen Stempel ›FAUX‹, falsch. Hochachtung vor den

Kunstwerken Fourniers hatten die Kennzeichner offensichtlich nicht, eher ein tiefes Mißfallen ihnen gegenüber, wenn dieses Mißfallen auch den Sinn für das Geschäftliche nicht überschattete.
Aus dem Material Fourniers wurden von der Philatelistischen Union 475 Sammlungen von etwa hundertundsiebzig Seiten pro Album hergestellt und zu 50 Schweizer Franken das Stück verkauft. Nach frommer Denkungsart sollten die Fournier-Alben, von denen jedes etwa 1480 Reproduktionen von Einzelmarken, 50 Markenbogen, 45 Bogenteile und über 1000 Stempelabzüge enthielt, nur an die Briefmarkensammler-Vereine und an zuverlässige Händler abgegeben werden. Natürlich — und so ist der Lauf der Welt — kamen die Fournier-Alben in die Hände derjenigen, die sie haben wollten. Es begann eine emsige Aufteilung eben des Materials, das die Philatelistische Union so sorgfältig in ihre Alben gebunden hatte. Diese Aufteilung war sogar verständlich. Die Länderspezialisten in aller Welt wollten eben nur den Teil des Fournierschen Materials, der ihr Land betraf. Daß sich mit der Aufteilung der Preis vervielfachte, steht auf einem anderen Blatt.
Wäre es nur bei dieser Aufteilung in Länder geblieben! Aber nun kamen die Aufteiler der Aufteiler. Wenn zum Beispiel der Landesteil Toskana des Fournier-Albums — so sagte man sich — einen Bogenteil von dreißig ausgezeichneten Reproduktionen der rotbraunen 60 Crazie auf Wasserzeichenpapier enthält, von denen jede Marke im Original einen Katalogwert von 35 000 Mark hat; warum soll man diesen Bogenteil nicht etwa in sechs Viererblocks und sechs Einzelstücke verwandeln und damit zwölf Liebhaber altitalienischer Staaten erfreuen, die gerade diesen Wert wohl kaum jemals erwerben könnten? Ein Unglück geschehe ja nicht, da jede Marke auf der Rückseite einwandfrei gezeichnet ist.
Mit diesen Gedankengängen befinden sich die Wohltäter des Publikums aber nun genau auf der gleichen Linie, auf der sich schon Fournier befunden hatte. Nur war hier ein Streit zwischen Einzelhandel und Versandhaus mit Ängsten und Sorgen der Allgemeinheit drapiert worden.
Wir können also dieses merkwürdige Kapitel mit dem Fazit beschließen: Mit guten, originalgetreuen Reproduktionen kann man vielen Sammlern Freude machen. Sie sollten jedoch auf der Rückseite nicht zu grob, aber doch deutlich als Reproduktion gekennzeichnet sein.

Gibt es ›unerwünschte‹ Ausgaben?

Als Überschrift einer Zeitung hätte man diese ›Schlagzeile‹ etwas pointierter gewählt, etwa als Frage: ›Sind Wohlfahrtsmarken unsittlich?‹ Natürlich sind Briefmarken, die einen Zuschlag für wohltätige Zwecke einschließen und die der Postbenutzer wahlweise anstelle normaler Freimarken erwerben kann, durchaus nicht unsittlich. Dies beantwortet aber nicht die Frage, ob diese Marken nicht vielleicht doch früher einmal, etwa als man sie einführte, als ›unsittlich‹ empfunden wurden. Gelegentlich betrachtete man sie durchaus als unerwünschte Ausgaben und führte eine scharfe Sprache gegen sie.
Bekanntlich neigen diejenigen, die ihre Meinung zu einer bestimmten Sache auch durchsetzen wollen, dazu, einen Verein zu gründen. Ist dieser Verein dann gegründet, werden schleunigst die Wünsche der Vereinsmitglieder als die Interessen der Allgemeinheit plakatiert. Dabei verwandelt sich dann eine lediglich unerwünschte Sache allzuoft in eine Entrüstung verlangende ›unsittliche‹ Angelegenheit. Deshalb hätten wir mit unserer Schlagzeile nicht so unrecht gehabt.
Im Jahre 1895 wurde in London von entrüsteten Philatelisten und Händlern die ›Society for the Suppression of Speculative Stamps‹ gegründet. Die Gesellschaft zur Unterdrückung spekulativer Briefmarkenausgaben — in weniger aufgeregten Sammlerkreisen nannte man sie humorvoll die ›Vier-S-Liga‹ — ärgerte sich über einige uns heute äußerst harmlos erscheinende Ausgaben.
Genau besehen, betrachtete sie jede Ausgabe von Sondermarken als eine Abirrung vom Pfad der tugendhaften Postwertzeichen. Und was besonders schlimm war: Die Reihe der Jubiläums- und Gelegenheitsausgaben begann nicht etwa in Südamerika, wie manche nachzuweisen suchten, sondern offensichtlich in einer britischen Kolonie, in Neusüdwales. Hier erschien 1889 zur Hundertjahrfeier anläßlich der Gründung der Kolonie ein Satz von acht Briefmarken in den Wertstufen von 1 Penny bis zu 20 Schilling. Die Marken waren hübsch bebildert, zeigten den Kapitän Cook, der das Land 1770 entdeckt hatte, weiterhin einen Emu, einen Leierschwanz und ein Känguruh, dann die Königin Victoria, den ersten Gouverneur, Kapitän Phillip, und den Gouverneur von 1888, Lord Carrington. Daß die Marken dann zehn Jahre im Umlauf blieben, beruhigte die Verärgerten durchaus nicht. Dies um so weniger, als nun der Reigen der Sondermarken erst begann. Die Entdeckung war gemacht, daß man durch die Briefmarke ein von Staats wegen als wichtig betrachtetes Ereignis nicht

nur anzeigen und feiern, sondern auch einer großen Öffentlichkeit auf deren Kosten wirksam nahebringen konnte.
Hier hatte der Staat ein Werbemittel entdeckt. Was waren die Sorgen einiger Briefmarkensammler gegen die Staatsräson! Sie zählten um so weniger, zumal ja bekannt ist, daß des einen Eule des anderen Nachtigall war. Was die einen der Philatelisten zum Jammern brachte, machte anderen offensichtlich höchstes Vergnügen. Und wenn die Verärgerten sich in ihrer eigenen Einschätzung auch für die ehrenwerteren hielten, so waren die anderen auf jeden Fall doch in der Mehrheit und blieben es auch bis zum heutigen Tag.
Es hätte wenig Sinn, die Entwicklung der Sondermarke hier zu verfolgen und das Anwachsen der Neuausgaben chronologisch und statistisch zu verzeichnen. Nur eine der ersten Sondermarkenserien wollen wir noch erwähnen, die im Januar 1893 anläßlich der Kolumbus-Ausstellung von Chicago in den Vereinigten Staaten erschien und nicht weniger als sechzehn Werte aufwies.
Die Serie war in repräsentativem Querformat gedruckt, das etwa die Größe von zwei normalen Freimarken hatte. Die Werte stiegen von der kleinsten Marke mit einem Cent Portowert bis zur Marke von fünf Dollar. Auf den immerhin verhältnismäßig kleinen Formaten waren geschichtliche Szenen reproduziert, wie man sie bei Kolossalgemälden liebte: ›Kolumbus verkündet seine Entdeckung‹ — ›Kolumbus beschenkt die Eingeborenen‹ — ›Kolumbus in Ketten‹ — und so durch die ganze Ballade, wie Kolumbus Amerika entdeckte.
Um es gleich zu sagen; die Marken waren bei ihrer Ausgabe nicht besonders populär. Man meinte, daß man genug über Kolumbus erfahren hätte, wenn die Serie nur acht Marken bis zum Wert von 10 Cent umfaßt hätte. Den weiteren finanziellen Beitrag zur Ehre von Kolumbus in Höhe von 15 Dollar und 95 Cent, den die Post vom gerührten Staatsbürger mit Hilfe weiterer acht Marken zu kassieren suchte, empfand man als eine Zumutung. Dazu brauchte es keiner besonderen Aufregung der Londoner ›Vier-S-Liga‹.
Trotzdem zeigt nun hier ein kleiner Vorfall, wie der einzelne mit Vorteil gegen den Strom schwimmen kann. Da war in diesem Jahr 1893 ein Herr in England, der hatte eben eine kleine Erbschaft gemacht und hielt es merkwürdigerweise für eine gute Idee, das Geld in der von der ›Gesellschaft zur Unterdrückung spekulativer Ausgaben‹ als besonders böses Beispiel verschrienen und vom Publikum in den höheren Werten ignorierten amerikanischen Kolumbus-Serie anzulegen.
Mister X, wie wir ihn nur nennen können, sein Name bleibt in der ganzen sehr realen Transaktion unbekannt, muß die Bestände eines gesamten amerikanischen Postamtes an Kolum-

busmarken aufgekauft haben – ›The whole lot‹, wie er es dem Postbeamten gesagt haben mag. Das begann mit den Werten zu 1 und 2 Cent, von denen er je zwanzig Bogen erwarb. Dann kam die 3 Cent mit zwölf Bogen, die 4, die 5 und 6 Cent mit je sieben Bogen. Von der 8 Cent waren es fünf, von der 10 Cent drei Bogen. Je zwei Bogen erhielt er von den Werten zu 15 Cent, 30 Cent, 50 Cent und zu einem Dollar. Die 2-Dollar-Marke gab es nur in Bogenstücken. Es waren aber immerhin noch 43 Marken. Von der 3 Dollar gab es 25 Stück und von den beiden höchsten Werten, den Marken zu 4 und 5 Dollar, die keine Kolossalszenen, sondern nur die Porträts von Königin Isabella und Kolumbus zeigten, gab es noch je 22 Marken. Genau 1134 Dollar und 60 Cent im Nennwert kosteten die Marken.
Mister X legte sie in die Schatulle und wartete ab. Er war ein geduldiger Mann, den nichts aus der Ruhe brachte. Bevor er starb, schenkte er die Bogen seinem Erben, um die hohe englische Erbschaftssteuer zu sparen, denn er hielt die Zeit für den Verkauf der Marken noch lange nicht für gekommen.
Der Beschenkte war offensichtlich aus dem gleichen Holz geschnitzt, denn auch er wartete mit der gleichen Ruhe. Endlich, im November 1954, sechzig Jahre nach dem Erwerb am Postschalter, hielt er die Zeit für gekommen. Er gab den Inhalt der Schatulle an ein internationales Auktionshaus in London, blieb aber anonym. Alle Marken sollten so, wie sie erworben worden waren, als ein Los versteigert werden.
Die Auktion dieses Loses begann mit dem Ausrufpreis von 5000 Pfund und stieg im Anfang von 1000 Pfund zu 1000 Pfund, bis auch die härtesten Konkurrenten wankend wurden und die Gebote nur noch um je 250 Pfund, also um je 2800 Mark, stiegen. Der Zuschlag erfolgte in der Stille atemloser Spannung schließlich an den Amerikaner Raymond Weill aus New Orleans mit 13 250 Pfund, also für 148 400 Mark. Das Anlagekapital hatte sich verdreißigfacht.
Leider sollten für die Zukunft der Sondermarken nicht die philatelistisch ebenso interessanten, aber im Nennwert kleinen und in der Satzlänge beschränkten Sondermarkenausgaben das Vorbild sein. Solche Muster an Bescheidenheit waren die Aufdruckausgabe von 2 Cent aus dem Jahr 1891, die zum Vierzig-Jahr-Jubiläum der britischen Kronkolonie Hongkong erschien, oder auch die argentinische Kolumbusausgabe von 1892, die lediglich aus den zwei Werten zu 2 und 5 Centavos bestand und in geschmackvoller Weise das Flaggschiff von Christoph Kolumbus auf hoher See zeigt. Aber solche Ausgaben imponierten jenen Postverwaltungen leider nicht, die in den Sondermarken und Jubiläumsausgaben eine Ein-

nahmequelle witterten. Ihnen war der sechzehnwertige Kolumbussatz der Vereinigten Staaten das große Vorbild.
Beispiel einer solch eifrigen Postverwaltung war die von Portugal, die in den Jahren 1895 bis 1899 neben einer Freimarkenserie von 29 Werten drei Sondermarken-Prachtserien herausbrachte. Da konnte man nicht nur auf fünfzehn Werten die Abenteuer Heinrichs des Seefahrers verfolgen und auf acht weiteren großformatigen Werten die Leistungen Vasco da Gamas betrachten, sondern auf abermals fünfzehn Werten zeigte man das Leben des heiligen Antonius, wie er zu den Fischen predigte, welcher Art seine Vision war und wie er schließlich gen Himmel auffuhr.
Dabei bildeten die hohen Werte ein besonderes Problem, weil die portugiesische Post dafür nichts mehr im Bereich ihrer Postdienste zu bieten hatte. Aber das war, so zeigte sich bald, nicht das Ende der Ärgernisse für diejenigen, die sich auch über etwas ärgern, das sie gar nicht zu kaufen brauchen.
Da hatte doch tatsächlich die Postverwaltung von Neusüdwales mit ihrer Wohltätigkeitsausgabe von 1897, deren Überschuß einem Heim für Lungenkranke zugute kam, einen neuen Weg beschritten. Es ging bei dieser Sondermarken-Ausgabe nicht mehr um die stille Hoffnung der Post, daß eine ganze Menge Briefmarkenfreunde die Marken kaufen und ungebraucht in ihr Album kleben würden, ohne die Dienste der Post in Anspruch zu nehmen.
Diesmal war die Abrechnung des Überschusses klarer geregelt. Es handelte sich um zwei Marken in Grün und Braun, Gold und Blau im etwa doppelten Format der normalen Freimarken, auf denen das Ideal des Helfens symbolisch dargestellt war. Die Marken wurden zu 1 Schilling und 2 Schilling 6 Pence am Schalter verkauft, hatten aber nur 1 Penny und 2½ Pence Portowert. Damit lag von vornherein fest, wieviel Geld dem Heim nach Verkauf der Auflage zufließen würde. Die Idee, eine Spende öffentlich auf einer Briefmarke zu quittieren, war ausgezeichnet. Denn so lobenswert das anonyme Spenden ist — der Großteil der Menschen sieht sich doch lieber öffentlich als Wohltäter. Und warum sollte man dieser kleinen Eitelkeit nicht ein wenig entgegenkommen? Sie war ja der Sache sogar nützlich. Diejenigen, die eine solche Wohlfahrtsmarke, zugleich ein freundlicher Hinweis auf die Spende, auf einem Brief verwendeten, konnten mit Recht hoffen, daß die Antwort in gleich vornehmer Weise frankiert zurückkam. Damit war der Spende ein weiterer Betrag zugeflossen. Wohlfahrtsmarken sind also Spendenquittungen, die durch ihren Sonderplatz, den sie als Briefmarke einnehmen können, für weitere Spenden werben.
Man sollte meinen, daß diese gute Idee allgemein begrüßt

wurde: mit Begeisterung von denen, die gern spenden, und in bescheidenerer Weise von denen, die nicht daran denken, ihr Geld so ›unnütz‹ aus der Hand zu geben.
Im übrigen erschien die Sache als ein allgemeines Problem und nicht als eines, das die Briefmarkensammler irgendwie besonders anging. Sie konnten spenden oder konnten es bleibenlassen — obwohl man eigentlich annehmen sollte, daß das Ganze für Briefmarkensammler eine besonders angenehme Art des Spendens sein müßte, wenn sie die Quittung dann noch als bemerkenswerte Briefmarke in ihr Album kleben können.
Leider verschloß sich aber die Gesellschaft zur Unterdrückung von spekulativen Ausgaben, deren Mitglieder sich für die Crême der Philatelie hielten, dieser Argumentation. Auf die Nachrichten über die neuen Wohlfahrtsmarken hin wurde die Liga rabiat, errechnete einen unlauteren Profit von 1100 Prozent und rief zum Boykott der Marken auf. Eine Briefmarkenzeitschrift nannte die Marken eine Schande und einen Trick. Die Monatshefte der großen Londoner Markenhandelsfirma Stanley Gibbons weigerten sich, die Marken zu katalogisieren und als Briefmarken anzuerkennen. Unnötig zu erwähnen, daß heute, nach sechsundsechzig Jahren, diese Marken in allen Katalogen, auch in dem von Stanley Gibbons, zu finden sind. Ihr Preis beträgt das Fünfzigfache der damaligen Spende.
Dafür gibt es nun eine andere neue Liste der gegenwärtig von der internationalen Organisation der Briefmarkensammler boykottierten Briefmarken. Ihr Augenmerk richtet sich wiederum auf Marken mit ›überhöhtem Zuschlag‹, zum Beispiel auf die belgische Wohltätigkeitsausgabe vom Dezember 1947 zugunsten der Tuberkulosebekämpfung. Diese fünf Marken, die die Wappen belgischer Städte zeigen, haben zusammen einen Portowert von 26 belgischen Franc, also heute rund zwei Mark, und einen Wohlfahrtszuschlag von rund 23 Francs. Wie wir sehen, sind die Spenden sogar bescheidener als bei der allerersten so wirkungslos von Briefmarkensammlern boykottierten Wohlfahrtsmarke für die Tuberkulose.

Das Gesetz, nach dem gesammelt wird

»Die FIP hat eine Liste der schädlichen Ausgaben aufgestellt, die auf Grund ihrer Zuschläge oder ihrer Erscheinungsweise unter den Boykott der FIP fallen. Diese Marken dürfen auf keiner von einem Landesverband der FIP oder deren Vereinen organisierten Ausstellung gezeigt werden. Die Ausstellungsobjekte, welche diese Marken zeigen, dürfen von der Jury nicht bewertet werden.«

Wer ist die FIP, die die Gesetze festlegt, welche Briefmarken beachtenswert und welche verachtenswert sind? Gesetze, die zumindest dem organisierten Briefmarkensammler vorzuschreiben suchen, was ›sammelberechtigt‹ ist? Es ist die ›Fédération Internationale de Philatélie‹, die Internationale Vereinigung der Spitzenorganisationen der Briefmarkensammlervereine. Spitzenorganisation für Deutschland ist der Bund Deutscher Philatelisten, dessen Mitglieder die Landesverbände sind, die wiederum aus den einzelnen Vereinen bestehen.

Dabei ist das so oft gedankenlos verwendete Wort ›sammelberechtigt‹ eigentlich ein böses, ein hoffärtiges Wort. Natürlich ist es erfreulich, daß es Organisationen gibt, die dem freundlich-friedlichen Briefmarkensammler zeigen, wie er seinem Hobby am besten nachgeht, die ihm helfen, sich vor Betrügern und solchen zu schützen, die aus einem Steckenpferd zu schnell und zu viel Geld schlagen wollen. Aber das kann nur durch Aufklärung, Enthüllung der Praktiken, Belehrung und Erziehung, Darstellung des tieferen Sinnes einer vergnüglichen Beschäftigung geschehen. Was heißt Boykott, wenn niemand an Leib, Leben und Existenz bedroht ist? Hier wird die Ungeduld von rechthaberischen Menschen sichtbar, die ihre Repressionen in die Zirkel der Briefmarkensammler tragen, um in diesem Winkel freundlicher Betätigung ›die Macht zu ergreifen‹.

In einer freien Welt zeitigt die Vernunft und die auf Vernunft basierende Instruktion letztlich immer die besten Ergebnisse. Natürlich sind hohe Wohlfahrtszuschläge auf Briefmarken unvernünftig. Dies zeigt schon der schlechte Absatz der deutschen Wohlfahrtsausgaben.

Hier hat man bei den vier gängigen Portowerten für Drucksache, Postkarte, Brief und Auslandsbrief – Beispiel sind die letzten Wohlfahrtsmarken aus der billigen guten alten Zeit von 1962 – eine gestaffelte Zuschlagreihe von drei, fünf, zehn und zwanzig Pfennig eingeführt. Wieso eigentlich? Wie kommt man dazu, hier eine mit der Portohöhe gekoppelte Wohlfahrtsstaffel einzuführen? Es kann den Wohlfahrtsverbänden doch völlig gleich sein, ob ich eine Postkarte oder einen Brief schicke, ob ich ins Inland oder ins Ausland schreibe.

Viel geschickter machten es die Schweizer mit ihren populären Pro-Juventute-Wohlfahrtsmarken. Sie schlugen auf den kleinsten der vier Werte einen Fünfer und auf alle höheren Werte einheitlich einen Zehner. Das ist gerade der Betrag – so finden die Psychologen –, den man beim Briefaufgeben allemal bereit ist, mit der linken Hand zu spenden.

Aber wir staffeln nicht nur unsere Wohlfahrtssätze, als seien wir das abschätzende Steueramt. Wir legen auch gar keinen besonderen Wert darauf, daß die gekaufte Marke Freude macht. Nicht nur das! Wir benutzen sie noch zur Selbstrekla-

me. So zeigten unsere Wohlfahrtsmarken lange Jahre die großen Wohltäter der Vergangenheit, lauter würdige Damen und Herren.
Daß mir für meine fünf oder zehn Pfennig ein Vergnügen geboten werden sollte, daran dachte niemand. Daran denken aber die Schweizer sehr wohl. Seit zwanzig Jahren bringen sie hübsche Blumen, Schmetterlinge und Käfer heraus, erzieherisch für die Jungen und für die Erwachsenen angenehm anzusehen.
Seit dem Jahr 1959 hat es auch in der Bundesrepublik einen kleinen Fortschritt gegeben. Man brachte das Märchen von den Sterntalern nach Scherenschnitten von E. O. Sporer — ein sinniges Märchen, das die Wohltätigkeit, die Schenkfreudigkeit symbolisiert. Es blieb bei den Ansätzen. Denn die Märchenbilder, die danach kamen, sind wirklich nicht jedermanns Geschmack.

Die Kunst der guten Briefmarke

Als Achtzehnjähriger erhält der Schüler Werner Weiskönig in der Graphischen Fachklasse der Kunstgewerbeschule in Sankt Gallen die Aufgabe, Briefmarken zu entwerfen. Die Entwürfe werden auf mehreren Schülerausstellungen gezeigt, und die Schweizer Postverwaltung wird auf den jungen Mann aufmerksam. Weiskönig wird zu Wettbewerben eingeladen. Er entwirft die Schweizer Taxmarken von 1938. Diese Taxmarken — bei uns heißen sie Portomarken, und sie wurden für die Erhebung eines Nachportos verwendet — hatten wie viele Portomarken als zentrales Motiv die Zahl. Bei einem etwas anspruchsvolleren Wettbewerb um eine Schweizer Städteserie gewinnt Weiskönig den ersten Preis. Nun ist sein Name als Markenkünstler bekannt, und er erhält auch Aufträge aus dem Ausland. Für die Schweiz entwirft er unter anderem die schönen Sondermarken zur Hundertjahrfeier der Eidgenössischen Post. Von den achtzehn Werten der markanten, im Tiefdruck hergestellten Dauerserie der Schweiz, die seit Mai 1960 im Kurs ist, hat Werner Weiskönig elf entworfen. Darunter die Postläufer- und Postreitertypen der Werte von 5 bis 20 Rappen und noch fünf der wappenähnlich gestalteten Gebäudedarstellungen verschiedener Schweizer Städte.
Dieser Erfolg sollte auch andere Kunstschulen, ob es sich nun um graphische Klassen der Berufsoberschulen oder der Akademien handeln mag, anregen, ihren Schülern ebensolche Aufgaben zu stellen. Denn dies ist keine Lesebuchgeschichte, sondern die praktische Methode, wie man in der Schweiz sich

Bergedorf.
Oben: Essai und verausgabte Serie, deren Format mit dem Nennwert der Marken wächst.
Unten: Steindruckmarken Hamburgs.

seine Briefmarkenkünstler gleichsam von der Pike auf heranzieht.

Dieses System der Nachwuchsschulung wird kaum beachtet, nicht einmal in jenen Ländern, die bereits seit hundert Jahren Briefmarken herausgeben. Hier am allerwenigsten, weil man hier die ärgste Voreingenommenheit findet. Während kein Mensch außerhalb des Bereichs der Briefmarkensammler — vor allem nicht die Künstler und jene Kreise, die sich für kunstbeflissen halten — in der Briefmarke etwas Künstlerisches sehen oder auch nur mit ihr verknüpfen, bestimmt über Entwurf und Produktion der Marken ein exklusiver Kreis, eine Art von Oberkunstwarten, die an die Briefmarken Maßstäbe legen, die nur einen Sinn hätten, wenn diese Produkte ausschließlich an jene Kreise verkauft würden, die gerade die Briefmarke betont außerhalb jeder Kunstbeurteilung halten. So unverständlich wie solche Zustände sind dann die aus solcher Haltung geborenen Briefmarken.

Parallel dazu bringen dann auch noch die beauftragten Künstler den Objekten ihrer Darstellung oft eine ausgesprochene Mißachtung entgegen. Unter dem Deckmantel vereinfachender künstlerischer Symbolik scheint sich zuweilen nur die Uninteressiertheit am darzustellenden Objekt zu verbergen.

Im Gegensatz zu den Ideen eines ›freien künstlerischen Wirkens‹, oder was man dafür hält, hat zum Beispiel die niederländische Post zum Entwurf ihrer Marken zwölf klare Grundsätze formuliert, die den Weg zur Herstellung guter Postwertzeichen zeigen:

Allgemein: 1. Als Wertzeichen des Staates soll die Briefmarke einen würdigen Charakter tragen. 2. Die Briefmarke ist ein graphisches Wertstück, das technisch und künstlerisch bis in die Einzelheiten zu versorgen ist.

Postalisch: 3. Beschriftung und Ziffern sollen gut leserlich sein. 4. Das Markenformat ist an den dafür bestimmten, beschränkten Raum auf der Postsache gebunden. 5. Farben, auf denen die Abstempelung schlecht sichtbar ist, sollen ausgeschlossen werden. 6. Die Marken eines Satzes haben farbig ein harmonisches Ganzes zu bilden und sich doch so weit voneinander zu unterscheiden, daß Verwechslung auch bei Kunstlicht unmöglich ist.

Künstlerisch: 7. Die Darstellung soll auf der Grundlage des gegebenen Auftrages bei einem Mindestmaß an verwendeten Mitteln ein Höchstmaß an Ausdruckskraft besitzen. 8. Bild, Text und Wertbezeichnung haben kompositorisch eine Ganzheit zu bilden. 9. Die Farbe der Marke ist so zu wählen, daß die Darstellung vollkommen zu ihrem Recht kommt.

Praktisch: 10. Skizzenhafte Vorstudien sind in natürlicher Größe zu machen. Der endgültige Entwurf und die Werkzeichnung sollen vergrößert (sechs- oder achtfaches Format der Briefmarke) ausgeführt werden. 11. Der Graphiker hat seine Zeichnung auf die gewählte Drucktechnik abzustimmen. Kenntnis der Drucktechniken ist deshalb für ihn erforderlich. 12. Falls der Entwerfende die Beschriftung nicht genügend beherrscht, soll er mit einem Schriftkünstler zusammenarbeiten.

Als Ergänzung technisch-künstlerischer Grundsätze zur Briefmarkenherstellung ist es ganz vernünftig, auch Gesichtspunkte kennenzulernen, nach denen eine Postverwaltung sich in staatspolitischer Hinsicht richtet, wenn sie etwa eine Sondermarke zu einem bestimmten Ereignis herausbringen will oder ihr dazu die Ausgabe einer Sondermarke vorgeschlagen wird. Wer entscheidet dann? Der Postminister allein? Oder haben gewöhnliche Staatsbürger auch ein Mitspracherecht? In den USA kann jeder Staatsbürger, wenn er die Ausgabe einer besonderen Briefmarke zu einem bestimmten Ereignis oder Jubiläum wünscht, dies seinem Postminister, das heißt in den Vereinigten Staaten dem Postmaster General, vorschlagen. Das ist nicht etwa nur eine theoretische Möglichkeit, von der man dann annimmt, daß ein gewöhnlicher Staatsbürger — ohne die notwendigen ›Qualifikationen‹ und Würden — sie ›vernünftigerweise‹ gar nicht auszunutzen suchen wird.

Solche Gedanken hegt weder der Postmaster General noch hat sie der Staatsbürger in den USA. Der Postminister ist schlicht der Meinung und sagt dies öffentlich, daß das Sammeln von Briefmarken, das heute in den USA Millionen eifriger Bürger betreiben, nicht mit einigem Ernst ausgeübt werden kann, ohne daß man dabei eine größere Kenntnis von Kultur und Geschichte der Nation erlange. Von diesen Bürgern wird deshalb Mitarbeit bei der Herausgabe der amerikanischen Briefmarken erwartet. Um das allgemeine Interesse an neuen Entwürfen weiter zu aktivieren, hat die Post der USA eine frei erhältliche Anweisung herausgegeben, in der dem einzelnen und den interessierten Gruppen die Grundsätze dargelegt werden, die für die Herausgabe von Sondermarken gelten:

1. Keine lebende Person darf die Ehre haben, auf einer Marke der USA abgebildet zu sein.

2. Kein amerikanischer Bürger darf durch Abbildung auf einer USA-Briefmarke geehrt werden, ehe nicht 25 Jahre nach seinem Tod verstrichen sind.

3. Erinnerungsbriefmarken an bestimmte Persönlichkeiten sollen möglichst an deren Geburtstag erscheinen.

4. Ereignisse, von weitreichender, nationaler Bedeutung und allgemeinem Interesse können als Motiv einer Sondermarke vorgeschlagen werden.

5. Jubiläumsmarken sollen für abgerundete Zeitabschnitte ge-

wählt werden. Dies beginnt beim 50. Jahr und kann in Abschnitten von je 50 Jahren in Betracht gezogen werden.

6. Sondermarken sollen nicht zu Ehren eines Vereins, politischer oder religiöser Organisationen, von Geschäftsunternehmen oder spezifischen Produkten herausgebracht werden.

7. Sondermarken werden nicht zur Werbung für solche Organisationen als geeignet betrachtet, die ihre Gelder ganz oder teilweise durch Spenden aufbringen. Hier sind private Werbemarken oder auch Post-Werbestempel passender.

Vom einzelnen Staatsbürger oder von Gruppen verlangt der amerikanische Postminister nur, daß sie ihre Vorschläge achtzehn Monate vor dem vorgesehenen Ausgabetag einer Marke einreichen. Mit solchen Vorschlägen können bereits auch Entwürfe der Marken eingereicht werden, doch behält sich natürlicherweise der Ausschuß für Briefmarkenentwürfe das Recht vor, für das vorgeschlagene Motiv eigene Entwürfe zu wählen.

Musterhaft für uns ist dieses amerikanische System in seiner Aufgeschlossenheit dem Staatsbürger und seinen Ideen gegenüber. Einzelheiten der amerikanischen Vorschrift brauchen für uns durchaus nicht ebenso brauchbar zu sein. Wer den Stil der amerikanischen Sondermarkenausgaben prüft, kann nicht der Meinung sein, daß er in seiner Vorliebe für das verschnörkelte Naive, für das allzu fotografisch Bildhafte sich weit vom Stil der großen Kolumbus-Serie des Jahres 1893 entfernt hat. Dieser Mangel an wirklicher Briefmarkenkunst ist übrigens für die Vereinigten Staaten wie für die Sowjetunion bezeichnend. Es muß einen psychologisch gemeinsamen Hintergrund haben, daß große Staatsorganisationen so selten gute Briefmarken vorweisen können. Es sind verhältnismäßig kleine Länder – wenn auch nicht die Zwergstaaten, die einen Sonderfall bilden –, die die besten Briefmarken, Muster von künstlerischer Gestaltung und graphischer Anpassung an das Kleinformat, herausbringen. Daß natürlich auch die ›Großen‹ können, wenn sie wollen, zeigt eine neuere, im Querformat erschienene blaue 4-Cent-Marke der Vereinigten Staaten, die ein modern gezeichnetes Lincoln-Porträt bringt, in seiner eindringlichen Wirkung sowie in der zurückhaltenden, ausgewogenen Anordnung der Beschriftung für die Briefmarke unserer Tage ein Vorbild.

Vom Briefmarkenentwurf zur Marke

In einem Atem nennt man den Gestalter einer Marke und dazu das Datum, an dem sie erschienen ist. Und doch liegt zwischen Auftragserteilung und Ausgabe am Schalter eine Vielfalt von Versuchen, Proben, Überlegungen, Erwägungen und komplizierten Vorbereitungen.

Das Ergebnis sind oft sehr schöne Arbeitsproben, die dem Publikum unbekannt bleiben, die aber nicht weniger interessante Vorläufer der endgültig zur Ausgabe gelangenden Marke sind. Schon bei einer einzigen Markenserie kann die große Zahl der Druckproben interessanter sein als die übliche normale Sammlung der ausgegebenen Marken des Landes. Zu manchen als besonders wichtig betrachteten Markenserien füllen die Druckproben selbst wieder ein ganzes Album. So sind für die Jubiläumsserie Bayern im Jahre 1911, mit der der 90. Geburtstag des Prinzregenten Luitpold gefeiert wurde, so viele Essays, Schwarzdrucke, Farbproben, Andrucke und Vorlagedrucke angefertigt worden, wie eine Bayernsammlung Marken hat.

Wir verwenden hier wieder unsere Methode, am Werden einer bestimmten Briefmarkenserie die neuen Begriffe nicht nur zu erklären, sondern auch dabei zu zeigen, wie sich jeder Fachausdruck mit den anderen ihm verwandten Begriffen zu einem kleinen Spezialgebiet vereint. In unserem Fall wird besonders der künstlerisch Interessierte in der Vielfalt der Variationen gegenüber der eigentlichen Ausgabe erst den Geist der Zeit, in der man diese Ausgabe schuf, erkennen.

Schon während der Ausstellung ›München 1908‹ hatte die bayerische Postbehörde sich dazu überreden lassen, einen Wettbewerb für neue bayerische Postwertzeichen auszuschreiben, da es trotz aller Zufriedenheit mit den nun seit fünfzig Jahren benutzten Wappenmarken dem neuen Geist entspräche, den zeitgenössischen Künstlern auch ihre Chance zu geben. Die Vertreter des Jugendstils versuchten gerade, sich aus Stilklitterung und Stillosigkeit in eine freie Ornamentik zu entwickeln. Es war eine drängende, aber nicht unruhige, eine trotzdem in sich ruhende Zeit. Wenn die Avantgardisten des neuen Stils jedoch gehofft hatten, daß der Wettbewerb Erfolg haben könnte, so scheint das zumindest in den Augen der verantwortlichen Bürokratie durchaus nicht der Fall gewesen zu sein. Zwar war die Begeisterung groß und die Beteiligung gut – zweihundertneunzehn Bewerber reichten elfhundert Entwürfe ein – aber die Ergebnisse zeigten, daß zum Entwerfen von Briefmarken künstlerischer Elan und Begeisterung allein nicht genügen. Auch der Begabte und selbst der arrivierte Künstler muß sich den strengen Voraussetzungen der Kleingraphik in vielen Versuchen erst anpassen, ehe ihm der Entwurf einer einwandfreien Briefmarke gelingt. Auch in diesem Wettbewerb gab es — wie in so manchen ähnlichen — zwar die versprochenen Preise, aber die Post sah sich nicht im Besitz von Entwürfen, mit denen sie es wagen konnte, die Tradition der Wappenserie zu beenden.

Erst das Jahr 1911, das den 90. Geburtstag des populären Prinzregenten brachte, schien die rechte Gelegenheit für die neue Markenserie zu bieten.

Man beauftragte diesmal die sechs bekanntesten Münchner Porträtisten, eine Prinzregentenmarke zu schaffen. Dies war das Ergebnis einer Sitzung, in der das Blut der anwesenden Künstler zeitweilig sehr in Wallung geraten war. Zu dieser Sitzung des Sommers 1910 waren neben zwei Beauftragten der Postverwaltung vier Professoren als Vertreter der Kunst erschienen. Als oberster ›Sachverständiger‹ sollte Dr. Habich, der Direktor des königlichen Münzkabinetts, fungieren, obwohl sich die Professoren allein für durchaus kompetent hielten. Man war sich von vornherein einig, daß zur Feier der neunzig Jahre des Prinzregenten auf den Marken keine geschichtlichen Szenen vom Typ der amerikanischen Kolumbus-Serie erscheinen sollten. Nur das Porträt des Prinzregenten kam in Frage.

Die Aufregung begann, als Dr. Habich die Meinung vertrat, daß eines der vielen guten Fotos des Prinzregenten wohl am besten für die Markenserie geeignet sei, da man hierdurch größte Ähnlichkeit erzielen könne, was vom Volk gewünscht werde.

Dr. Habich brachte eine Familienaufnahme zum Vorschein, auf der der Prinzregent, mit verschränkten Armen auf einem Stuhl sitzend, von Sohn, Enkel und Urenkel umgeben war. Natürlich fanden die Professoren das Familienbild sehr schön, ja vortrefflich, schlugen aber dann doch vor, daß drei Porträts von Künstlerhand für die Darstellung auf den Marken maßgebend sein sollten. Es handelte sich um ein sympathisch wirkendes Bild des Prinzregenten in schlichter Jägertracht, das von Friedrich August von Kaulbach stammte, dann das Porträt des Prinzregenten in Hubertusrittertracht von Professor Holmberg und dazu eine Bronzeplakette mit dem Kopf des Prinzregenten, die Professor Adolf von Hildebrand geschaffen hatte. Das von Dr. Habich vorgeschlagene Familienfoto erhielt eine höfliche Erwähnung. Die Professoren hätten nichts dagegen, wenn das Foto auf einer Jubiläumspostkarte Verwendung finden würde.

In der Sitzung wurden Friedrich August von Kaulbach und Franz von Stuck vorgeschlagen, dazu wurden für die Arbeiten

zu Markenentwürfen noch A. Fuks, Josef Futterer, Th. Georgii und Peter Halm eingeladen. Diese Künstler und ihr bisheriges Werk gaben eine Garantie, daß die neue Markenserie ein Spiegel der lebendig-liberalen Zeit und der Kunststadt München sein würde.
In den von Franz von Stuck und A. Fuks eingereichten Entwürfen, die sich an das Hubertusritter-Porträt hielten, kam die mehr konservative Richtung zum Ausdruck. Beide versuchten in ihrem Entwurf dem Ereignis ein würdiges, aber zugleich höfisches Gesicht zu geben. Halm, Futterer und Georgii hatten sich die Bronzeplakette von Hildebrand als Vorbild genommen. Hier wurden hervorragende Porträtbriefmarken geschaffen, unter denen die von Georgii auch heute noch als moderne Briefmarke anerkannt werden könnte. Von allen Entwürfen ließ die bayerische Post Essays herstellen, also Briefmarkenproben in der zur Ausgabe vorgesehenen Größe in verschiedenen Farben. Keine Marke aus diesen Druckversuchen wurde aber schließlich für die Herausgabe gewählt. Sie blieben alle Essays.
Essays sind also Briefmarken, die zur Beurteilung ihrer Wirkung hergestellt werden, aber dann in dieser Form der Ausführung nie zur Ausgabe kommen. Ein Essay ist aber immer auch ein Probedruck. Es kann der Postverwaltung jederzeit einfallen, einen einmal angekauften, aber dann nicht verwendeten Entwurf bei einer neuen Briefmarkenserie doch zu gebrauchen. So erging es übrigens dem Sieger in diesem Wettbewerb um die beste Prinzregentenmarke, Friedrich August von Kaulbach. Er hatte 1911 auch einen echten Jugendstilentwurf, die sogenannte ›Maiglöckchengöttin‹, eingereicht, der damals nicht akzeptiert, aber 1920, als man zur bayerischen Abschiedsserie keinen passenden Entwurf finden konnte, aus dem Archiv geholt wurde. Die Essays dieser Marke von 1911 waren Probedrucke für 1920 geworden, allerdings nicht ganz der Definition entsprechend, da vor der endgültigen Herausgabe Professor Adolf Hengeler doch noch einige leichte Veränderungen anbrachte.
Obwohl es vom ersten Entwurf an keinen Zweifel gab, daß in diesem Wettbewerb der Professoren Kaulbach den eigentlichen Auftrag bekommen würde, so war es doch noch ein weiter Weg bis zur Ausgabe der Marken.
Kaulbach hatte sich im beginnenden Jugendstil mit seiner ›Lautenschlägerin‹ und anderen weiblichen Idealgestalten in der Öffentlichkeit einen Namen gemacht, suchte seine Erfolge aber dann in der Porträtmalerei, wobei er dem französischen Stil nachstrebte und damit nahezu der Modemaler der eleganten Frauen wurde. Da ihm dies nicht zu Kopf stieg und er Eleganz mit Schlichtheit zu verbinden wußte, gelangen ihm so

natürlich liebenswürdige Porträts wie das des Prinzregenten, das vom Professorenausschuß als vorbildlich bezeichnet wurde.
Kaulbach hat der endgültigen Serie zwei Entwürfe zugrunde gelegt. Für das kleinere Format der Pfennigwerte wählte man die Darstellung des Prinzregenten in Galauniform. Aber was hatte Kaulbach noch von der Uniform übriggelassen! Man sieht nur den charaktervollen Kopf des Prinzregenten. Von der Gala der Uniform bleibt nur der gestickte Kragen angedeutet. Schon die Epauletten verlieren sich in einem gewollt undeutlichen Strichwerk, jedoch den Kopf zeichnet jeder Zug der Tuschfeder haarscharf. Bei den repräsentativen Markwerten in größerem Format hat Kaulbach sein liberales, demokratisches Empfinden noch deutlicher zum Ausdruck gebracht. Gerade die Markwerte waren nämlich für die Darstellung in Galauniform vorgesehen gewesen. Aber hier hat Kaulbach den Prinzregenten in Jägerjoppe und Jägerhut gezeigt: ein Porträt, das in seiner schlichten Menschlichkeit eines der schönsten Markenbildnisse geblieben ist. Daß der Rahmen der Marke im Stil der Zeit gezeichnet ist, schwächt den Gesamteindruck keineswegs ab.
Bis jetzt haben wir nur von den Entwürfen Kaulbachs gesprochen. Entwürfe sind Zeichnungen, die natürlicherweise nur in einem Exemplar vorhanden sind und wohl durch Abbildungen in den Gesichtskreis der Briefmarkenfreunde, aber selten in deren Besitz gelangen. Hin und wieder taucht aber doch ein solcher Entwurf auf philatelistischen Auktionen auf. Die Versteigerer suchen dann oft durch den Hinweis, daß es sich um ein ›Unikum‹ handle, eine preisliche Parallele zu den teuren Briefmarken zu erreichen. Dies aber ist unberechtigt. Briefmarkenentwürfe sind ebenso wertvoll wie andere Handzeichnungen des gleichen Künstlers und werden wie im Kunsthandel bewertet. Das sollten Liebhaber solcher Raritäten immer beachten und nicht unbedingt einen Briefmarkensammler-Sonderpreis bezahlen wollen.
Erst mit dem Essay, dem nach vorläufigen Entwürfen gedruckten Versuchsstück, gelangen wir in das legitime Gebiet der Philatelie.
Es ist nun interessant zu beobachten, welche Einzelheiten vom ersten Essay des Entwurfs von Kaulbach zu den Pfennigwerten von der Zeichnung für die endgültige Ausgabe abweichen.
Dieses erste Essay war sogar zweifarbig gedruckt. Als Landesnamen hatte man die Schreibweise ›Baiern‹ gewählt, und die Galauniform des Prinzregenten, besonders die goldenen Schulterschnüre, waren noch etwas besser zu sehen. Mit einem weiteren Essay, das als blaue 20-Pfennig-Marke gedruckt

wurde, ging man schon einen Schritt weiter. Die Uniform war unklarer gezeichnet, das Format etwas verkleinert. Der Werteindruck befand sich als Leiste oben an der Marke. Das Jubiläumsjahr 1911 stand nun links im freien Markenraum vor dem Porträt. Die Schreibweise ›Bayern‹ war die nunmehr übliche mit Ypsilon.

Jetzt konnte Friedrich von Kaulbach darangehen, die letzte entscheidende Vorlage im Format 160 mal 200 Millimeter für die Pfennigwerte zu zeichnen. Das Jubiläumsdatum befand sich oben an der Marke in der Leiste. Das Pf von Pfennig stellte man in den freien Markenraum rechts vom Kopf, die Zahl links davon. Dieser Teil der Zeichnung mußte für die verschiedenen Zahlen auswechselbar sein. Der Landesname Bayern stand in der Unterleiste.

Nachdem von der endgültigen Zeichnung die ersten Probedrucke in Schwarz, die sogenannten Schwarzabzüge, in Markengröße gemacht waren, begann der technische Streit um das zu wählende Druckverfahren. Buchdruck ermöglichte hohe Auflagen, gab aber ein härter wirkendes Porträt. Steindruck erreichte die nötige Weichheit, die Druckplatte hat jedoch nur eine kurze Lebensdauer, so daß besonders für die gängigen Briefmarkenwerte eine ganze Anzahl von Druckplatten in Aussicht zu nehmen war.

Um zu der besten Lösung zu gelangen, wurden nun Probedrucke in beiden Druckverfahren hergestellt, und dies nicht nur in Schwarzabzügen, sondern in den Farben und Wertbezeichnungen der fertigen Marken.

Gleichzeitig begann man sich mit der Auswahl der Farben für die einzelnen Werte zu beschäftigen. Da der Druck auf getönten Wasserzeichenpapieren erfolgen sollte, kam es nicht nur auf die Druckfarbe, sondern auch auf ihr Zusammenspiel mit der Papiertönung an. Als Beleg dieser Farbproben finden wir heute noch im Postmuseum in Nürnberg eine Tafel mit dreiundneunzig Proben des 5-Pfennig-Wertes in gezähnten Viererblöcken in einer weiten Skala von Farben, die auf verschiedensten Papiertönungen stehen.

Da man ja nicht mehr mit gezeichneten Steindruckvorlagen, sondern durch fotografische Kopie in zunehmender Verkleinerung arbeitete, konnten im Steindruck, das heißt nunmehr in der Fotolithographie, wirklich weiche und zugleich klare Porträts des Prinzregenten erreicht werden, was die wichtigste der gestellten Aufgaben war. Deshalb entschied man sich am Ende für den Steindruck, während im Buchdruck nur das gleiche Motiv auf Postkarten und anderen Postformularen wiedergegeben wurde.

Bei den Markwerten, die den Prinzregenten im Jägerkleid zeigten, gab es keine Essays. Schon der erste Entwurf war

vollkommen. Von den Markwerten gibt es aber ebenfalls eine Reihe von Farbproben, weil hier die Wahl der richtigen Farbe noch sorgfältiger betrieben wurde. Für die Probedrucke in verschiedensten Farben wurde sogar ein besonderer Druckstein angefertigt, der nur einen Viererblock der Marke enthielt.
Von den Prinzregentenmarken findet man nun hin und wieder Abzüge, die als nicht besonders sorgfältig gemacht erscheinen und zudem auf einem billigen, gelblichgrauen Papier gedruckt sind. Das schlechtere Papier wurde mit Absicht gewählt, damit die darauf gedruckten Marken von vornherein nicht mit den verausgabten Werten verwechselt werden konnten. Es ist Papier, auf dem die sogenannten Andrucke gemacht werden. Wenn der Druckstein zum erstenmal eingefärbt ist, kann man mit dem Druck nicht ohne weiteres beginnen, sondern muß durch Abzüge auf anderem Papier erst feststellen, wann die notwendige Einfärbung der Druckplatte und saubere Verteilung der Farbe erreicht ist. Erst wenn die Andrucke die erforderliche Gleichmäßigkeit des Druckes zeigen, kann der erste Bogen des Originalpapiers eingelegt werden. Nun entsteht der Vorlagebogen, der zur Genehmigung des Druckbeginns vorgelegt wird. Erst wenn darauf Imprimatur gegeben ist, beginnt der Druck der Auflage, beginnen die Zähler zu laufen.

Anna Führing und die Maschinenproben

Die Germania mit Brustschutz und Kaiserkrone, die die Briefmarken des Deutschen Reiches seit dem 1. Januar 1900 zierte, selbst Umsturz und Revolution glorreich überstand und nur der Inflation der Nachkriegsjahre schließlich zum Opfer fiel, ist sicherlich allen bekannt, die auch nur ein oberflächliches Interesse für Briefmarken besitzen. Weniger bekannt ist Familien- und Vorname unserer Germania, denn überraschenderweise war es eine Dame von Fleisch und Blut, die sich hier auf unseren Briefmarken zeigte. Es war die Schauspielerin Anna Führing, die auf vielen deutschen Nationalfesten die Germania verkörpert hatte, aber bei ihrem Erscheinen auf den Briefmarken bereits seit zehn Jahren friedlich verheiratet als Frau von Strantz in Berlin-Wilmersdorf lebte. Fast ebenso unbekannt wie der Familienname unserer Germania ist die Tatsache, daß es Briefmarken gibt, auf denen Frau von Strantz ihren stählernen Brustschutz samt der schweren Kaiserkrone abgelegt hat und sogar auf das immer und alle Zeit bereite Schwert, das sie sonst fest am Knauf hielt, verzichtete.
Zwar ist sie auch diesmal in stilvollem Ornat, mit dem Goldgehänge des Reichsadlers auf der Brust, aber im herabwallen-

den Haar trägt sie lediglich den Eichenkranz. Die Marke hat das normale Format der Markenausgabe dieser Jahre, die normale Zähnung und Gummierung, ist aber nicht auf Wasserzeichenpapier gedruckt. Statt des Landesnamens führt sie die Bezeichnung ›Reichsdruckerei‹, und statt der Wertbezeichnung enthält sie in den dafür freien Ecken die Zunftzeichen der Maler und der Buchdrucker, unter deren vereinten Kräften die Marke offensichtlich entstand.
Diese Marke, in zweifarbigem Druck, erscheint nun hin und wieder auf Briefmarkenauktionen und wird dort als ›Probedruck‹ angeboten. Dies ist die Marke nur im technischen Sinne. Mit ihr wurde kein Druckgang einer neuen Markenserie ausprobiert, sondern, wie Aufschrift und Symbole bereits andeuten, ein interner Versuch der Druckerei unternommen, der, je nachdem, der Prüfung der Druckmaschine, der Erprobung neuer Farben, neuer Druckverfahren oder neuer Druckpapiere dienen kann. Darum nennt man diese Art von Versuchsdrucken ›Maschinenproben‹. Bekannt sind solche Maschinenproben der deutschen Reichsdruckerei auch aus späteren Jahren, als es um Versuche mit dem ›Stahldruck‹ ging, wie die Aufschriften der Marken besagen, die als zentrales Bildmotiv Wilhelm Tell und Richard Wagner zeigen. In der modernen Markenproduktion ist die Maschinenprobe eine entscheidende Phase der Herstellung. Allein durch die Maschinenprobe kann eine neue Markenproduktion mit der Genauigkeit vorbereitet werden, die von Ländern erwartet wird, welche in der Technik exakter Briefmarkenproduktion führend sind.
Wollte man Maschinenproben bereits mit dem Originalmotiv der neuen Briefmarkenserie herstellen, so würden die Sicherheits- und Kontrollmaßnahmen, da über jeden Bogen Rechenschaft gegeben werden muß, das Arbeiten der Drucker in diesem Druckvorstadium unnötig behindern. Während Probedrucke mit dem Motiv der neuen Markenserie ängstlich gehütet werden und meist kaum in private Hände gelangen, betonten die Postverwaltungen gelegentlich, daß sie Maschinenproben für etwas ganz Wertloses halten, das sie auch wegzuschenken bereit sind, eben damit an Unterschleife gar nicht gedacht wird.
Es gibt Postverwaltungen, die den Künstlerentwurf einer Marke für das Entscheidende halten. Den Druck dagegen betrachtet man dann als etwas Mechanisches. In anderen Ländern sagt man sich aber mit Recht, daß vom Entwurf bis zum fertigen Druckerzeugnis bei der Briefmarke ein festes Band vorhanden sein muß, wenn ein gleichmäßig hoher Qualitätsanspruch gehalten werden soll.
Die Wertzeichendruckerei der Schweiz ist in dieser Hinsicht

führend. Bei ihr beginnt wirklich die Herstellung der Marke bereits vor dem Künstlerentwurf, nämlich schon bei der Maschinenprobe. Mit verschiedenen Serien solcher Versuchsdrucke, wie man in der Schweiz die Maschinenproben offiziell heißt, hat man immer wieder den technischen Teil des Markendrucks auf den höchsten Stand gebracht. Der Begriff ›Maschinenprobe‹ kann deshalb am besten an der Praxis der Schweiz gezeigt werden. Zitieren wir die offizielle Lesart des Wertzeichen- und Drucksachendienstes PTT in Bern:

»Die früher irreführend ›Probelaufmarken‹ genannten Druckerzeugnisse sind das Ergebnis von Versuchen mit den Rotationsmaschinen der PTT-Verwaltung. Es handelt sich dabei weder um philatelistisch wertvolle Druck- oder Farbproben noch um Etiketten oder gar fertige Wertzeichen.«

Natürlich werden die Ansichten einer Behörde und die private Meinung eines philatelistisch Interessierten etwas auseinandergehen. Ein mehr oder weniger großes Interesse kann ja nicht dekretiert werden. Es handelt sich immerhin um technisch wichtige Proben bei der Herstellung der Briefmarke. Dies wird philatelistisch immer wertvoll sein. Natürlich kann die Post aus den erwähnten psychologischen Gründen ihrer Druckdisziplin die Maschinenproben nicht von sich aus als ›wertvoll‹ erklären, ihr Bestreben muß genau auf das Gegenteil zielen.

Deshalb enthalten Maschinenproben auch weder Landesnamen noch Wertziffern. Trotzdem müssen sie ihrem Zweck nach immerhin die vielseitigen Möglichkeiten der Linienführung — hier im Stahlstich — zeigen. Dies erfolgt, weil die Maschinenprobe nicht nur der Untersuchung neuer Druckvorgänge dienen soll. Hier wird in Probeläufen — daher früher der Begriff ›Probelaufmarken‹ — das exakte Arbeiten einer neu aufgestellten oder überholten Maschine geprüft, werden neue Rohstoffe wie Papier, Druckfarben und anderes ausprobiert.

In diesem Sinne sind Maschinenproben nun auch wieder Farbproben. Nur wird zum Unterschied von regulären Farbproben der neuen Serie nicht die Farbwirkung in Verbindung mit dem Motiv, sondern ihre grundsätzliche Wirkung, Auftragfähigkeit, Mischfähigkeit geprüft. Die Maschinenprobe wird damit etwas ausgesprochen Interessantes, in vielen Aufgaben dem Probedruck verwandt.

Da auch oft das reguläre Markenpapier — wie hier bei den Schweizer Maschinenproben — die reguläre Markenfarbe, das reguläre Perforierwerkzeug verwendet wird, um eine echte Prüfung zu ermöglichen, ist die Maschinenprobe philatelistisch sogar sehr beachtenswert. Dies um so mehr, als sie nach amtlichen Angaben auch den Markenkünstlern und den Stahlstechern als Studienvorlage dienen soll. Die Maschinenpro-

10 x 10 mm
wirkliche Größe

Oben: USA-Zeitungsmarke, die lange als größte Marke der Welt galt.
Unten: Die kleinste Marke, die ¼ Schilling Mecklenburg-Schwerin.

ben werden ja meist auch in ihrem Motiv von führenden Markenkünstlern des Landes entworfen und gestochen. Der Entwurf der Schweizer Maschinenprobe ›Kugel in punktierten Kreisen mit Schweizerkreuz‹ und die Ausführung des Stiches stammt zum Beispiel von Karl Bickel, einem Briefmarkenkünstler von hohem Ruf, dessen Können die Schweizermarke mit zu einem Wertzeichen im tieferen Sinne des Wortes machte.
So gehört auch die Maschinenprobe zur Philatelie, und wer der einen oder anderen von ihnen nachjagt oder eines der Exemplare aus früheren Jahrzehnten sucht, der muß mehr Glück haben, als man zum Erwerb gewisser modischer Raritäten, wie es etwa Druckausschuß ist, braucht.

Die unmoralische Original-Lithographie

Eine Original-Lithographie ist ein Bild, das der Künstler persönlich auf den Druckstein gezeichnet hat, von dem es dann in soundsoviel Exemplaren abgezogen wird. Da sich der Philatelist in seiner Welt von Wert und Bewertungen oft nur wenig um die technische Seite kümmert, seien hier einige Erläuterungen zum Thema Original-Lithographie angeschlossen. Wobei gleich hinzugefügt werden soll, daß heute natürlich noch andere, modernere Reproduktionsverfahren verwendet werden.
Da hat nun also der Künstler seine Zeichnung auf dem Druckstein entworfen. Nach entsprechender Behandlung wird dieser mit Farbe eingewalzt, und der Künstler macht seinen ersten Abzug, den Erstabzug. Wenn er ihn signiert, ist es eine signierte Original-Lithographie. Signiert er ihn nicht, ist es auch eine Original-Lithographie. Nehmen wir an, der Künstler hat auf diese Weise drei Abzüge gemacht, dann haben wir drei Original-Lithographien.
Nun ist der Künstler müde und sagt zum nebenstehenden Drucker: ›Da, färb du ein, mach du weiter!‹ Der Drucker macht auf diese Weise drei weitere Abzüge. Und was sind sie? Auch drei Original-Lithographien!
Jetzt sagt der Drucker zum Künstler: ›Weißt du was, wir haben genug gearbeitet. Geh'n wir frühstücken!‹ Aber während sie frühstücken gehen, schleicht der Drucker heimlich zum Druckstein zurück und macht ohne Wissen des Künstlers weitere drei Abzüge. Was sind nun diese? Wiederum drei Original-Lithographien!
Abgesehen von der Signierung ist es für den künstlerischen und drucktechnischen Wert einer Original-Lithographie gleich-

gültig, auf welche der drei oben geschilderten Weisen der Abzug hergestellt wurde — er muß eben nur, um eine Original-Lithographie zu sein, vom Originalstein abgezogen werden. Eben weil dies klar ist und der Künstler das weiß, geht er nicht vom Druckstein weg — wenn er seine Preise hochhalten will — bis, sagen wir, fünfzig nachträglich meist numerierte Abzüge gemacht waren und das Druckbild dann zerstört wurde. Die Zerstörung des Druckbildes ist die einzige Methode, um weitere Originalabzüge, also die Herstellung weiterer Original-Lithographien, zu verhindern.

In dem weiten Bereich, in dem die Briefmarke Objekt einer Liebhaberei ist, sei es nur in der Befriedigung eines uralten Triebes, des Sammeltriebes, sei es in der Verfolgung ästhetischer, künstlerischer und kulturgeschichtlicher Interessen, sei es in der Befriedigung eines allgemeinen Wissensdurstes, zu dem die Motivmarke Vermittler sein kann, oder sei es schließlich in der Absicht, auf einem engen, aber doch interessanten Gebiet gewisse Forschungen zu betreiben, immer ist sie natürlich mit dem Leben und Treiben unserer Welt verknüpft. Sie braucht keine Tabus und Zaubersprüche, keinen besonderen philatelistischen Jargon, der dem normalen Erdenbürger unverständlich bleibt, und keine sogenannten ›Definitionen‹, mit denen manche das zum Gesetz zu erheben suchen, was sie kaum selbst begriffen haben.

Allerdings darf nicht verschwiegen werden, daß gewisse geschäftstüchtige Leute behaupten, die Briefmarke sei das ideale Wertpapier geworden, mit einer Unterabteilung für kleine Leute, denen man die Briefmarke als die ›Aktie des kleinen Mannes‹ anpreisen sollte. Besonders dieser Begriff von der ›Aktie des kleinen Mannes‹ trägt bereits den Ansatz nicht nur gedanklicher Verwirrung, sondern eines Betrugs in sich.

Was ist denn eine Aktie? Sie ist doch nicht etwa ein Papier, das durch kunstreichen Druck zu einem Wertpapier gemacht wurde. Sie ist weiter nichts als die Bestätigung, daß ihrem Besitzer ein Teil eines Fabrikunternehmens gehört. Die Wertsteigerung einer Aktie muß normalerweise aus der Wertsteigerung des Unternehmens kommen. Bei der Briefmarke ist es aber durchaus nicht so, daß man durch ihren Erwerb Miteigentümer irgendeines Postunternehmens wird. Gerade bei den teuersten Marken muß dies jedem offensichtlich werden. Die Briefmarke bezieht allzuoft ihre Wertsteigerung aus einer ominösen Methode, die auch auf dem Geldmarkt nicht unbekannt ist und mit der immer wieder einmal gearbeitet wird.

Jemand gibt Aktien für eine Privatbank aus. Auf diese Aktien verspricht er eine Dividende von jährlich zwanzig Prozent. Wenn genügend Dumme diese herrliche Gelegenheit, Geld zu machen, ergreifen, kann das Unternehmen eine lange

Zeit florieren, ohne daß der Inspirator des Unternehmens etwas anderes tut, als von den einfließenden Geldern die Zinsen an früher gekommene Kunden zu bezahlen. Notwendig für dieses Unternehmen ist es nicht, daß irgendwo mit den Geldern etwas verdient wird, sondern daß der Kreis der gläubigen Interessenten stetig wächst. Nur der wachsende Einzahlerkreis und der Glaube an den Gewinn hält das Unternehmen zusammen, das keinerlei realen Hintergrund hat. Wenn der Einzahlerkreis zurückgeht, dann geht nicht nur der Profit etwa prozentual zurück, sondern der Zusammenbruch ist hundertprozentig. Es ist für jeden Besitzer der ›Aktien des kleinen Mannes‹ gut, einmal überlegt zu haben, daß der Wert seiner Marken eine Fiktion ist. Da diese Fiktion und Liebhaberei weltweit verbreitet ist, bleibt die Aussicht, daß sie noch eine Weile hält, weit größer, als bei unserem Beispiel der Zwanzig-Prozent-Bank. Aber so ganz ohne Zusammenhang ist die Sache nicht, wie jeder Klardenkende zugeben muß.

Je weniger jemand von der Briefmarke an sich hält, desto leichter kann er sie sich als Wertpapier und Spekulationsobjekt vorstellen. Es sind also nicht die eigentlichen Briefmarkenfreunde, die an dieser Entwicklung schuld sind. Da die Werte der philatelistischen ›Werterzeuger‹ eben nur in der menschlichen Phantasie bestehen, so suchen manche zum Schutz dieser Fiktionen Methoden einzusetzen, die nicht ganz den normalen Umgangsformen entsprechen! Dieses aufzuzeigen, ist der tiefere Sinn des Kapitels.

Wir alle kennen die Kinderspiele, bei denen ein Strich auf dem Boden gezogen wird mit den zugehörigen Worten ›Schließ zu, schließ zu‹, was bedeuten soll, daß eine Wohnung abgeschlossen wurde. Ich habe noch nicht gehört, daß eine Interessengemeinschaft von Kindern verlangt hätte, daß diese Zaubersprüche von den Gerichten der Erwachsenen als bare Münze zu nehmen wären. Aber in der Philatelie geht es manchmal schon so zu. Denn nun zur Sache mit der unmoralischen Original-Lithographie.

Wir haben gesehen, warum ein Künstler den Druckstock von einer Original-Lithographie zerstört. Er will die Preise hochhalten. Und vielleicht braucht er auch den Druckstein für eine weitere, viel schönere Zeichnung. Dies alles ist nun bei Behörden und insbesondere bei Postbehörden nicht notwendig. Im Gegenteil, welcher Beamte unternimmt es schon, originales Druckmaterial auf seine eigene Verantwortung hin zu zerstören. Vor allem in früheren Zeiten neigte man zum Aufheben und in der nächsten Generation dann erst zum Wegwerfen. So gelangten Urstempel, und auch Original-Arbeitsstempel, gelegentlich zum Altwarenhändler und von da in privaten Besitz. Manchmal ging es nicht ganz so korrekt zu.

Aber es gab keine Aufregung, weil man dieses Material eben nur für altes Gerümpel hielt.
Ganz anders natürlich die Philatelisten. Da waren die einen, die konnten einen Originalabzug von jenen ergattern, die schon seinerzeit die Postbehörden machen ließen. Andere, die keinen erwischen konnten, sagten sich, Abzug vom Originalstempel ist Abzug vom Originalstempel, und sie bemühten sich um einen von diesen in private Hand gelangten Markenklischees. Wir fügen hier einmal das Wort Markenklischee ein, weil nicht der Irrtum aufkommen soll, daß wir von den Poststempeln reden, mit denen die Postbeamten die Briefmarken entwerten. Dies gehört in ein ganz anderes Kapitel.
Also bekommen nun die bis jetzt leer ausgegangenen Markenfreunde einen Abzug, den man natürlich auf die verschiedenste Weise von den früher gemachten Abzügen unterscheiden kann. Aber es ist in jedem feinen Strich eine originale Abbildung des Essays oder der Marke. Obwohl es ein Abzug aus späterer Zeit ist, ist es doch ein Abzug vom Originaldruckstock oder vom originalen Druckmaterial und eine Freude für den Liebhaber.
Da protestieren aber nun diejenigen heftig, die die zuerst gemachten Abzüge teuer erworben haben oder zum teuren Verkauf auf Lager hatten. Sie rufen nach der Polizei, nach dem Gericht, nach dem Staatsanwalt. Kurzum, sie können sich überhaupt nicht mehr beruhigen, denn sie sind an der empfindlichsten Stelle getroffen. Sie verlangen, daß ein — fast kindliches — Wünschen nach einem ›Schließ zu, schließ zu‹ Gesetz werde. Und darin soll stehen, daß allein amtliche Abzüge Originalabzüge seien und daß weitere Originalabzüge ein ganz schmutziges, unfeines, lausiges und schreckliches Geschäft darstellten, dem man schleunigst mit der Polizei zu Leibe gehen müsse. Und da die allezeit höfliche Polizei in einem solchen Falle meistens sagt, daß wir leider dafür kein Gesetz hätten, so nehmen die Wertsammler diese Höflichkeitsfloskel ›leider‹ tatsächlich für einen Ausdruck des Bedauerns und wollen die Polizei mit einem solchen Gesetz versorgen. So schrieb zum Beispiel der bekannte Philatelist und Major Paul Ohrt in der Festschrift zu der Philatelistischen Tagung in Wien von 1928, auf der Jagd nach solchen noch in Privatbesitz befindlichen alten Druckstempeln: »Damit letztere nicht ebenso spurlos verschwinden ... ist es jetzt, wo der alte Lehrer Laßmann noch lebt, die höchste Zeit, amtlich dem Verbleib der Originalstempel nachzuforschen, mit Hilfe der Polizei beziehungsweise des Staatsanwaltes in Braunschweig und eines genau orientierten Philatelisten (welcher dabei nur der Behörde, die erfahrungsgemäß in philatelisticis oft sehr unerfahren beziehungsweise ungeschickt ist, gewisse Fingerzeige geben

soll, worauf es bei den Nachfragen beziehungsweise Haussuchungen ankommt und was nach einer ergebnislosen Rückfrage noch zweckmäßig ist).«

Da die Denunzierung des Lehrers Laßmann durch den Major Paul Ohrt so weit ging, bei seinem Schrei nach Polizei und Staatsanwalt sogleich auch die Adresse von Louis Laßmann, als in Braunschweig, Celler Straße, auffindbar, anzugeben, ist es wohl wert, hier die Geschichte von Laßmann und den Originaldruckstöcken zu erzählen. Wir sehen aus den harmlosen Tatsachen und der rabiaten Reaktion der ›Philatelie‹ nicht nur, daß man ein Hobby keineswegs bis zur Absonderung von menschlichen Umgangsformen forcieren soll, sondern wir lernen auch unbekanntes Essay-Druckmaterial und die Geschichte seines Auftauchens und Verschwindens im Dunkel kennen.

In den achtziger Jahren des vorigen Jahrhunderts gab es in der Stadt Braunschweig eine ganze Anzahl eifriger und seriöser Briefmarkensammler, die bereits seit Jahrzehnten alle Marken der Welt zusammentrugen. Längst hatte man auch an die Gründung eines Philatelisten-Clubs gedacht. Aber diese Idee war daran gescheitert, daß zwar eine Reihe tüchtiger Leute meinte, einen solchen Verein richtig leiten zu können, aber zu wenige Leute wollten sich mit einer gewöhnlichen Mitgliedschaft begnügen. Zudem war man sich noch nicht darüber im klaren, ob das Briefmarkensammeln ein feudales Vergnügen oder eine gutbürgerliche Freizeitbeschäftigung sei.

So kam es schließlich, daß sich in Braunschweig gleich zwei Vereine bildeten. Den einen führte Rittmeister Convay von Girsewald als Erster Vorsitzender mit Leutnant R. Sturtzkopf als seinem Adjutanten beziehungsweise Zweiten Vorsitzenden. Die eigentliche Seele des langjährigen Drängens, der Friseur Ludwig Berger, der auch einige seiner Kunden als Mitglieder in den Verein einschleusen durfte, brachte es nur zum Kassierer.

Im zweiten Verein hatten sich die Lehrer zusammengetan. Auch die Lehrer – es waren drei – konnten nicht ganz unter sich bleiben. Sie nahmen den Schriftsetzer der Waisenhaus-Druckerei, Gustav Rühland, als Kassierer an.

Man kann sich denken, daß eine solche Inzucht der beiden Vereine nicht gerade ein besonders liberales Klima schuf. Obwohl in beiden Vereinen ausgezeichnete Philatelisten zu finden waren und das Niveau durch Vorträge hochgehalten wurde, so war doch auch jeder auf jedes besondere Stück neidisch, das der eine oder andere glücklich zu erwerben verstand.

Ein solcher Renommierfund waren einige Original-Druckstöcke, die der Lehrer Louis Laßmann, der den zweiten Verein für Briefmarkenkunde in Braunschweig gegründet hatte und als Vorsitzender führte, zu dieser Zeit leihweise in die Hand bekommen hatte.

1881 war die Braunschweiger Postdirektion in ein neues Gebäude umgezogen, und diese Gelegenheit hatte man benutzt, sich alte Akten vom Halse zu schaffen.

Ein Postschaffner wurde damit beauftragt, die Akten in den Keller zu bringen und in der Zentralheizung zu verfeuern. Bei dieser Aktion fanden sich auch fünf alte Druckstöcke braunschweigischer Markenentwürfe. Obwohl der eine davon ein Holzschnitt war und damit wohl in den Rahmen der Verheizungsaktion fiel, ›organisierte‹ sie sich der Postschaffner — wie man so schön sagt — alle fünf. Er mag sich damit gar nicht so weit von den Absichten seiner Vorgesetzten entfernt haben, deren Grundhaltung es war, sich ein für allemal alles alte Gelumpe vom Hals zu schaffen.

Dieser Postschaffner kannte nun den Lehrer Laßmann als Vorsitzenden des einen der beiden Braunschweiger Briefmarkensammlervereine. Es braucht nicht ein persönlicher Kontakt gewesen zu sein. Vielleicht war es ihm nur sympathischer, zu einem Lehrer als zu einem Rittmeister und Freiherrn zu gehen. Er zeigte jedenfalls Laßmann die fünf alten Druckstöcke und gab ihm auch die Erlaubnis, davon Elektrotypen machen zu lassen.

Da Laßmann selbst betonte, daß er die Originalstempel durch eine Mittelsperson erhielt, an die er sie zurückgab und die sie selber wieder zurückgeben mußte, besteht sogar die Wahrscheinlichkeit, daß der Postschaffner nicht ohne die Zustimmung seiner Vorgesetzten gehandelt hat, als er die Druckstöcke dem Philatelisten und Lehrer Laßmann zeigte. Als dann allerdings die philatelistische Konkurrenz ihren Wirbel inszenierte, kann es sogar diesen Vorgesetzten am besten erschienen sein, diese verdammten Druckstöcke auf sicherste Art, durch Verheizen, Einschmelzen oder Versenken in die Oker, verschwinden zu lassen. So ist es also nicht unwahrscheinlich, daß die rüde Denunziation Ohrts der Philatelie diesen Verlust eingetragen hat.

Unter den Druckstempeln befand sich als ältester der Holzschnitt zu der 1/3-Silbergroschen-Marke von 1853. Es war aber eine leichte Variation, ein Essay dieser Marke, da sich hinter dem Wort VIER ein Punkt befand, der in den Originalen nicht zu finden ist.

Dann war da ein Messing-Urstempel zu der 2-Groschen-Marke von 1865. Auch dieser zeigte einige feine Änderungen gegenüber dem schließlich verwendeten Messingstempel. So sind zum Beispiel die Durchbrechungen der Braunschweigischen Krone noch nicht in zwei Reihen von Punkten, sondern

nur in einer Reihe von vier Strichen dargestellt. Auch dies ist also ein Essay. Ein Druckstock für die 1-Groschen-Marke von 1865 ist ebenfalls ein Essay, weil bei ihm die Einser in den Eirunden links und rechts stockiger geschnitten sind und die Krone zu große Durchbrechungen aufweist.
Der dritte Druckstock war sogar noch ein Vorläufer-Essay zu dem bereits erwähnten 2-Groschen-Urstempel. Das Pferd ist hier auf einem verzierten Postament, einer Stele, stehend dargestellt. Und dieser dritte Druckstock, eine primitivere Version der Ovalmarken in Querformat, ist wohl der erste Versuch für die Marken von 1865.
Von all diesen Essay-Druckstöcken war bis dahin nicht das mindeste bekannt gewesen. Originalabzüge aus der Zeit des Stempelschnittes waren nicht bekannt und sind auch nie bekanntgeworden. Laßmann hat sich ein durchaus großes Verdienst erworben, indem er Elektrotypen anfertigen ließ, die dann die Herstellung von Druckstöcken erlaubten, mit denen sich originalgetreue Abzüge herstellen ließen.
Die ersten Abzüge von diesen Druckstöcken – in verschiedenen Farben auf verschiedenen Papieren – stellte Laßmann mit der Hand her. Er verschenkte sie an seine Sammlerfreunde, verkaufte aber nicht ein einziges Stück davon. Einige Jahre später ließ er sogar in der Druckerei von Ferdinand Dessau saubere Abzüge auf der Tiegeldruckpresse herstellen, die er wiederum an seine Sammlerfreunde verschenkte.
Sicher konnten viele der Beschenkten den Wert einer solchen Dokumentation von neu entdeckten Essay-Druckstöcken nicht würdigen und hielten das Ganze für eine Spielerei. So ist es nämlich bis zum heutigen Tag, wenn an Briefmarkensammler etwas verschenkt wird. Es wird erst wertvoll, wenn es die meisten wieder weggeworfen haben und der verbleibende Schlaumeier auf einer Auktion damit eine Menge Geld erzielt. So äußerte sich später der Schriftsetzer und Vereinskassierer Rühland über die Meinung von Vereinsmitgliedern zu den Essay-Abzügen Laßmanns: »Den meisten unserer Vereinsmitglieder war die Sache nicht angenehm, aber Laßmann hatte seine harmlose Freude daran, und so ließ man ihm sein Vergnügen, um so mehr, als er die Marken verschenkte und sie im Grunde genommen recht ungefährlich waren.«
Es ist natürlich ein Armutszeugnis, das sich hier Rühland ausstellte. Wohin kämen die Zoologen und die anderen Wissenschaftler, wenn sie ihre Studienobjekte nach ihrer ›Gefährlichkeit‹ und nicht nach Klasse und Status einreihen würden?

Unternehmen Shanahan

Die Tulpe ist nicht nur eine aparte Blume. Ihre vielfarbenen Spielarten entzücken den Liebhaber immer aufs neue, lassen ihn Eigenarten der Variation kennenlernen, die auch den Kenner überraschen.
Es war im Jahre 1554, als der Gesandte des späteren Kaisers Ferdinand in Konstantinopel zum erstenmal die Tulpe sah. In türkischen Gärten wuchs sie schon in verschiedenen Spielarten, und der Gesandte schickte Samen davon nach Deutschland. Bald blühte sie auch, bewundert in ihrem Farbenspiel, in Frankreich, England, Holland. Fünfzig Jahre später kannte man schon hundert Spielarten, und hundert Jahre später, in den vierziger Jahren des siebzehnten Jahrhunderts, gab es so viele Varietäten und Raritäten, so viele Züchter und Sammler, daß man sich das heute gar nicht mehr vorstellen kann. Für die Tulpenliebhaberei dieser Zeit gibt es sogar eine besondere Bezeichnung, die Tulpomanie. So versessen war man auf seltene Tulpenzwiebeln, daß man in Haarlem, dem Zentrum der Liebhaberei, für eine seltene Zwiebel bis zu dreizehntausend Gulden zahlte. Man hätte meinen können, es handle sich um Briefmarken. Nur in Irland hat sich in unserem Jahrhundert etwas Ähnliches ereignet. Dort wurden seltene Briefmarken so schnell im Preis hochgetrieben, daß man hätte meinen können, es handle sich um Tulpenzwiebeln.
Es war gegen Ende 1958, daß die philatelistische Welt und eine Menge anderer Leute aufzuhorchen begannen. Da hatte eine Auktionsfirma Shanahan in einer Vorstadt von Dublin, in Kingtown — oder wie der irische Name heißt: in Dun Laoghaire — vor einiger Zeit begonnen, Briefmarken zu versteigern. Es waren aber Briefmarkenversteigerungen ganz besonderer Art. Als die ersten Kataloge kamen, hatte man sich gesagt: Irland, was kann da schon herauskommen, im Schatten der internationalen, alteingesessenen Londoner Auktionsfirmen — höchstens eine Sache erleichterter Zahlungstransaktionen. Hinter dieser Idee steckte auch etwas Richtiges, aber hinter Shanahan ebenfalls, nämlich Mister Paul Singer. Und das, entdeckte man bald, war zum Guten oder Schlechten etwas Außerordentliches. Der Mann hatte Ideen wie Ivar Kreuger oder andere Größen der schnellen Finanz.
Nehmen wir doch nur einmal den Katalog zur Auktion vom 15. November 1958 in die Hand. Schon das Format 215 mal 275 Millimeter übertrumpft an Größe alle Auktionskataloge. Und beim Aufschlagen und Blättern gibt es keine Enttäuschung. Was andernorts das rare Einzelstück darstellt, das wird hier im ganzen Bogen geboten, mag es sich um die baye-

rischen 1 Kreuzer schwarz handeln (Los 47) oder die 1/2 Schilling dunkelblau von Bergedorf. Wer die Spitzenwerte altitalienischer Staaten im Bogen wollte, konnte sie auch haben. Etwa die 1 Scudo Kirchenstaat im Bogenteil von fünfzehn Stück oder auch die 2 Grana blau mit dem König Ferdinand von Sizilien im ganzen Bogen von einhundert Stück.
Natürlich wollten nicht alle nur Raritäten aus dem alten Europa. Wer Raritäten aus den USA mochte, der konnte die 2 und die 10 Cent der Konföderierten Staaten von 1863 auch im ganzen Bogen haben. Und das waren noch nicht etwa die sogenannten Spitzenlose. Im selben Stil geht es weiter durch hundert Seiten von Fototafeln!
Was war hier geschehen? Wie konnte ein bis jetzt unbekannter Mann die Millionäre der Philatelie dazu bringen, ihre Schätze in Dublin auf den Markt zu bringen? In Dublin! Nachdem sie bisher durchaus nicht bereit waren, ihr Material in den Zentren des Welt-Briefmarkenhandels, in London und New York, anzubieten!
Das Geheimnis war, daß bei Shanahan Preise erzielt wurden, die über allen Weltmarktpreisen lagen. Wie das erreicht worden war, das war die Kunst des Mister Singer. Sie lag nicht etwa in seiner faszinierenden Persönlichkeit, seiner Überredungskunst oder seinem Eindruck als Biedermann. Bei Mister Singer gab es viel handfestere Methoden, die auch die Schlauen dazu brachten, ihr Geld bedenkenlos herauszurücken und Preise zu zahlen, die ihnen unter anderen Umständen als Alpdruck nachgegangen wären. Anders bei Mister Singer. Dort machte es sie fröhlich, einen hohen Preis gezahlt zu haben. Es bedeutete für sie, gutes Geld in einer guten Sache sicher angelegt zu haben. Ja, wieso? Das war die Erfindung Nummer eins des Mister Singer. Jeder Bieter, der eins der besseren Lose auf einer Shanahan-Auktion erwarb, erhielt dazu einen im Stil einer Aktie gedruckten Verlust-Sicherungsschein. Darin garantierte die Firma Shanahan, daß Los Nummer soundso, erworben in ihrer Auktion, jederzeit zur Wiederversteigerung nach Dublin eingereicht werden könnte, wobei die Auktionatoren zumindest die Erreichung des Netto-Kaufpreises garantierten. Was durch Unterschrift bestätigt wurde.
Man beachte bitte, daß der vorsichtige Bieter durch die zusätzliche Garantie durchaus nichts verlieren konnte, wenn er bei der Auktion nur so weit mitging, als ihm sein Verstand erlaubte. Andere Auktionatoren geben ja überhaupt keine solche Garantie.
Andere Auktionatoren sagen auch: ›Laut Versteigerungsbedingungen sind Beanstandungen jeglicher Art nach dem Zuschlag nicht mehr zulässig.‹
Selbst die, die sich nicht so grob ausdrücken, betrachten die

Königin Victoria.
Oben: Eingeprägte Druckplatte.
Unten: Gravierte Druckplatte (Dadurch jede Marke verschieden).

Rücknahme eines Auktionsloses immer als einen besonderen Akt der Großzügigkeit. Und nicht jeder unzufriedene Bieter wagt nach der Auktion noch an den Versteigerer heranzutreten, und nicht jeder hat damit Erfolg. Was sagte nun Mister Singer an diesem Punkt zu seinen Kunden?
»Alle Lose der Auktion werden unter der Voraussetzung verkauft, daß der Kunde auch damit zufrieden ist. Kunden, die über die Post bieten und die Lose, die sie zu kaufen wünschen, weder selbst noch durch einen Vertreter besichtigen konnten, haben jederzeit das Recht, jedes Los nach Empfang innerhalb von achtundvierzig Stunden wieder zurückzugeben. Dabei ist es nicht notwendig, Gründe für die Rückgabe zu nennen, nur müssen die Marken im gleichen Zustand zurückgegeben werden, in dem sie der Kunde erhielt. Er hat lediglich das Porto für die Hin- und Rücksendung zu tragen.«
Solch eine Regelung erspart den Liebhabern, die ihre Briefmarke durch ein Gebot per Post steigern, viel Ärger. Und es ist tatsächlich so: Wenn die freie Möglichkeit zur Rückgabe besteht, wird manches so erworbene Los doch schließlich gern behalten, über welches man im anderen Falle sich ärgern zu müssen glaubt. So ist eben der Mensch.
Und dann die andere Sorge. Wenn jemand eine teure Marke auf einer Auktion ersteigert, dann möchte er eigentlich auch jede Garantie, daß sie echt ist. Natürlich nimmt ›im allgemeinen‹ auch ein deutscher Auktionator eine von Experten als falsch bezeichnete Marke zurück, wenn er die Gutachter für zuständig hält, was ihm aber im Grunde freisteht. Denn was sagen seine Auktionsbedingungen zu diesem Punkt?
»Die Auktionslose sind sorgfältig und gewissenhaft beschrieben, jedoch ohne Verbindlichkeit für den Versteigerer und ohne Garantie für Echtheit oder einwandfreie Beschaffenheit.«
Abgesehen von der freimütigen Versicherung des Auktionators, daß er sich selbst und alle seine Angestellten für sorgfältig und gewissenhaft hält, ist der juristische Inhalt der Erklärung denkbar ungünstig. Anders bei Shanahan. Da hieß es: »Die Echtheit jeder Marke, die in diesem Katalog abgebildet ist, wird von uns uneingeschränkt garantiert. Jede Marke, die ein anerkannter Experte oder ein Expertenkomitee für falsch erklären sollte, wird von uns unter Rückzahlung des vollen Kaufpreises zurückgenommen.«
Dazu sagte Shanahan noch, daß er für diese Garantie keinerlei Zeitlimit setze. Sie gilt also immer. Dahingegen sind die Auktionsbedingungen des bereits zitierten großen Briefmarkenauktionshauses eng begrenzt: »Ansprüche jeder Art gegen den Einlieferer und gegen den Auktionator erlöschen spätestens sechs Monate nach der Auktion.« Allerdings gibt es auch in Deutschland weiße Raben. Der Berliner Auktionator

Georg Bühler sagt klar in seinen Bedingungen: »Ich übernehme für alle bei mir ersteigerten Einzelmarken dem Käufer gegenüber die volle Garantie für Echtheit auf die Dauer von fünf Jahren in Höhe des Kaufpreises.«
Es ist nun natürlich so, daß man auch mit nahezu allen deutschen Briefmarken-Auktionatoren als sachverständiger und seriöser Käufer in sachlicher und einwandfreier Weise seine Gebote abwickeln kann. Aber der Durchschnittsbieter will eben alles schwarz auf weiß. Ihn befriedigen Versicherungen, die in der Praxis doch gar nicht so schwer zu halten sind, und diese Versicherungen gab Shanahan in der großzügigsten Weise ab.
So floß ihm das Geld von allen Seiten zu. Er brauchte es nur in Kisten zu packen, unter Bäumen zu vergraben, in Höhlen zu verstecken oder in das sichere Ausland zu bringen. Ja, es blieb sogar etwas übrig für rauschende Feste.
Den von uns zitierten Katalog vom November 1958 überschrieb Mister Paul Singer ›Unsere erste Millionärs-Auktion‹. Jedes Los mußte mindestens vierhundert Mark bringen. Der Durchschnittswert pro Los betrug aber über fünftausend Mark. Das erste der Lose wurde vom Oberbürgermeister von Dublin persönlich zugunsten des Internationalen Fonds zur Bekämpfung der Kinderlähmung versteigert, und nach der Auktion gab es einen großen Philatelistenball.
Alles war da aus der höheren Welt der Philatelie, so hören wir, zumindest die erste Reihe der philatelistischen Hochfinanz und dazu die Vornehmsten aus den oberen Zehntausend von Irland; Grafen und Lords, Senatoren und Professoren, Schauspielerinnen und Vertreter der Gesandtschaften. Die Räume waren geschmückt mit zweihundertfachen Vergrößerungen der seltensten Marken, und die Lichter waren bunt abgeschirmt. Um Mitternacht gab es einen Schönheitswettbewerb, bei dem die siebzehnjährige Hilary Frayne, das Empfangsfräulein der Firma, zur Miß Philately gewählt wurde. Und das Ganze konnte jeder Kunde insofern miterleben, als er es im nächsten Katalog, dem vom 13. Dezember, in einhundertachtundzwanzig Fotos in allen Einzelheiten geschildert bekam. Nicht, daß im Katalog, neben den bebilderten Abenteuern des Mister Singer, der ein wenig an König Faruk erinnerte, etwa die Briefmarken fehlten. Da waren wiederum die beliebten ganzen Bogen der großen Raritäten. Von altdeutschen Staaten Bogen von Bremen, Helgoland, Oldenburg, Hannover, Hamburg, Lübeck. Und jeder Bogen war abgebildet. Wer die 5 Mark Reichspost wollte, konnte sie im Bogen haben, und wer russische erste Ausgaben vorzog, konnte solche Bogen bebieten.
Es war wie in den Illustrierten. Unermeßliche Schätze, frohe

Feste und schöne Frauen. Die Wunder der Briefmarke enthüllten sich hier in Irland bei Shanahan: Marken, deren Wert stieg und stieg und stieg.
Der sicherste Weg, jemanden hereinzulegen, ist, ihn an einem kleinen Betrug teilnehmen zu lassen. Es braucht nicht einmal ein Betrug zu sein, nur eine unwahrscheinliche Methode, um ganz schnell zu Geld zu kommen. Solcher Methoden bot das Haus Shanahan nicht nur eine, sondern mehrere.
Da war vor allem der ›einfache 4-Monate-Plan‹. Der galt, wie die Shanahan-Gesellschaft erklärte, für Leute mit kleinem Kapital, das sie absolut sicher und zudem mit großem Gewinn anlegen wollten. Und das, so meinte sie, sei eben nur bei Briefmarken möglich. Man brauchte lediglich jeden Monat einen Betrag von hundert bis zehntausend Mark einzusenden, um Teilhaber am großen Auktionsgeschäft zu werden. Mit dem einlaufenden Geld werde Shanahan Ltd. in allen Teilen der Welt große Briefmarkensammlungen kaufen, um sie in Lose aufzuteilen und zur Auktion zu bringen. Diese Lose würden den Geldgebern gutgeschrieben und als ihr Eigentum behandelt. Da jedem ›seine‹ Katalognummern mitgeteilt wurden, konnte er verfolgen, zu welchem Preis sie schließlich abgesetzt wurden. So waren Tausende Sammler interessiert, daß die Preise bei Shanahan hoch anstiegen, denn es ging ja um ihre Gewinne. Nach vier Wochen, so versprach die Gesellschaft, werde das als absolut sicher garantierte Kapital mit dem Gewinn zurückgezahlt. Jeden Verlust, so garantierte Shanahan, würde die Firma beim einzelnen Los selbst decken.
Nicht, daß der Plan nicht zum Laufen kam! Er funktionierte tadellos, denn die Einzahlerlawine wuchs stetig an. Im Jahre 1957, so konnte man in ›The Irish Times‹ von Dublin lesen, hatte Shanahan dreizehn Auktionen mit 14 977 Losen und einer Gesamteinnahme von 441 559 Pfund durchgeführt. Der von Kunden eingezahlte Beteiligungsbetrag erreichte 272 000 Pfund und die zurückgezahlte Summe 312 000 Pfund. Es wurden also rund fünfzehn Prozent der investierten Summe als Gewinn ausgezahlt. Da es sich jeweils nur um Beteiligungen über eine Periode von vier Monaten handelte, so rechnete Mister Singer seinen Kunden ganz richtig vor, daß dies einem Jahreszins von zweiundfünfzig Prozent entspreche. Kein Wunder, daß die Beteiligungen aus Finanz- und Sammlerkreisen weiter steil anstiegen. Aus vierunddreißig Ländern floß nun das Geld nach Dublin.
Es wäre ermüdend, die neuen Geldbeschaffungspläne im einzelnen zu schildern, die Paul Singer sich immer wieder für die Firma ausdachte. Es wurde jede der neuen Manipulationen immer gewinnbringender und immer verwickelter. Erst kam ein Zwölfmonate-Kombinationsplan, dann ein Zweimetho-

denplan. Mister Singer zeigte seinen kleinen und größeren Kunden, wie man Geld anlegt, Briefmarken für die Sammlung kauft und dabei immer reicher wird.

All diese neuen Systeme hatten den für Shanahan entscheidenden Kern, daß die Einlagezeiten, das heißt also auch die Rückzahlungsfristen, immer weiter hinausgeschoben und ausgedehnt wurden. So schwoll die Summe des großen Bilanztages an.

Es ist bemerkenswert, wie verhältnismäßig sicher, inmitten einer heranreifenden großen Pleite, oft doch die sind, die es eben nicht darauf angelegt haben, ihren Mitmenschen schnelles Geld abzunehmen. Für die Briefmarkenfreunde nämlich, die wußten, wie hoch sie bei einem bestimmten Los auch bei Shanahan zu bieten gedachten, blieb alles seriös.

Man sah herrliches Material und Raritäten, die man ohne Mister Singer nicht einmal in der Abbildung bekommen hätte. Für die wahren Liebhaber seltener Marken hatte Singer sogar eine wirklich ausgezeichnete Idee. Er sagte sich, daß die großen Raritäten ja nur von einem einzigen glücklichen Bieter erworben werden können. Ob dies dann auch ein wirklich interessierter Spezialist war, blieb offen — bei dem Tanz um die goldene Briefmarke, den man in Kingtown arrangiert hatte. All den weniger glücklichen oder weniger reichen Interessenten bot aber nun Paul Singer diese großen Raritäten auf Fotos in fünfunddreißigfacher Vergrößerung, die jede Einzelheit zeigte, zu einem Preis von nur sechs Mark, einschließlich portofreier Zusendung. Es gibt nur wenige Auktionatoren in der Welt, die in dieser Weise an ihre Kunden denken.

Es gibt Londoner Versteigerungshäuser — zwar nicht die großen, aber immerhin solche, die seit siebzig Jahren Briefmarken versteigern — bei denen der Philatelist als Käufer oder Verkäufer sicherlich nicht besser aufgehoben ist als bei Mister Singer, obwohl alles in den gesetzlichen Grenzen bleibt. Aber merkwürdigerweise werden in solchen Auktionen die von den hinter den Auktionshäusern stehenden Syndikaten eingelieferten Marken rasch hochgetrieben. Und dies ist die Kunst der Auszeichnung im Katalog, die Kunst des Ausrufs und die Kunst diskreter Mitbieter im Saal. Aber von Außenstehenden eingelieferte Lose erscheinen tot, bleiben hängen und fallen in die Hände des bereits genannten Syndikats im Schatten. Das sind Dinge, für die man keine Namen nennen kann, sie passieren zu diskret. Aber der Kenner weiß, wie es vor sich geht, wenn er scharf beobachtet.

Mir wird jene kleine Auktion immer in Erinnerung bleiben, bei der es so ganz nebenbei auch um das ledergebundene, wappengeschmückte Album eines russischen Emigranten ging.

Es war das Eigentum eines zaristischen Postministers und hohen Aristokraten. Das Album war voll mit Hunderten von Essays, Probedrucken, Farbproben russischer Briefmarkenserien des Zarenreiches. Das Material war phantastisch. Ich war gar nicht bereit, hier mitzubieten, weil ich das Ganze außerhalb meiner Reichweite meinte. Und dann war das Los plötzlich im Ausruf. Der Ausruf begann mit zehn Pfund. Aber der niedrige Ausruf bedeutete nichts. Es würde ein langer Kampf werden. Darauf stellten sich auch die Bieter ein, bei denen einer dem anderen den Vortritt ließ, wie es bei solchen Kämpfen zu Anfang oft der Fall ist. Und dann geschah alles blitzschnell. Ein Gebot war gekommen, jemand hatte eine Sekunde zu lange angenommen, daß sein Gebot noch gelte, der Auktionator blickte in die falsche Richtung und dann auf seinen Tisch oder an die Decke, raspelte sein ›zum ersten, zum zweiten, zum dritten‹ herunter, schlug mit dem Hammer zu — und das Album gehörte dem Syndikat zum Preis von zwölf englischen Pfund.

Daß es das Syndikat war, erkannte ich wenige Tage später. Ich stand im Laden eines der ihm zugehörenden Händler, als er bereits einen der Probedrucke an einen Kunden zum gleichen Preis zu verkaufen suchte, den das Syndikat ein paar Tage vorher für die ganze Sammlung von Hunderten dieser herrlichen Stücke gezahlt hatte.

Dies konnte einem Einlieferer bei Shanahan in Irland nicht passieren. Der suchte sein Geld auf weit großzügigere Weise zu massieren, als durch erbärmliche Manipulation am einzelnen Los.

Es begann ganz solide mit dem roten Versteigerungskatalog zur Fünfjahres-Jubiläumsauktion vom 9. Mai 1959. Er bot nahezu eintausendachthundert Lose an im Wert von rund fünf Millionen Mark. Es war wieder die bei Shanahan übliche Parade herrlicher Bogen, Blocks und Einzelstücke und dazu eine phantastische Sammlung Lombardei–Venetien von einem unbekannten Einlieferer. Heute wissen wir übrigens, daß es ein Teil der Sammlungen des Tabakmagnaten Maurice Burrus war.

Das erste Wetterleuchten kam in Form eines Briefes auf mein Gebot zu einem Viererblock der Helgoland 5 Mark vom Jahre 1879. Darin teilte Shanahan mit, mein Gebot nicht akzeptieren zu können, da die Auktion ausfallen müsse. Es sei ein Einbruch in die Büros der Gesellschaft erfolgt.

Der Brief war noch von Paul Singer diktiert, jedoch unleserlich unterschrieben. Aber nun folgten merkwürdige Ereignisse Schlag auf Schlag.

Am 11. Mai meldete die Presse aller Länder aus Dublin, daß ein internationaler Einbrecherring Briefmarken im Werte von sechs Millionen Mark gestohlen habe. Die Kühnheit des Ein-

bruchs deute darauf hin, daß es sich nicht um Einzelgänger, sondern um eine wohlorganisierte internationale Bande gehandelt haben müsse. Es waren die Eisengitter der Büros des Auktionshauses durchgesägt und die Wände des Aufbewahrungsraumes mit Preßlufthämmern aufgebrochen worden. Dort hatten sie dann genau die wertvollsten Marken eingepackt und alles andere liegengelassen.
Es ergab sich, daß es sich um jenen Teil der Sammlung des Schweizer Tabakmillionärs Maurice Burrus handelte, den er dem Auktionshaus für den festen Betrag von 3,5 Millionen Mark übergeben hatte. Nun schätzte man bei Shanahan den Liebhaberwert der Sammlung auf 11,7 Millionen Mark, war aber bereit — wohl aus Mitleid mit den Versicherungen — den tatsächlichen Schaden mit sechs Millionen Mark zu beziffern.
Fragezeichen lagen über dem ganzen Vorgang, wenn auch Beweise offensichtlich schwer zu finden waren. Da uns die Prozeßakten, die wohl selbst voller Fragezeichen sind, nicht zur Verfügung stehen, können wir die Wunderlichkeit der Vorgänge nur mit den entsprechenden Pressemeldungen belegen.
So meldete die internationale Presse bereits drei Tage später, daß die vor wenigen Tagen verschwundenen Briefmarken im Wert von 760 000 Mark in einem Kartothekraum in Dublin wiedergefunden worden seien. Die Diebe hätten offensichtlich erkannt, daß ihre Beute wertlos geworden war und das Diebesgut liegengelassen, nachdem alle Briefmarkenfirmen wußten, um welche Exemplare wertvollster Marken es sich handelte.
Abgesehen vom pikanten Vergleich der von Shanahan als zu Verlust gemeldeten Werte von 11,7 Millionen mit dem wirklichen Wert des Diebesgutes ist die Argumentation mit einer angeblich ›wertlos gewordenen Beute‹ nichts als ein modernes Märchen. Wie wenig sich wirklich entschlossene Diebe um die internationale Bekanntheit solcher Schätze kümmern, zeigt die Geschichte von der gestohlenen deutschen Mauritius.
Als die deutsche Reichsregierung 1944 ihrer Sache unsicher wurde, dachte man auch daran, die Briefmarkenschätze des Reichspostmuseums in Sicherheit zu bringen. Aber wohin?
Man packte die Sammlungen von etwa neunzigtausend Marken und Briefen in zweihundertzweiunddreißig Kisten, dazu in einundvierzig Postsäcke und brachte sie nach Wien, das dem geplanten letzten großen Verteidigungskern nahe lag.
Ende 1944 brach der Widerstand in Bulgarien zusammen. Die Russen kesselten Budapest ein und rückten gegen Österreich vor. Wien erschien nunmehr stärker gefährdet als Berlin. Die Sammlungen des Reichspostmuseums wurden zurückbeordert, landeten aber schließlich im sicheren Schutz des tiefen Dietrich-Schachtes und des Segen-Gottes-Schachtes bei Eisleben.

Hier waren die Werte vor Bombenangriffen sicher. Und hier wurden sie auch, als man das Gebiet den Russen überließ, von den amerikanischen Truppeneinheiten ›gerettet‹, sichergestellt und mitgenommen.
Erst im Juli 1948 übergaben die Amerikaner das Material den Deutschen. Es waren immer noch zweihundertzweiunddreißig Kisten und einundvierzig Postsäcke. Tatsächlich war aber die ganze Sammlung sachverständig geplündert worden. Von den hundert Millionen ihres Wertes fehlte über die Hälfte.
Dies ist ein bekanntes Kunststück. Jeder Sachverständige kann eine wertvolle Briefmarkensammlung auf einen Bruchteil ihres Wertes dezimieren, ohne daß ihre Substanz geschmälert erscheint. Es werden nur die entscheidenden Marken, die Seltenheiten, entfernt. Man bricht der Sammlung sozusagen die Zähne aus.
Wie dies nun bei der Reichspostsammlung im einzelnen geschah, interessiert hier nicht. Wir erwähnen nur eine kleine Auswahl von Paradestücken, Weltraritäten, die sich in einer Stahlkassette befanden. Natürlich ist diese Stahlkassette ebenfalls mit verschwunden, obwohl sie nur Stücke enthielt, deren Einzelheiten in aller Welt bekannt sind und deshalb nicht verkauft werden können.
Das störte aber die sachverständigen Plünderer nicht im geringsten. Auch solches Material findet seine Interessenten, die sich damit begnügen und vergnügen, in ihrem Stahltresor die herrlichen Stücke allein zu besichtigen.
Die acht wichtigsten Marken des Kassetteninhalts — acht Weltraritäten — sind rasch aufgezählt. Es waren eine rote 1 Penny und eine blaue 2 Penny Mauritius von 1847, eine rosa 2 Cent aus Britisch-Guayana von 1850 und eine tiefblaue 4 Cent von 1852, dazu vier sogenannte Missionare aus Hawaii, die blauen 2 Cent, 5 Cent und zwei 13 Cent aus dem Jahr 1851. Die letzteren gehören zu den Raritäten, denen der große Arnold de Ferrary nachjagte. Sie haben ihren Namen daher, weil sie nur auf Briefen bekannt sind, die amerikanische Missionare an ihre Angehörigen nach den Vereinigten Staaten schrieben. Es waren im übrigen ordentliche Marken des Königreiches Hawaii, die in der Regierungsdruckerei mit einem merkwürdigen Drucksatz aus Zierstücken, Linien, Zahlen und Buchstaben gesetzt und gedruckt wurden.
Da wir uns bereits besonders der Erstausgabe von Mauritius angenommen haben, wollen wir von den acht Marken nur den Steckbrief der beiden Mauritius geben.
Zuerst die rote 1 Penny. Nahezu die Hälfte aller später entdeckten Mauritiusmarken wurde von einer Madame Borchard in der Korrespondenz ihres Mannes gefunden, dabei auch dieses Exemplar. Sie tauschte es mit einer Madame Desbois, die

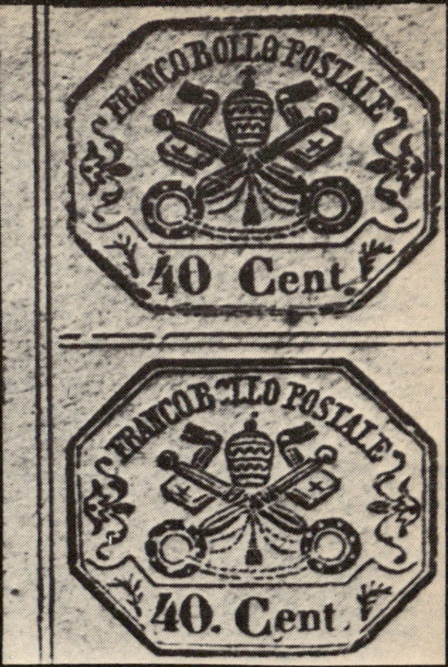

Buchdruckmarken: Schwarzer Druck auf farbigem Papier.

es an den großen Markenhändler und Philatelisten J. B. Moens verkaufte. Im Jahre 1901 erwarb dann das Reichspostmuseum die Marke. Das orangerote Exemplar, das die internationale Registriernummer 7 hat, ist auch von einem Laien unter allen bekannten Mauritius-Exemplaren leicht zu erkennen. Es ist zweimal mit einem ovalrunden Stempel von elf Streifen etwas schwer gestempelt. Die Stempelstreifen laufen beide Male von links oben nach rechts unten. Vom rechten Stempel kamen alle Streifen auf die Marke.

Und nun die 2 Pence blau. Diese Marke befindet sich auf einem Brief, der an eine Weinfirma in Bordeaux, Messieurs Ducan et Lurgny, adressiert ist. Sie wurde 1902 von einem französischen Schuljungen gefunden, der die Korrespondenz der Firma nach Briefmarken durchstöberte. Das Reichspostmuseum erwarb sie 1903. Da die Mauritius auf dem Brief englischerseits nicht gestempelt wurde und kaum vom französischen Rundstempel getroffen ist, kann hier der Ursprung der Marke schon verschleiert werden, wenn der Besitzer einen Wertabfall in Kauf nimmt, sie vom Brief löst und dann etwa durch Aufbringung von chemisch richtig zusammengesetzten Stempelspuren verändert. Leichter zu entdecken ist von den beiden dann jedenfalls die rote 1-Penny-Marke. Die Suche hält immer noch an! Fünfundzwanzig Jahre ist es nun her, und keiner der Diebe oder jetzigen Besitzer ist bekannt geworden.

Doch zurück zu den Briefmarkenräubern von Kingtown. Ihr Gebaren war sicherlich merkwürdig. Der Polizei und den Gerichten in Irland war es inzwischen ebenso vorgekommen. Inzwischen schrieb man den 3. Juni 1959. Auch in den Zeitungsberichten hatte sich die Situation plötzlich gewandelt.

Der aus Österreich stammende Paul Singer war zusammen mit seiner aus Deutschland gebürtigen Frau und zwei irischen Direktoren der Firma Shanahan verhaftet worden. Alle vier, so berichteten nun die Zeitungen, standen offensichtlich mit den ›Experten‹ in Verbindung, die drei Wochen zuvor die Burrus-Sammlung ausgeräumt hatten. Es war festgestellt worden, daß Paul Singer in den letzten neun Monaten bei Schweizer und kanadischen Banken rund acht Millionen Mark deponiert hatte.

Die Shanahans waren in der ganzen Sache natürlich nur die Strohmänner, die ihren Namen für die Firma hergaben. Sie wurden schließlich auch gegen Kaution aus der Haft entlassen. Es dauerte über ein Jahr, aus den verwickelten Transaktionen Singers eine Anklageschrift zu formulieren. Nach wochenlangem Prozeß fällte das Dubliner Gericht sein Urteil. Paul Singer wurde in neunzehn Fällen des Betruges für schuldig befunden und zu vierzehn Jahren Zuchthaus verurteilt.

Aber nun erst zeigte sich das Genie Paul Singers. Ein anderer

hätte sich höchstens ausgerechnet, nach wieviel Jahren eine gute Führung frühere Entlassung bringen könnte.
Mit solchen Scherzen gab sich Singer gar nicht ab. Mit seinen Anwälten bereitete er die Berufung vor. Im Gefängnis arbeitete er an seinem Fall, als wenn er zu Hause im Büro sei. Vielleicht half es ihm auch ein bißchen, daß die irische Justiz eigentlich gar nicht so sehr darauf erpicht war, ihn vierzehn Jahre behalten zu müssen.
Der Angelpunkt der Berufung war jedenfalls, daß der Obmann der Jury, die ihn verurteilte, selber Briefmarkensammler, also befangen gewesen sei.
Die Berufungsverhandlung bot ein prächtiges Schauspiel. Ein geniales Feuerwerk von entlastenden Aussagen, Plädoyers der Anwälte und Beteuerungen ehrlichster Absichten wurde abgebrannt. Die Geschworenen waren beeindruckt — hier konnte nichts Unrechtes geschehen sein! Im Januar 1962 wurde Singer freigesprochen.
Als freier Mann hielt er eine Pressekonferenz ab. Jeder Gläubiger des Unternehmens werde sein Geld bekommen. Die Firma Shanahan werde alle Schulden begleichen. Dann verreiste Paul Singer — wahrscheinlich dorthin, wo sich sein Geld schon befand.
Vor mir liegt ein Brief von G. W. O'Brien, dem Konkursverwalter, der mir auf dem Briefkopf von ›Shanahan's Stamp Auctions, Ltd. (in Liquidation)‹ im Sommer 1959 schrieb, daß er über Markenbestände vorläufig nicht verfügen könne.
Nun konnte er es. Er ließ seinerseits der Presse eine kleine Erklärung übergeben, daß die sichergestellten Kassenbestände und Markenlager der Firma Shanahan etwa vier Millionen Mark betrügen. Wie hoch eigentlich die Schulden der Firma waren, darüber schien auch nach der Abreise von Mister Singer keine genaue Übersicht zu bestehen. Natürlich war aber klar, daß die Zertifikate, die Shanahan mit jedem im Preis hochgetriebenen Los geliefert hatte, nur interessante Reminiszenzen der Kulturgeschichte der Philatelie geworden waren. Auf die Frage nach ihrem materiellen Wert dürften selbst die Besitzer der merkwürdigen Papiere nach der Abreise des Mister Singer aus Dublin nur ein verlegenes Lächeln gehabt haben.

Die Marke mit dem roten Aufdruck

Aufdrucke auf Briefmarken gibt es in allen Farben, wenn auch die kräftigeren Töne von Schwarz oder Blau, Grün oder Rot bevorzugt werden. Sie sollen ja eine Veränderung gegen-

über der Aussage auf der Marke anzeigen. Aber auch rote Aufdrucke brauchen nicht immer gleich die Ankündigung eines Umsturzes zu sein.
Der englische Philatelist unterscheidet sehr genau zwischen ›surcharge‹ und ›overprint‹, ›Aufdruck‹ und ›Überdruck‹. Mit ersterem, dem Aufdruck, will man einen Überdruck bezeichnen, der die Wertangabe einer Briefmarke bestätigt oder verändert, während jeder Überdruck eben ein Zusatz zum Markenbild nach dem eigentlichen Druck sein soll.
In Deutschland dagegen ist man mit dieser Definition nicht zufrieden. Man sagt hier, daß als Überdruck ein Aufdruck zu bezeichnen sei, der über einen bereits vorhandenen Aufdruck erfolge.
Tatsächlich ist diese Spitzfindigkeit ein Beispiel der Neigung zur Rabulistik, die man speziell unter den Briefmarkensammlern häufig findet. Man will für alles eine ›Definition‹, ein Zauberwort, das haargenau begrenzt, um was es sich im einzelnen handeln darf. Es ist die Variation des Jargons, der Klassensprache oder des Argot, des Rotwelsch, der Sprache der Deklassierten. Diese Sprachen sind weniger ein verbessertes Verständigungsmittel denn eine Abgrenzungsmethode, die den nicht Dazugehörenden ausschließen soll.
Eine besondere Zunftsprache in der Philatelie wäre aber nur eine Angeberei oder einfach Unfug. Alle sogenannten Definitionen, die nicht halbwegs schon aus dem Wort heraus verstanden werden können, müssen in einem so weltweiten Interessengebiet vermieden werden.
Der erste Aufdruck, der mir bekannt ist — und es dürfte wahrscheinlich tatsächlich der erste Aufdruck auf einer Briefmarke sein — ist der vom April 1854, der in Mauritius auf eben neu eingetroffenen, in London gedruckten Marken angebracht wurde.
Die Marken waren im besten Druck bei Perkins, Bacon & Co. hergestellt worden. Mit Spieß und Schild thronte da Britannia. Unten auf der Markenleiste war deutlich das Wort ›Mauritius‹ zu lesen. Aber als ganz neue Einführung hatten diese grünen 4-Pence-Marken keine besondere Wertangabe aufgedruckt. Und da man auf Mauritius ganz sicher gehen wollte, so druckte man nun in schwarzer Farbe im Halbkreis ›Four Pence‹ über die neuen Marken. Zwar war die künstlerische Wirkung ein bißchen beeinträchtigt. Dies war aber den Leuten auf Mauritius lieber als ständige Ungewißheit.
So genau war man anderwärts sonst selten. Wenn man da eine Briefmarke überdruckte, mußte schon ein triftiger Grund vorliegen.
Der für die Post der einsam im Atlantik liegenden britischen Insel Sankt Helena verantwortliche Mann — Gouverneur oder

Generalpostmeister – war ein sparsamer Mensch. Als um 1855 auch an ihn die Frage herantrat, das Porto auf die immer noch etwas neumodische Art mit Briefmarken zu kassieren, beschloß er, scharf zu kalkulieren. Ihm sollte es nicht passieren wie denen auf Mauritius, daß Gravur der Druckplatte und Druck der Marken mehr kosteten, als die Portoeinnahmen der ganzen Auflage betrugen.

Andererseits sollten die ersten Briefmarken von Sankt Helena schon einen würdigen Eindruck machen, vielleicht den Kopf der Königin in einem neuen Stil zeigen. Nun, die Stecher der Londoner Markendruckerei von Perkins, Bacon & Co. würden immer etwas Ausgezeichnetes und Neues bieten können. Aber was mochte es kosten?

Jeder, der in einem besseren Druckverfahren schon einen Auftrag vergeben hat – sei es nur ein Exlibris oder eine Visitenkarte gewesen –, weiß, daß der Druck pro Stück erst bei höherer Auflage billig kommt. So hat schon mancher, vom Preis ›pro Stück‹ fasziniert, eine Druckauflage bestellt, die er eigentlich gar nicht gebraucht hätte.

Der Vertrag, den die Londoner Druckerei schließlich mit Sankt Helena schloß, muß ungefähr so ausgesehen haben, daß die Gravur der Platte nicht zu bezahlen wäre, wenn die Post von Sankt Helena sich verpflichtete, im Laufe der Jahre eine hohe Auflage abzunehmen.

So wurde im Januar 1856 tatsächlich die erste Lieferung – eine sehr schöne blaue Marke im Hochformat mit der Wertbezeichnung SIX PENCE auf Sankt Helena ausgegeben. Um es gleich zu sagen: Die vertraglich abgemachte Auflage dieser 6-Pence-Marke reichte siebzehn lange Jahre. Und es war natürlich nicht so, daß die Post von Sankt Helena für alle Entfernungen und alle Gewichte einen Einheitstarif von sechs Pence hätte einführen können, nur weil sie keine andere Briefmarke zur Verfügung hatte.

Hier bedeutete nun die Möglichkeit des Wertaufdrucks die Rettung. Die Post von Sankt Helena ließ in London von ihrer 6-Pence-Platte Briefmarken in allen Farben drucken. An der Unterleiste der Marke, dort wo der alte Wertaufdruck SIX PENCE stand, wurde in schwarzer Farbe der neue Wert eingedruckt. So hatte Sankt Helena seine ganze Briefmarkenserie, bei der nur immer der Wert von 6 Pence keinen Überdruck besaß.

Diese Aufdruckmethode war man mit der Zeit auf Sankt Helena so gewöhnt, daß sie Tradition wurde. Bis 1890, also vierunddreißig Jahre lang, lieferte die alte 6-Pence-Platte Briefmarken in wechselnden Farben mit Aufdrucken von einem halben Penny bis fünf Schilling.

Mit der Manipulation des Wertes konnte mit dem Aufdruck

natürlich auch die Gattung der Marke geändert werden. Freimarken wurden durch Aufdruck immer wieder in Dienstmarken der Behörden oder Portomarken zur Einziehung von Nachgebühren umgewandelt. Für solche eher halböffentlichen Aufgaben ersparte man sich oft den Entwurf eines besonderen neuen Briefmarkenbildes. Ein Aufdruck auf den gängigen Freimarken, der den neuen Charakter der Marke ankündet, genügt eigentlich für diese Aufgaben immer. Das Ganze ist mehr eine diensttechnische Angelegenheit, die wenig Raum für kulturgeschichtliche Erörterungen bietet.
Da wird es bei einer anderen Gattung von Aufdrucken, nämlich denen, die den Verwendungsbezirk ändern, sofort viel interessanter. In Deutschland hatten wir die ersten derartigen Wertzeichen schon 1884. Es waren die Marken der Deutschen Reichspost mit dem Überdruck türkischer Währung. Damit war die Verwendung der Marke für einen anderen Geltungsbereich ausgedrückt. Die Para- und Piaster-Aufdrucke besagten, daß die Marke für die Aufgabe von Post in den deutschen Postanstalten von Konstantinopel und einigen anderen türkischen Städten zu verwenden war. Auch in Marokko hatte das Deutsche Reich solche Postrechte. Dort kam 1899 die gängige Reichspostserie mit dem Aufdruck ›Marocco‹ heraus. Ein Jahr zuvor war für die deutschen Postanstalten in China die Reichspostserie mit dem Aufdruck ›China‹ ausgegeben worden. Ähnliche Überdrucke wurden für die deutschen Kolonien hergestellt, bevor dort allgemein die Schiffsserie mit der Jacht des Kaisers als zentrales Motiv erschien.
In diesem Bereich waren die deutschen Aufdruckmarken natürlich nicht der Ausdruck umstürzlerischer Ereignisse, sondern nur eine Demonstration wohlerworbener Rechte, wenigstens soweit sie das Deutsche Reich betraf. Was die anderen darüber dachten, stand nicht auf den Briefmarken.
Schärfer wurde die Ankündigung einer neuen Herrschaft mit jenen Marken ausgedrückt, die als Besatzungsausgaben des Ersten Weltkrieges galten. Zum Unterschied von den deutschen Briefmarken für das besetzte Elsaß-Lothringen von 1870/71, die in neutraler Zeichnung und in französischer Sprache nur ihren Postzweck und ihren Portowert nannten, kamen die deutschen Besatzungsmarken von 1914 brutaler daher. Es waren die Marken der gepanzerten Germania, bei deren Aufdruck man gar nicht daran dachte, etwa das Wort ›Deutsches Reich‹ zu verdecken. Die Aufdrucke ›Belgien‹ und ›3 Centimes‹ waren Zusätze. Sie sollten neben der postalischen Aufgabe zugleich die Erweiterung des deutschen Machtbereichs dartun. Solche Aufdruckmarken mit der Germania als dem Grundmotiv gab es für die besetzten Gebiete des Westens und für die besetzten Länder im Osten: für das be-

setzte Litauen und Kurland, Estland und Livland als ›Postgebiet Oberbefehlshaber Osten‹, für das besetzte Polen mit dem Aufdruck ›Russisch Polen‹, für die deutsche Militärverwaltung in Rumänien mit den Aufdrucken ›M.V.i.R.‹ und ›Rumänien‹, für das Etappengebiet der 9. Armee mit dem Kastenaufdruck ›Gültig 9. Armee‹. Aber dann kam 1918 der Umsturz. Das heißt — und so können Briefmarken irreführen —, bei den Briefmarken gab es gar keinen Umsturz. Das seit vielen Jahren als banal und vulgär angefeindete Motiv der gepanzerten Germania wurde durch keinerlei Überdruck berichtigt. Es blieb, wie es war, auch in der jungen Republik.
Ein politischer Umsturz drückte sich nur auf den bayerischen Briefmarken aus. Dort wurde die Serie mit dem Bild des bayerischen Königs bald durch den Aufdruck ›Volksstaat Bayern‹ korrigiert. Es war ebenfalls in Bayern, wo sich die Hoffnung auf eine neue Zeit, auf eine neue Epoche der Brüderlichkeit auch außerhalb des politischen Bereichs und im bürgerlichen Bezirk am unmittelbarsten ausdrückte. Es erschien wie eine Korrektur dieser Hoffnung, daß sich der Überdruck auf den bayerischen Marken bald vom ›Volksstaat Bayern‹ in das unverbindlich-korrektere ›Freistaat Bayern‹ wandelte. Zuvor hatte es noch ein bemerkenswertes philatelistisches Zwischenspiel gegeben. Die bayerische Regierung Hoffmann war vor der Tragikomödie der Räterepublik von München nach Bamberg geflohen, sorgte sich um den ordentlichen Briefmarkenvertrieb und bestellte sofort in Berlin die Germaniaserie mit dem Überdruck ›Freistaat Bayern‹. Mit diesen Marken im Stil der Deutschen Besatzungsausgaben des Zweiten Weltkriegs ist der Einmarsch der preußischen Truppen unter General von Oven am 1. Mai 1919 in München nicht ganz unzutreffend symbolisiert.
Andere können auch Überdrucke herstellen. Es scheint, daß besonders die Polen schon länger den Wunsch gehabt hatten, auch einmal die Germania zu bedrucken. Bereits im Dezember 1918 überdruckte die polnische Post die Vorräte an Germania-Marken, die ihr in die Hände gefallen waren. Diese Marken hatten bereits den Aufdruck ›Gen.-Gouv. Warschau‹. Ein neuer Überdruck durchstrich diese Bezeichnung und zeigte den Aufdruck ›Poczta Polska‹. Von der Germania war kaum mehr etwas zu sehen. Aber das ›Deutsche Reich‹ war zäh. Trotz aller Überdrucke blieb es in der Praxis auf dem Großteil der Auflage undurchstrichen und weiter zu lesen.
Germania-Marken schien es weiterhin in Polen genug zu geben. Im August 1919 stellte man in Posen eine Aushilfsausgabe aus Germania-Marken her. Diesmal waren es noch völlig unüberdruckte Marken, die in der Markenmitte, also über der Germania, den Aufdruck ›Poczta Polska‹ und über

der Unterleiste über dem ›Deutsches Reich‹ einen Strich erhielten. Aus drei verschiedenen Germania-Werten wurden Marken zu 5 Fenigow und aus zwei Germania-Werten, der 25 und der 40 Pfennig, wurden Marken zu 10 Fenigow hergestellt. Einen Monat später gab es ungenügenden Markennachschub. So stellten die Posener im September ihre zweite und letzte Germania-Aushilfsausgabe her. Diesmal wurde lediglich das Mittelstück, also die Germania, überdruckt. Graue 2-Pfennig-Marken wurden mit einer roten Fünf, Marken zu 7½ Pfennig in Orange wurden mit einer schwarzen Zehn überdruckt. Die Marken hatten eine kleine Auflage und waren von Sammlern bald begehrt. Unglücklicherweise scheinen nicht nur die polnische Post in Posen, sondern auch andere Leute genügende Vorräte von deutschen 2-Pfennig- und 7½-Pfennig-Marken besessen zu haben. Es begann in allen Winkeln ein emsiges Drucken von Posener Provisorien. Und man kann dieses Kapitel mit dem abgewandelten Satz aus dem Märchen beschließen: Und wenn sie nicht gestorben sind, dann drucken sie noch heute.

Da die meisten Aufdrucke doch in schwarzer Farbe erfolgen, soll dieses Kapitel mit einer Serie abgeschlossen werden, bei der alle vierzehn Werte roten Aufdruck erhielten – also auch die roten Marken, was durchaus ungewöhnlich ist.

Im Juni 1948 wurde in den westlichen Besatzungszonen Deutschlands die Währungsreform durchgeführt. Damit mußten natürlich auch an diesem Tage, dem 21. Juni, Briefmarken der neuen Währung zur Verfügung stehen. Diese ›neuen‹ Marken fertigte man durch Überdruck der alten an. In einer Reihe von Privatdruckereien wurde die sogenannte zweite Kontrollratsausgabe, eine Gemeinschaftsausgabe für die amerikanische, britische und sowjetische Besatzungszone, die als Motiv Arbeiter- und Bauerntypen zeigte, teils mit einem Posthörnchen-Streifen, teils mit einer Posthörnchen-Tapete überdruckt.

Durch die Währungsreform war nun eine Grenze durch Deutschland gezogen. Der besondere Status Berlins hielt diese Grenze aber dort noch undefiniert, wie wallende Nebelbänke, die sich noch nicht entschieden haben, ob sie bleiben oder sich auflösen sollen.

Die im Westen nur gegen neues Geld erhältlichen Aufdruckmarken wurden in Berlin gegen Ostwährung abgegeben. Zugleich galten auch die Marken der sowjetischen Besatzungszone.

Am 1. September wurden jedoch – auf der gleichen Arbeiter- und Bauernserie – für West-Berlin besondere Aufdruckmarken ausgegeben. Sie trugen schräg den schwarzen Aufdruck ›Berlin‹. Mit diesen Marken kam aber die neue Westwährung noch nicht in den Westsektor von Berlin. Dieser Schritt erfolgte zögernder. Am 20. Januar 1949 verwandelte sich bei gewissen Markenwerten der Schwarzaufdruck ›Berlin‹ in einen Rotaufdruck. Am 21. März kam die ganze Serie von 2 Pfennig bis 2 Mark mit dem roten Überdruck ›Berlin‹ heraus. Die Währungsreform des Westens war für West-Berlin übernommen worden.

Dies war die Zeit, da das Geld knapp wurde. Niemand dachte daran, sich mit den paar Mark, die ihm zur Verfügung standen, etwa überflüssige Briefmarken zu kaufen. Man fragte sich schon beim Briefschreiben, ob das auch wirklich notwendig sei. Wer hätte da noch Marken zum Beiseitelegen, zum Aufheben gekauft?

Und das ist das Geheimnis der Serie mit dem roten ›Berlin‹-Aufdruck: Sie ist heute in gestempelten Exemplaren schon selten, aber in postfrischen Stücken gehört sie zu den modernen Raritäten. Darum bezahlt man für diese Serie, die am Postschalter im Jahr 1949 nur sechs Mark sechsundvierzig kostete, in ungebrauchtem Zustand sechshundert Mark. Bei Einzelmarken des Satzes ist diese Preiserhöhung noch bemerkenswerter. Für den gelborangenen 25-Pfennig-Wert mit dem Baumpflanzermotiv, für den man ohne Aufdruck fünf Pfennig zu zahlen hat, muß man mit dem roten Aufdruck ›Berlin‹ über das Tausendfache anlegen. Es ist aber gut, hier anzumerken, daß diese Wunder von Preiserhöhungen nur bei Marken geschehen, für die sich am Ausgabetag wenig Leute interessieren. Es sind die Zeiten, wo man die Wahl hat, sich entweder für ein Pfund Butter oder für einen Satz Briefmarken zu entscheiden.

In Zeiten, da den Bürgern das Geld aus der Tasche quillt und man es für eine gute Idee hält, sich einen Bogen Briefmarken als Kapitalanlage vom Postamt zu holen, ist die Situation bedeutend ungünstiger. Da kann man dann meist auf eine Zeit warten, in der diese Leute sich ihre Bogen gegenseitig zum Kauf anbieten — und das zu fallenden Preisen, für die der Satz der roten Aufdrucke von Berlin kein Beispiel ist.

Provisorien und Schwindelausgaben

Ein klassischer Bereich für Briefmarkenprovisorien und auch Schwindelausgaben, für notwendige und weniger notwendige Aushilfsauflagen wurde durch den russischen Februaraufstand von 1917 eröffnet. Drei Jahre wogte die Revolution durch die russischen Gebiete Europas und Asiens. Da und dort hielten Generale des Zaren weite Gebiete fest in der

Hand, bis auch hier die alten Mächte zu zerbröckeln begannen.
Merkwürdigerweise waren es durchaus nicht die Bolschewisten, die die feinen Möglichkeiten einer weltweiten Propaganda ausnützen, die in der geschickten Ausgabe von Briefmarkenserien liegen kann. Es waren die konservativen zaristischen Generale, die der Welt ihre Existenz durch Ausgabe von Briefmarken für die von ihnen noch immer beherrschten Gebiete demonstrierten, während die Bolschewisten mit einer gewissen ehrlichen Naivität Briefmarken für den Postbetrieb herstellten.
Wir schreiben den Januar 1919. Hugo Michel hat in Weimar soeben seinen neuen Europa-Katalog herausgebracht. Dort schreibt er in seinem Vorwort: »Deutschland liegt wehrlos, ehrlos am Boden. Blutend aus tausend Wunden, zum Gerippe gehungert, zerschlissen Wams und Schuh und frierend, erschauernd im Rotegrippefieber, umlauert von Aasgeiern und Hyänen, die seine Wunden hacken und reißen, umkreist von Tiger, Löwe, Leopard, die gierig wägen, wieviel aus diesem Rumpf wohl noch Blut zu saugen sei, ohne daß er ganz verende. Aber noch schlägt in diesem Deutschen ein starkes kühnes Herz! Unbesiegt verläßt er die Walstatt ... Darum herunter mit der Gasmaske, Ihr Völker, nieder mit dem Stacheldraht und her mit der Bruderhand!
... Und wie der Michel-Katalog Führer war in Kriegsnöten der Philatelie, so will er weiter ihr Führer sein ...«
Es war eine pathetische Zeit, fast schon unverständlich für den, der sie miterlebte und später nochmals miterleben mußte. Veränderungen, die heute durch Rundfunk und Fernsehen über Nacht bekannt sind oder bekannt sein könnten, brauchten Jahre, bis sie zur Notiz genommen wurden. Im Februar 1917 hatte die russische Revolution begonnen. Zwei Jahre später war der militärische Widerstand der Generale noch nicht gebrochen. Die bürgerliche Regierung Kerenski blieb eine kurze Episode. Unter Kerenski waren neue russische Briefmarken vorbereitet worden. Sie zeigten ein Schwert, das unter einer neuen Sonne die Kette durchschlägt. Sie wurden aber erst unter der bolschewistischen Regierung ausgegeben. Zwar hatte die Sowjetregierung Portofreiheit dekretiert, sie galt aber nur für Postkarten und einfache Briefe. Die beiden Werte zu 35 und 70 Kopeken dieser Serie waren in Deutschland Anfang 1919 noch unbekannt. Dafür registrierte der Michel-Katalog eine Serie unter ›Vorläufige Regierung (Ausgabe der revolutionären Machthaber)‹, die in Wirklichkeit nicht erschienen ist. Es sollte sich um einen über je vier Marken gehenden Überdruck auf zaristischen Marken handeln, der zwei gekreuzte Schwerter, eine Jakobinermütze und die

Oben: Kehrdruck von Argentinien.
Unten: Schiffchenmarken von Buenos Aires.

Umschrift ›Brüderlichkeit, Gleichheit, Freiheit‹ – in Umkehrung der französischen Parole – zeigte. Tatsächlich hatte aber die Kerenski-Regierung wegen der großen Papierknappheit wichtige Bekanntmachungen wie die Abdankung des Zaren Nikolaus und andere Aufrufe auf Briefmarkenbogen der Romanow-Serie drucken lassen, die zum Ankleben bequemerweise ja auch schon gummiert waren. Es scheint, daß der genannte Aufdruck eines ›Revolutionswappens‹ Teil eines solchen Aufrufs gewesen ist, der von schlauen Leuten als Briefmarken-Überdruck herausgetrennt wurde.

Die deutschen Kataloge konnten aber schon eine andere philatelistisch bemerkenswerte Emission der Kerenski-Regierung registrieren. Es handelte sich um Briefmarkengeld, das in den späteren Kriegsjahren noch unter der zaristischen Regierung hergestellt worden war. Man nahm dazu einfach die Druckplatten der Romanow-Serie. Nur wurde der Druck nicht auf dünnem gummiertem Papier, wie bei den normalen Briefmarken, durchgeführt, sondern auf ungummiertem Karton. Dieser bekam auf der Rückseite noch eine entsprechende Inschrift. Im November 1915 hatte die russische Staatsbank solches Briefmarkengeld in den Werten von 10, 15 und 20 Kopeken herausgebracht. Die Inschrift auf der Rückseite besagte, daß die Karton-Marke gleichen Wert wie silbernes Kleingeld habe. Wer eine solche Briefmarke fälschte – und das wurde auch gemacht – war ein Geldfälscher, wenn auch das Markengeld auf Briefe als Porto geklebt werden konnte. Wegen der unbequemen Dicke des Kartons und des Fehlens der Gummierung geschah dies aber selten.

In der zweiten Hälfte des Jahres 1919 war der letzte große militärische Versuch unternommen worden, die bolschewistische Regierung in Rußland zu zerschlagen. Der Hauptstoß erfolgte durch Admiral Koltschak von Sibirien her, das er fest in seiner Hand hatte. Sein Regime fühlte sich so sehr als der legale Vertreter der zaristischen Regierung, daß es verschmähte, etwa Armeemarken oder ähnliche Variationen auszugeben. Die Koltschak-Regierung verwendete die vorhandenen normalen Bestände der russischen Post aus den Ausgaben der Jahre 1909 und 1915 mit dem russischen Doppeladler als Zentralmotiv. Lediglich neue Wertangaben der veränderten Posttarife wurden in einfachen Zahlen aufgedruckt.

General Judenitsch, der mit seiner Nordwestarmee eine Offensive gegen Petrograd vortrug, benutzte für seinen Postbereich ebenfalls Markenbestände der zaristischen Post. Ihm standen fünfzehn verschiedene Werte von 2 Kopeken bis zu 10 Rubel zur Verfügung, die er alle mit einem zweizeiligen Aufdruck ›Nordwestarmee‹ versehen ließ. Da die Verbindungen nach Westeuropa hier besser waren, hatte die Judenitsch-

Verwaltung ihr Auge sicherlich auch auf die finanziellen Ergebnisse des Briefmarkenabsatzes gerichtet. Sie gab spät noch eine Serie von fünf auf Zigarettenpapier gedruckten Armeemarken heraus, die in Mengen ihren Weg — ungestempelt oder mit Gefälligkeitsstempeln — nach dem Westen fanden. Echt gelaufene Briefe dieser Judenitsch-Armeemarken sind gesuchte Dokumente der Zeit.

Die in Lettland stehende Westarmee des Generals Awaloff-Bermondt ist in den Geschichtsbüchern schwerer zu finden als in den Briefmarkenkatalogen. Awaloff bediente sich der lettischen Briefmarken, die er durch Aufdruck eines russischen Kreuzes — zwei obere Querbalken und ein unterer schräger — in einem Kreis in Armeemarken umwandelte. Davon ließ er in drei Tagen, vom 10. bis 13. Oktober 1919, vier verschiedene Serien drucken. Einen Monat später kam die Awaloff-Post in den Besitz russischer Marken, aus denen sie durch Überdruck zwei Serien von vierzehn Werten herstellte. Eine weitere Serie eines eigenen Briefmarkenentwurfes ›Russischer Doppeladler mit Inschrift Russische Post‹ in acht Werten kam ungezähnt und gezähnt zwar nicht mehr in den Verkehr, wohl aber in den Briefmarkenhandel.

Das Aufmarsch- und Verwaltungsgebiet der Armee Denikin war jedoch keine solche Dreigroschenoper-Kulisse. Der General Denikin hatte als Basis eine Reihe von Bezirken am Don und in der Ukraine fest in der Hand. Hier mobilisierte er ganz regulär die Einwohner und schob seine Front gegen Moskau vor, das in tödliche Bedrohung kam.

In seinem Herrschaftsgebiet gab Denikin seine Marken heraus, die den alten zaristischen glichen. Nur zeigten sie im zentralen Oval nicht den Doppeladler, sondern den heiligen Georg. Die Serie von elf Werten ging von 5 Kopeken bis zu 10 Rubel, gab also keine Geldentwertung zu erkennen.

Es war Budjonnys Reiterarmee, die die Vorstellung eines festgefügten, sich erweiternden Verwaltungsbereiches der Denikin-Armee zerschlug. Im Oktober 1919 nahmen die Reiter Budjonnys die Stadt Woronesch und fegten dabei die Kosaken Denikins vor sich her. Die Kosaken waren aber der Kern der Weißen Armee neben den zum Militärdienst gezwungenen Bauern. Das Herrschaftsgebiet Denikins begann rasch und rascher abzubröckeln, schließlich zu zerfallen. Die Bolschewisten hatten ihren Komsomol bis zum letzten Jungen mobilisiert und an die Front geworfen. Diese Kerntruppe aus den großen Städten drängte nun nach Süden vor. Die Macht Denikins ging zu Ende.

Es war nun General Wrangel, der die letzte Bastion hielt. Die Krim war noch fest in seiner Hand. Mit Hilfe des aus dem Westen fließenden Materials verschloß Wrangel die schmale

Landenge von Perekop mit einer uneinnehmbar scheinenden Befestigungskette. Wie Formosa war die Krim als eine Bastion gedacht, aus der eines Tages das alte Regime wieder Rußland übernehmen würde.

Mit hinreichendem Nachschub von außen schien die Krim zu halten zu sein, da auch die Schwarzmeerflotte fest in der Hand der Weißen Generale war. So richtete sich Wrangel auf sein Bleiben ein. Er gab neue Briefmarken heraus, indem er die alten russischen Marken zu 5 und zu 20 Kopeken und dann auch den Wert der Denikin-Ausgabe zu 35 Kopeken mit dem Aufdruck des neuen Wertes versehen ließ. So wurden aus allen drei Werten 5-Rubel-Marken. Bald darauf wurden die alten orangegelben 1-Kopeken-Marken der russischen Post mit vierzeiligem Aufdruck ›Süd-Rußland 100 Rubel‹ versehen. Die Inflation begann auch in dem Verwaltungsbezirk Wrangels.

In der Nacht vom 7. auf den 8. November brachen die roten Truppen jedoch durch die Perekoper Befestigungen. Sie waren in der Krim. Die Stimmung der Truppen Wrangels war so, daß nur rasche Evakuierung den vollständigen Zusammenbruch verhindern konnte.

Es hatte sich gezeigt, daß die Krim eben doch keine wirkliche Insel und daß das Schwarze Meer kein Pazifischer Ozean war. Sonst säße heute die Regierung Wrangel noch auf der Krim wie die Regierung Tschiangkaischek auf Formosa.

Die Truppentransporter hatten die Reste der weißrussischen Armee in Lager befreundeter Staaten am Mittelmeer gebracht. Man hatte ihnen Territorien zur Lagererrichtung in Konstantinopel, Smyrna, Tripolis und Biserta gewährt. Hier fühlten sie sich zumindest immer noch als die legalen Überreste einer großen Staatsmaschinerie, die für die Welt auch die ideellen und juristischen Vertreter des großen russischen Reiches waren. Ihre anerkannten Gesandten saßen noch in den Hauptstädten der Welt. Die Bolschewisten erfreuten sich einer solchen Anerkennung noch nicht.

In diese Lager hatten die Reste der zaristischen Militärmacht auch einen Postbeamtenapparat und größere Markenvorräte gerettet. Natürlich suchte man die legale Fortexistenz auch dadurch zu betonen, daß man für den Briefverkehr zwischen den Lagern am Mittelmeer die eigenen russischen Briefmarken weiter verwendete.

Die russische Inflation war in die Lager der Weißen gefolgt. Man begann den eigenen Banknoten zu mißtrauen. Auch das Briefporto schnellte empor. Man stellte Überdruckplatten zu 1000, 5000, 10 000 und 20 000 Rubel her. Mit diesen wurden alle geretteten Markenvorräte überdruckt, auch die der Marken Denikins und der russischen Levante-Postämter. Nach

einem ersten, in zwei Typen in Satz gebrachten Überdruck wurden ornamentierte Klischees für Überdrucke zu 10 000 und 20 000 Rubel angefertigt.
Da sehr große Vorräte der verschiedensten Marken aus den verschiedensten Postämtern mitgenommen worden waren, ergaben sich zuletzt 176 verschiedene Marken-Aufdruckkombinationen. Wie wir sahen, waren aber tatsächlich nur vier Wertstufen hergestellt worden. Die für den Philatelisten interessant erscheinenden Variationen ergaben sich natürlicherweise aus den Umständen.
Es ist durchaus verständlich, daß diese Emigranten, die sich eben nicht als Emigranten, sondern als die einzig legalen Vertreter Rußlands fühlten, ihr Postregal weiter auszuüben suchten. Dies konnte nur auf und zwischen den kleinen Territorien geschehen, die ihnen — wie man damals durchaus dachte — nur zeitweise bis zur Wiederinstallierung auf eigenem Staatsgebiet zur Verfügung gestellt worden waren. Es liegt in der Natur der Sache, daß die Marken der russischen Post, die in diesem Interim verwendet wurden, einen entsprechenden Aufdruck erhielten.
Philatelistische Experten wenden gegen diese historisch verständlichen Ausgaben ein, daß sie der Absicht ›finanzieller Spekulation‹ entsprungen seien. Allzu viele Spekulationskonsortien bringen sich heute in der Geburtsstunde neuer Briefmarken in eine günstige Position, als daß man einen solchen Vorwand ernst nehmen könnte.
Es ist jedoch anzunehmen, daß es den zaristischen Gruppen damals auch wichtig war, für ihre politischen Absichten aus allen irgendwie möglichen Quellen Geld flüssig zu machen. Wenn darunter auch die Idee des Verkaufs von Briefmarken an Sammler eine Rolle gespielt haben sollte, so ist das etwas, was heute jede Regierung betreibt. Die Wrangel-Marken der Mittelmeerlager sind Dokumente aus der letzten Phase des Widerstandes der zaristischen Staatsmaschinerie. Hier begann die Auflösung hin zum bitteren Schicksal des Exils.
Obwohl wir es heute nahezu sofort erfahren, wenn irgendwo in einem fernen Winkel der Welt ein Autobus auf steiler Bergstraße vom Wege abkommt, so sind doch die exakten Nachrichten über die Situation beispielsweise in Südvietnam nicht immer in die beste Klarheit getaucht. Natürlich war das vor fünfundvierzig Jahren für den russischen Revolutionsschauplatz nicht besser. Am fixesten informierten sich anscheinend immer noch jene Leute in Italien, die ganze Sätze von Briefmarken für nicht mehr existierende Postverwaltungen produzierten. So stellten italienische Fälscher nun in den beginnenden zwanziger Jahren höhere Werte von 1 bis 50 Rubel zu der Denikin-Serie her. Aber diese Schwindler mach-

ten nicht nur die Briefmarken der einen Seite interessant. Sie stellten auch ›Neuausgaben‹ der Bolschewiki her, wohl um die Welt für deren mangelnde Ausgabenfreudigkeit zu entschädigen. Ende 1921 oder zu Anfang 1922 erschien eine phantasievolle Serie von sieben Marken, die als ›Hungerausgabe für Odessa‹ bekannt ist. Auch diese Fälschungen wurden wahrscheinlich in Italien und nicht in Odessa hergestellt. Die Motive waren so neutral, daß sie wohl den Weißen wie den Roten gefallen sollten. Ihr Wertbereich ging von 250 bis zu 10 000 Rubel. Die Fälscher waren übrigens die einzigen, die in ihrem Markendruck wirklich mit der russischen Inflation Schritt zu halten suchten. Es war wohl November 1922, als sie ihre Bogusserie von fünf Marken herausbrachten, deren Wertbezeichnung von 10 000 Rubel bis zum Wert von 450 000 Rubel ging. Die Marken waren künstlerisch durchaus ansprechend ausgeführt und erkannten in ihren Motiven die Übernahme der Macht durch die Bolschewiken an. Während die ersten drei Werte der Serie Symbole trugen – sie zeigten einen Schmied am Amboß, einen Soldaten auf der Wacht und Hammer und Sichel vor reifenden Ähren –, brachten die beiden höchsten Werte die Führer der Revolution, Lenin und Trotzki. So ist der höchste Wert dieser Bogusausgabe die einzige Briefmarke, auf der Trotzki porträtiert ist. Der wirkliche Ursprung dieser Serie ist unbekannt.

Der blanke Schwindel

Während wir im letzten Kapitel das Ineinanderfließen von Provisorien und Spekulationsausgaben in turbulenten Zeiten schilderten, müssen wir doch auch ein Kapitel dem reinen Schwindel widmen: jenen Markenserien, die einfach irgendein Privatmann oder Händler herstellt, ohne auch nur den Schimmer eines realen Hintergrundes, lediglich zu dem Zweck, das Geld der Einfältigen in seine Kasse zu bringen.
Wenn Geschichten über Schwindeleien mit Briefmarken erzählt werden, dann ist es sicher, daß auch über die bunten Marken des Königreichs Sedang gesprochen wird. Sie gelten als Muster des blankesten Schwindels. Wie wir sehen werden, sind sie dafür eigentlich aber doch nicht das beste Beispiel. So simpel, wie die Geschichte dann obendrein erzählt wird, ist sie auch gar nicht. Der König von Sedang kam nämlich tatsächlich aus Sedang. Und wenn wir in unserem großen Weltatlas auch diese Gegend durchaus nicht finden, so heißt das nicht, daß sie nie existierte. Der Held unserer Geschichte war ein französischer Abenteurer, David de Mayrena, der im Ge-

folge einer katholischen Mission von Annam aus weit in das Hinterland bis in das Gebiet der Sedangs vordrang. Ob dieses mit dem Gebiet von Khong Sedone an einem Nebenfluß des Mekong identisch ist, wissen wir nicht. Jedenfalls bekämpfte er dort eine Epidemie mit seinem europäischen Medizinkasten. Da er dabei auch einige Vornehme des Stammes heilte, bekam er die einzige Tochter des Stammesfürsten zur Frau. Sie wurde ihm bei einem großen Fest aller Stämme angetraut. Dies stieg ihm offensichtlich zu Kopf. Jedenfalls wollte er schleunigst nach Paris, um ein Bündnis mit Frankreich zu schließen, wobei er sich auch seinen Königstitel bestätigen lassen konnte. Solche Prozeduren waren durchaus üblich, und es ist unklar, wieso die Sache für Mayrena eigentlich schiefgegangen ist.

In Hongkong machte der dortige französische Konsul schon eine große Sache aus dem Fürsten oder König von Sedang. Selbst in Paris war er eine ganze Weile eine Sehenswürdigkeit. Als sein Kredit noch groß war, bestellte er in einer Druckerei eine Serie von sieben Briefmarken mit der Inschrift ›Deh Sedang‹ und mit dem königlichen Wappen als zentralem Motiv.

Die Werte gingen von einem halben Math bis zu einem Dollar. Sie hatten als Grundlage eine Währung aus Maths und Mouks und Dollars. Ehe die Marken fertig gedruckt waren, bekam David de Mayrena ein ungutes Gefühl. Er hatte den Eindruck, daß seine Beziehungen zu den französischen Behörden nicht auf gleicher Höhe mit seinen Schulden standen. Er erinnerte sich einiger Termine, die er in Sedang einzuhalten hatte, und reiste in aller Eile, aber auch in aller Stille nach dem fernen Indochina zurück.

Die Druckerei, die die exotisch bunten Marken fertiggestellt hatte, mußte sie nun selbst in den Handel bringen, um zumindest ihre Unkosten zu decken. Ob sie sie als ›nicht verausgabt‹ oder als ›aus dem Verkehr gezogen‹ bezeichnete, ist uns nicht bekannt. Wenn man sie als Illustration zu dieser ungewöhnlichen Geschichte nimmt, sind sie sicherlich interessant. Aber als nackte Schwindelausgabe taugen sie nicht. Die macht man heute übrigens, ohne vom Schreibtisch aufzustehen, per Telefon, wie uns manches Beispiel vermuten läßt. Zur Not kann man die Ausgabe einer neuen exotischen Markenserie auch in einem New Yorker Restaurant organisieren, wie Mister S. es einem weiten Publikum in einer deutschen Illustrierten schilderte.

Da gab es einen Prinzen aus Yemen in New York, der war etwa 75 Prozent weniger Prinz, als David de Mayrena König in Sedang war. Zugunsten seiner Geschichte konstruiert Henry S. die königliche Verwandtschaft des Fürsten recht unjuristisch aus einer Milchbruderschaft mit einem einstigen Beherrscher des Jemens, der ungenannt bleibt. Aber es muß zugestanden werden, eines Tages trifft S. diesen sogenannten Prinzen tatsächlich in dunklem Anzug und mit einem Turban, in einem eleganten New Yorker Restaurant. Dies ist Grund genug für die Firma S., zwischen zwei Whiskys die Herausgabe von Briefmarken für das Königreich Yemen zu beschließen, mit dem beturbanten Gentleman als Bildmotiv. Mister S. läßt den ›Prinzen‹ nach der Rückkehr in den Yemen den Kopf durch den Henker verlieren — wir wollen hoffen, daß dies nur geschah, um der Geschichte einen effektvollen Abschluß zu geben.

Man war es in New York gewöhnt, in schönster Kumpanei mit solchen Herren die Ausgabe von Briefmarkenserien zu beschließen, die dann an die Schulkinder der Welt abgesetzt wurden.

Da erschien in den fünfziger Jahren ein gewisser Herr Karel J. V. Nikijuluw bei den Direktoren einer großen amerikanischen Briefmarkenhandelsfirma. Er kam vielleicht auch in Tarbusch oder Turban, denn er stellte sich als beglaubigter Vertreter der Republik Maluku Selatan vor. Diese Republik lag angeblich irgendwo in den Südmolukken.

Zwar schienen dort weder Post noch Postamt, weder Briefträger noch Briefschreiber vorhanden zu sein, aber die smarten Geschäftsleute des Handelshauses hielten es doch für recht gewissenhaft von Herrn Nikijuluw, daß er es als eine schwere Unterlassungssünde betrachtete, wenn in den Südmolukken keine südmolukkischen Briefmarken vorhanden seien, falls eines Tages dort tatsächlich welche verlangt würden. Daher gaben die Herren Direktoren sofort bei der Wiener Staatsdruckerei viele schöne Serien in Auftrag, die mit Vögeln und Fischen und Schmetterlingen geziert waren. Sie wurden als Dreiecke und als Quadrate, nur nicht im normalen Briefmarkenformat geliefert. Über die Währung in dieser Weltgegend waren sich die Herren Direktoren unsicher gewesen. So wurden die Marken in ›K‹ ausgestellt, vielleicht aus heimatlicher Erinnerung des Herrn Nikijuluw, der an die Kopeken seiner Jugend gedacht hatte.

Immerhin gingen die Millionenauflagen dieser ›Briefmarken‹ ein paar Jahre lang in die Alben der besonders harmlosen Sammler ein, bis man von England und der Schweiz her auf den Schwindel aufmerksam machte. Aber diese ärgerliche Zeit ging auch vorüber, die wesentlichen Quantitäten der Auflagen waren abgesetzt, und es wuchs Gras über die Sache. So langes Gras, daß die Direktoren der Firma wieder zu scherzen beginnen. Es ist nicht unmöglich, daß nächstens wieder ein paar Republiken ausgerufen werden.

Zwei Epochen.
Oben: Wappenmarken
Unten: Prinzregentenmarke von Bayern.

Die Luftpostmarken

Die Beförderung von Briefschaften durch die Luft war von Anfang an mit allen Experimenten des Fliegens verknüpft. Der Flug vermittelte die Vorstellung großer Geschwindigkeit oder zumindest schnellster Verbindung auf möglichst geradem Weg. So wurde jedem Luftvehikel sogleich Post anvertraut, mochte es in der Praxis auch mit der schnellen Übermittlung an den Empfänger noch nicht allzuweit her sein.
Der erste Posttransport durch die Luft erfolgte in einem Ballon. Bekannt sind die Brieftransporte aus dem belagerten Paris der Jahre 1870/71 durch Ballone. Die erste Ballonpost, zu der besondere Briefmarken ausgegeben wurden, startete 1877 mit dem Ballon ›Buffalo‹ in den Vereinigten Staaten. Der Flug ging von Nashville in Tennessee bis Galatin, das immerhin vierzig Kilometer entfernt liegt. Er wurde natürlich privat durchgeführt, aber es wurden richtige Ballonpost-Briefmarken verkauft, die den Ballon im Fluge zeigten und oben die Aufschrift ›Balloon Postage‹ und unten die Wertbezeichnung ›Five Cents‹ trugen. Die Karten und Briefe waren zusätzlich mit den normalen Marken der amerikanischen Post freigemacht und wurden offensichtlich in Galatin vom Ballonführer dem Postamt übergeben.
Eine ähnliche Marke kennen wir übrigens aus dem Jahre 1885 von der Hamburger Privatpost. Auch hier ist als zentrales Motiv ein Luftballon abgebildet. Die hohe Wertbezeichnung ›1 Mark‹ scheint darauf hinzudeuten, daß sie auch bei einem Ballonflug benutzt wurde.
Übrigens hatte man zu dieser Zeit bei der Post über die Methoden schneller Beförderung von Briefsachen noch recht primitive Ansichten: Die amerikanische Sondermarke für Schnellzustellung vom Oktober 1885 zeigt einen schnell dahineilenden Boten, die vom August 1895 als beträchtlichen Fortschritt einen Radfahrer.
Populär ist die Flugpost kurz vor dem Ersten Weltkrieg geworden. Im Jahre 1912 hatten wir in Deutschland eine lange Reihe von Versuchen einer Luftpostbeförderung, wenn es sich auch immer nur darum handelte, daß Briefsachen irgendwohin mitgenommen wurden: Ein Flugzeug oder ein Luftschiff erhielt die amtliche Genehmigung, Postsäcke mitzunehmen. Für diesen Sonderflug wurden dann jeweils offiziöse oder halbamtliche Luftpostzuschlagmarken ausgegeben.
Der erste amtliche Versuch einer Luftpostverbindung wurde 1917 in Italien unternommen. Aber allzu regelmäßig war auch dieser Flug noch nicht. Es kam nun eine besondere Briefmarke heraus, die durch Überdruck einer Eilmarke hergestellt wurde.

Der Flug sollte von Turin nach Rom und zurück gehen. Die Maschine kam auch richtig mit der Post von Turin nach Rom. Aber dort dauerte die Behebung eines Maschinenschadens eine Woche. Mit dieser Verspätung wurde dann der Rückflug durchgeführt.
Dies geschah im Mai 1917. Einen Monat später folgte ein anderer Versuch. Diesmal brachte ein Wasserflugzeug Post von Neapel nach Palermo, und es gab keine Panne. Der Rückflug erfolgte am gleichen Tag. Auch für diesen Flug war durch Überdruck einer Eilmarke eine Sonder-Flugpostmarke hergestellt worden.
Das Jahr 1918 schließlich muß als das Geburtsjahr regulärer Flugpostverbindungen betrachtet werden. Noch mitten im Kriege eröffnete die österreichische Post ihre Fluglinie Wien — Krakau — Lemberg. Im März 1918 wurden hierfür besondere Flugpostmarken ausgegeben, die nicht mehr lediglich für einen vorbereiteten Sonderflug galten. Die Freimarken waren mit dem Aufdruck ›Luftpost‹ und neuer Wertangabe versehen. Im gleichen Jahr, zwei Monate später, kamen die ersten Flugpostmarken der Vereinigten Staaten heraus. Diesmal waren es besondere, für diesen Zweck entworfene Marken, keine Überdruckprovisorien. Die vier Werte von 6 Cent bis 24 Cent zeigten einen Doppeldecker im Flug. Obwohl man den Deutschen bei der Wiederaufnahme des Luftverkehrs einige Schwierigkeiten machte, wurden schon ein Jahr darauf die beiden ersten deutschen amtlichen Luftpostmarken ausgegeben. Die Zehnpfennigmarke in Orange zeigte ein geflügeltes Posthorn, die Vierzigpfennigmarke in Grün einen Doppeldecker als Motiv.
Diesen Flügen folgten nun allseits reguläre Luftpostdienste. Seitdem sind sie uns geläufig. Systematisch steigern technische Verbesserungen und straffere Organisation die Sicherheit und Schnelligkeit der Postübermittlung.
Romantik und Abenteuerlust umspielten den großen Sprung über die Weltmeere. Hier gab es noch ein Jahrzehnt der Aufregungen, bis auch diese Leistung in den regelmäßigen Postdienst einbezogen werden konnte.
Als vor mehr als fünfzig Jahren der flugbegeisterte englische Zeitungsmagnat Lord Northcliffe, der schon über seine ›Daily Mail‹ eine Reihe halboffizieller Postflüge organisiert hatte, für die erste Überfliegung des Atlantischen Ozeans einen Preis von zehntausend Pfund aussetzte, war der erste große Anstoß gegeben. In diesem Jahr 1913 schrieben sich vier Bewerber in die Liste ein: ein Engländer, ein Amerikaner, ein Deutscher und ein Franzose. Der für Deutschland fliegende Pilot war der in Wien geborene Ingenieur Edmund Rumpler. Keiner der Bewerber konnte jedoch seinen Versuch unterneh-

men, da der Erste Weltkrieg den friedlichen Wettbewerb verhinderte. Als dann 1919 die ›Daily Mail‹ ihr Angebot wiederholte, standen neue Männer mit neuen Maschinen auf der Flugliste.

Bedingung dieses 10 000-Pfund-Preises war, daß der Flug ohne Zwischenlandung innerhalb von 72 Stunden zwischen England und einem Punkt an der Küste Kanadas, der USA oder Neufundlands durchgeführt wurde. In Ausnützung der steten Westwinde wählten alle ernsthaft Beteiligten zuerst die Route Amerika-Europa. Geographisch war der ideale Abflugspunkt St. John's auf Neufundland. Dorthin wurden die Flugzeuge per Schiff gebracht, und von dort aus starteten die Maschinen.

Als im Mai 1919 die erste Maschine zum Transatlantikflug aufstieg, führte sie bereits Post mit sich, die mit offiziellen Luftpost-Sondermarken frankiert war, in einer kleinen Auflage für diesen Zweck durch Überdruck hergestellt.

Mit dieser Sondermarke begann eine Ära von dreißig Jahren Transatlantik-Flugpostausgaben Neufundlands, die erst mit dem Anschluß Neufundlands an Kanada im März 1949 endete. Dazwischen liegt ein abenteuerreiches Gebiet der Philatelie, verknüpft mit einer Fülle wichtiger Flüge, die sämtlich Post mitführten und für die es immer wieder Überdruck-Sondermarken gab — auch private Schwindelüberdrucke. Dazwischen liegen viele Schattierungen, wie offizielle handgeschriebene Kennzeichnungen und manche anderen Möglichkeiten, die durchprobiert wurden.

Die Verknüpfung historisch bedeutsamer Flüge mit dabei beförderter, nach allen philatelistischen Regeln unzulässiger ›Flugpost‹, ist so interessant, daß diese sonst heiligen Regeln bei der Neufundland-Transatlantikpost außer acht bleiben.

Ein typisches Beispiel ist die Post, die mit der Martinsyde-Maschine im Mai und Juli 1919 geflogen wurde. Dafür wurden etwa fünfundzwanzig Marken Neufundlands mit einem offiziellen Überdruck versehen. Da die Zeit drängte, wurde dieser ›Überdruck‹ dreizeilig per Hand von einem Postbeamten aufgestempelt und jede Marke dann vom Generalpostmeister mit seinen Initialen gezeichnet. Dazu kam eine geringe Zahl von Marken, die der Reporter des Londoner ›Daily Express‹, Edwin Cleary, vorsorglich — er kannte die Methoden der Bürokraten nur zu gut — privat hatte überdrucken lassen. Diese Marken wurden später vom neufundländischen Generalpostmeister, dem Urheber der exklusiv vergebenen handschriftlichen Überdrucke, ärgerlich als Fälschungen bezeichnet. Das sind sie natürlich technisch nicht, eher schon eine Schwindelausgabe. Es hindert aber diejenigen Sammler, die sich die seltenen Neufundland-Transatlantikmarken als Spezialgebiet erkoren haben, durchaus nicht, auch hohe Summen für die kaum erreichbaren ›Cleary-Marken‹ auszugeben, die – besonders in ungebrauchtem Zustand – nur in wenigen Stücken existieren.

Übrigens stürzte die Martinsyde-Maschine beim zweiten Startversuch ab und ging in Trümmer. Die offiziell vor dem Abflug gestempelte Post – mit handschriftlich autorisiert offiziellen oder privat erwirkten Aufdruck-Sondermarken – wurde im versiegelten Postsack per Schiff vom heimkehrenden Piloten mit nach England genommen und daheim mit anderem Gepäck zunächst auf den Dachboden gebracht. Erst als die Post in London nach ihrem Postsack suchte, erinnerte sich Major Raynham wieder dieses Sackes und lieferte ihn ab. Immerhin hatten hier hundert Meter tatsächlichen Fluges zwei der teuersten Luftpostmarken der Welt geschaffen, die gebrauchte und die ungebrauchte, mit der Hand ›überdruckte‹ Martinsyde-Luftpostmarke.

Im Juni 1919 starteten die Piloten Alcock und Brown in einer Vickers-Maschine zur ersten erfolgreichen Nonstop-Überquerung des Atlantiks. Die Überquerung gelang in 16 Stunden und 12 Minuten. Dabei wurden 196 Briefe und ein Briefpaket transportiert. Für den Flug war eine Luftpostmarke im Wert von 1 Dollar durch Überdruck in einer Auflage von zehntausend Stück hergestellt worden.

Erst neun Jahre später konnte das deutsche Flugzeug ›Bremen‹ die Überquerung des Atlantiks in der Gegenrichtung erreichen. In Sturm, Regen, Schnee und Nebel sichtete die Besatzung nach einem Flug von 36 Stunden Land. Im Schneetreiben gab es eine Bruchlandung auf Greenley Island, das gerade die Größe eines Landefeldes hat. Da die kahle Insel innerhalb der Küstenlinie liegt, war Neufundland erreicht. Die Piloten wurden von zwei amerikanischen Militärmaschinen eingeholt und erlebten einen triumphalen Empfang in New York.

Auch auf diesem Flug wurden einige Briefe befördert, aber die Piloten hatten sie in der Aufregung nicht abgeliefert. So tragen diese Briefe, obwohl die Piloten Mitte April in Washington waren, erst einen Stempel vom 28. Mai 1928.

Im Mai 1932 nahm das Dornier-Flugboot DO X eintausendachthundertundvier Briefe von Neufundland mit nach Europa. Für diesen Flug war die 1-Dollar-Flugpostmarke von 1931 – die blaue Marke zeigt einen Transozeanflieger und ein Postsegelschiff – in achttausend Exemplaren mit einem roten fünfzeiligen Aufdruck versehen worden, der zugleich den Nennwert der Marke auf 1 Dollar 50 Cent erhöhte.

Vierzig Stück dieser Auflage hatten den Aufdruck kopfstehend. Damit war der Wert der ungebrauchten Marke von einigen hundert Mark auf mehrere tausend Mark erhöht worden.

Im August 1933 flog eine Armada von dreiundzwanzig italienischen Savoia-Marchetti-Maschinen unter Marschall Balbo eintausendachtundfünfzig Briefe von Neufundland nach Europa. Es wurde für diesen Flug die gelbe 75-Cent-Luftpostmarke mit einem vierzeiligen Aufdruck versehen, der den Nennwert der Marke auf 4 Dollar 50 Cent erhöhte. Es waren auch hier achttausend Exemplare gedruckt worden. Der Druck erfolgte in Viererblocks bei einer lokalen Druckerei in St. John's. Und da es bei keiner Auflage ohne Kopfsteher abzugehen scheint, gab sie es auch diesmal. An den Postschalter kam allerdings nur ein Exemplar, das durch die Kontrolle schlüpfte. Die anderen waren bei der Prüfung entdeckt und daraufhin zerstört worden. Die ›Vernichtung‹ erfolgte allerdings nicht durch Verbrennen, sondern durch Zerreißen der Blöcke. Man muß hier schon sagen ›natürlicherweise‹ gibt es nun neben dem einzigen ›legalen‹ Kopfsteher eine Anzahl anderer, die aus den zerrissenen Stücken wieder zusammengeklebt wurden. Da das heile Stück in fester Hand ist — und wir haben dazu die für solche Fälle bereits übliche Geschichte, daß das Stück über den Schalter verkauft wurde —, begnügen sich einige andere ebenfalls noch glückliche Sammler mit einem auch recht teuren, wieder zusammengesetzten kopfstehenden Aufdruck.
Und dies ist auch das Ende aller neufundländischen kopfstehenden Marken überhaupt, da Neufundland nun zu Kanada gehört und dessen Briefmarken verwendet.

Die Dienstmarken-Lochungen

Im Jahre 1876 meldete der Engländer Josef Sloper eine kleine Maschine zum Patent an, mit der man Buchstaben und Zeichen in Briefmarken lochen konnte. Diese Kennzeichnung sollte eine bessere Kontrolle der Portokasse ermöglichen. Es durfte nun nicht mehr möglich sein, daß eine Belegschaft Privatbriefe mit den für die Geschäftskorrespondenz bestimmten Marken frankierte. Wer einmal größere Markenbestände aus der Zeit um die Jahrhundertwende auszusortieren suchte, weiß, welch großen Erfolg die Erfindung Slopers bedeutete. Jede größere Firma lochte ihre Anfangsbuchstaben in die von ihr verwendeten Freimarken.
Obwohl dies eine verständliche Sicherheitsmaßnahme war und die Schönheit einer gestempelten Marke kaum beeinträchtigte, obwohl sogar die Postbehörden das Verfahren anerkannten, waren die Briefmarkensammler bald durch diese Privatinitiative beleidigt. Sie sahen in dieser privaten Locherei eine Ver-

unstaltung des Wertzeichens und lehnten es ab, eine gelochte Marke als ›sammelwürdig‹ zu betrachten. Sofern eine solche Marke kostenlos aus dem Papierkorb der Firma in die Sammlung wanderte und ein anderes Exemplar nicht zur Verfügung stand, war man geneigt, ein Auge zuzudrücken. Aber bei Tausch oder Kauf war an eine Annahme nicht zu denken. Es ist nicht immer ganz sicher, wer eigentlich die Spielregeln für das Briefmarkensammeln aufstellt, aber solche Vorurteile verbreiten sich rasch, und selbst die putzigsten und merkwürdigsten Lochzeichen machten nun eine Marke zum Wegwerfen reif. Wer sie noch aufbewahrte und Mitleid mit ihr hatte, der bewies nur, daß er philatelistisch völlig ungebildet war. So wurden die firmengelochten Marken vernichtet, wo immer sie einem Sammler in die Hände fielen, der auf seine Ehre hielt.

Briefmarkensammler sind nicht nur glückliche Menschen, sondern auch allezeit von höchster Achtung gegenüber den Behörden erfüllt. So kommt es, daß amtliche Lochungen von Briefmarken schließlich doch Anerkennung fanden. Amtlich gelochte Briefmarken, deren Buchstaben ihre Herkunft von einer Behörde auswiesen, erhielten fortan den Ehrentitel ›sammelberechtigt‹. Auch amtliche Stellen sind nur von Menschen besetzt, und auch dort muß die Portokasse gesichert werden. Aber da hier der Beispiele wenige sind, registriert man sie in den Katalogen und schreibt ihnen nicht einen niedrigeren, sondern einen höheren Wert zu.

Ein Beispiel bieten die bayerischen Dienstmarken von 1912. Ihre Vorgänger aus dem Jahr 1908 hatte man durch Aufdruck eines farbigen ›E‹ — es handelte sich um Dienstmarken für die Eisenbahnbehörden — auf die Markenmitte hergestellt. Dies ergab einen sehr in die Augen fallenden Aufdruck, weil es sich noch um Marken handelte, deren Mittelstück das weiße bayerische Wappen zierte. Die neuen Prinzregentenmarken waren aber nun farbig auf getöntes Papier gedruckt. Ein weiterer Aufdruck hätte sich vom Druckgrund nicht mehr genügend abgehoben. Daher kam man auf die Idee, den neuen Aufdruck, das ›E‹, einzulochen.

Diese E-Lochung erfolgte auf dem ganzen Satz der Eisenbahn-Dienstmarken von 3 bis 50 Pfennig. Das gleiche wurde mit verschiedenen Werten der nachfolgenden Ludwigmarken 1914 gemacht. Während eine gestempelte 3-Pfennig-Marke der König-Ludwig-Serie heute 25 Pfennig kostet, ist eine solche Marke mit E-Lochung nahezu das Zweihundertfache wert. Bemerkenswert ist, daß die Briefmarkenkataloge eine der rotbraunen 50-Pfennig-Ludwig-Marken in gut ausgeführtem Friedensdruck und ungebraucht für etwa 3 DM wert halten, sie aber mit E-Lochung, die für diesen Wert gar nicht ausgegeben wurde, mit 50 DM einschätzen.

Noch bemerkenswerter ist die Geschichte mit den Dienstmarken der Schweiz. Sie waren für die eingeschriebenen und ins Ausland gerichteten Sendungen der Bundesamtsstellen bestimmt. Es waren die gewöhnlichen Freimarken der Schweiz, die eine Sicherung gegen Portounterschleife in Form eines Kreuzes oder Pluszeichens eingelocht hatten. Diese Lochung war gewiß leicht nachzumachen. Aber die Behörden sagten sich mit Recht, daß wohl kaum ein Staatsangestellter heimlich Kreuze in die Marken lochen würde, um sie von Privateigentum in Staatseigentum verwandelt zu sehen.
Aber diese Rechnung war ohne die Briefmarkensammler gemacht. Sie hielten nämlich die Marken mit den eingelochten Kreuzen für besonders wertvoll. Während man bereit ist, für die durch die Kreuzlochung zu Dienstmarken avancierte Freimarkenserie von 3 Rappen bis 2 Franken gestempelt 300 DM zu zahlen, bekommt man für die ungelochte Serie kaum 8 DM. Diese Bewertung ist natürlich für tüchtige Leute ein großer Anreiz, die verhältnismäßig einfache Lochung vorzunehmen. Freilich gibt es auch dafür Spezialisten, die angeblich genau unterscheiden können. Sie können aber nur die offensichtlich falschen Lochungen von jenen trennen, denen die mangelnde Echtheit nicht nachzuweisen ist. Wie man hört, gibt es jedoch auch in der Schweiz selber Sammlerkreise, die die hochgetriebenen Preise der gelochten Marken für Unfug halten. Aber was will man – man kann sie halt so gut katalogisieren ...
Nicht ohne Grund wird alles, was zu komplizierter Registratur neigt, von den Käufern ignoriert. Das beste Beispiel bieten die australischen Dienstmarken. Glücklich, wer sie nach dem Katalog sammelt. Da ist er nämlich bald fertig, denn sie umfassen dort ganze fünfzehn Nummern, die von 1931 bis 1933 reichen. In dieser Zeit wurden australische Dienstmarken zentral für Dienstzwecke mit den Buchstaben ›OS‹ überdruckt, um anzuzeigen, daß die Marken ›On Service‹ benutzt wurden.
Damit waren sie nun katalogisierbar und für den Sammler begehrenswert geworden. Grundsätzlich war in dieser Zeitspanne aber gar nichts Besonderes geschehen. Es gab vorher und nachher australische Dienstmarken. Nur waren sie nicht zentral gekennzeichnet, sondern in den einzelnen australischen Staaten – Australien besteht aus sechs Bundesstaaten – mit ›OS‹ gelocht worden. Zur gleichen Praxis ist man wieder nach 1933 zurückgekehrt. Die Marken waren mit Lochung die gleichen Dienstmarken, wie sie es mit Aufdruck waren – wie es bereits bei Bayern unter Zustimmung der Katalogmacher demonstriert wurde.
Aber in Australien wurden nun die Typen und Ausgaben unübersichtlich. Und der Mensch, der auf seine kleine Ordnung

hält, will um die Welt nicht zugeben, daß ihm etwas zu kompliziert wird oder zuviel Mühe macht. Er tut die Sache lieber ›grundsätzlich‹ ab, indem er erklärt, daß er die betreffenden Marken nicht katalogisiere und registriere, weil sie nicht der Definition entsprächen. Die Definitionen sind aber jene, die von den Katalogmachern zu ihren eigenen Zwecken erfunden werden.

In Deutschland machte man es übrigens ähnlich bei den von den Polizeibehörden mit ›POL‹ gelochten Freimarken. Über sie bemerkt ein großer deutscher Katalog: »Die Durchlochung diente lediglich behördlicher Kontrolle, die durch einen Erlaß des preußischen Ministers des Innern vom 8. 4. 1930 amtlich angeordnet war ... Schon dadurch ist erwiesen, daß mit der POL-Durchlochung keine Dienstmarken im eigentlichen Sinne geschaffen werden sollten.« Diese Auslegung ist reine Rabulistik.

Die wahre Philatelie beginnt erst hinter dem Katalog. Das ist eine Binsenwahrheit. Aber für wie viele bleibt der Katalog mit seinen Grenzen doch das Vollkommene. Wer Dienstpost sammelt, ist jedenfalls durch das im Katalog Registrierte nur dürftig bedient.

So bemerkt ein anderer deutscher Katalog zu den australischen Dienstmarkenlochungen ablehnend: »Vor 1931 mit ›OS‹ durchlochte Freimarken dienten Kontrollzwecken.« Wozu dienen denn Dienstmarken nun wirklich? Eben doch zu nichts anderem als zu Kontroll- und Verrechnungszwecken! Sonst könnte man doch ganz allgemein auf Behördenbriefe den Stempel ›On Her Majesty's Service‹ oder eine gleichbedeutende Angabe drucken, wie es in England geschieht. Zum Teil wird auch dieser Weg für Dienstpost in Australien genommen. Briefe, die vom australischen Postministerium ins Ausland gehen, tragen dieses ›O. H. M. S.‹ aufgedruckt, was im Inland zur Freimachung genügt hätte. Aber der Auslandsbrief trägt nun noch eine Freimarke, ohne OS-Lochung aufgeklebt. Schickt die gleiche Behörde einen Luftpost-Leichtbrief, so hat dieser wiederum den Aufdruck ›O. H. M. S.‹, aber statt der Freimarke in dem dafür vorgesehenen Viereck den einfachen Eindruck ›Postage Paid‹ – Porto bezahlt. Dies ist noch nicht das Ende der Variationen, denn die Behörde kann auch einen Ovalstempel aufdrücken, der besagt, daß das Porto durch die Behörde bezahlt ist. Die Höhe des Portos wird in den Stempelkreis handschriftlich eingetragen.

Nun gut, kann man hier einwenden, uns interessieren nur Briefmarken. Selbst dieser Anforderung entsprechen die australischen Behörden durch eine besondere Attraktion: durch Dienstlochungen in den Marken eines anderen Staates.

Wenn das ›Australia House‹, der Sitz der australischen Regierungsvertretung in England, einen Brief etwa nach Deutschland schickt, dann trägt der Umschlag erst einmal den traditionellen Aufdruck ›On Her Majesty's Service‹. Dieser Aufdruck wiederholt sich auf dem aufgeklebten Adreßzettel, der mit übergehendem Handstempel mit dem Umschlag versiegelt ist. Dieser Handstempel trägt seinerseits das australische Wappen, die Aufschrift ›Commonwealth of Australia‹ und die Kennzeichnung ›Franking Stamp‹. Als Freimachungsstempel müßte er den gleichen Zweck erfüllen wie der Aufdruck ›Postage Paid‹ auf den Behördenbriefen, die direkt aus Australien kommen.

Er tut es aber trotzdem nicht, denn der Brief ist mit den regulär notwendigen englischen Briefmarken frankiert, die allerdings durch Lochung in australische Dienstmarken verwandelt sind. Die Marken tragen die Lochung in den übereinander angeordneten Buchstaben ›C O F A‹. Was der Status dieser Marken nun auch sei — siehe den der gelochten australischen Dienstmarken —, so ist dies doch der interessante Fall, daß die eine Regierung die Freimarken der anderen — allerdings in freundschaftlicher Weise und ›zu Kontrollzwecken‹ — in eigene Dienstmarken verwandelt.

Propagandamarken

Eigentliche Ursache für die Entstehung von Propagandamarken war die deutsche Inflation von 1923. Bei steigenden Preisen und trotz immer höheren Portos kam die Post nie mit den Werten ihrer Marken zurecht. Bis neue Marken an die Schalter gelangten, waren ihre Wertangaben bereits überholt, und es mußten weitere Mengen gedruckt werden, die dann wieder für das Porto des Tages ungeeignet waren und zu den Bergen von Markenbogen wanderten, die sich überall in den Postämtern türmten.

Am Ende der Inflation zerbrach man sich den Kopf, was man mit diesen vielen Marken anfangen könnte. Bei der Regensburger Postwertzeichenausstellung im Mai 1923 benutzte man bereits die nach Entwürfen des Münchner Graphikers Willi Geiger entstandene schöne Freimarkenserie mit dem Ziffernmotiv als Werbemarken, indem man sie mit einem Aufdruck ›Postwertzeichen-Ausstellung Regensburg 26.—28. V. 1923‹ versah. So begann die Geschichte der als Werbemarken verwendeten Postwertzeichen.

Noch im Juli des gleichen Jahres verwendete man solche Marken mit entsprechenden Aufdrucken zur Werbung für die ›Große Bayerische Briefmarkenhändler-Tagung‹ in Nürnberg.

Marken, die keinen Postschalter sahen.
Zwischen Absicht und Täuschung.

Damit kam die Idee weiter unter die Leute. Man erlebte Aufdrucke ›Gebt Deutschland seine Kolonien wieder‹ auf den Strohdeckelmustern der neuen Serie vom Oktober 1923. Diese Serien wurden also noch während ihrer Gültigkeitsdauer überdruckt und auch zur Frankatur benutzt. Damit wurden sie natürlich nicht wieder zu Briefmarken, wenn sie es nicht noch waren.
Die überall noch lagernden Markenpakete wurden dann regulär zur politischen Werbung eingesetzt. Bei den Wahlen wurden sie mit Parteiparolen überdruckt. Eine Reihe von Werten erhielt den Aufdruck ›Wählt die Parteien der Republik‹. Anläßlich der Hindenburgwahl vom April 1925 wurden Werte der Arbeiter-und-Bauern-Serie — nach Entwürfen des Münchner Graphikers Paul Neu — mit dem Aufruf ›Wählt Hindenburg‹ überdruckt und als Miniatur-Wahlplakate verwendet.
Wie nun alle Seiten immer wieder auf die bequeme Druckgrundlage der Marken von 1923 zurückgriffen, zeigen Spendenmarken der NSDAP. Man nahm die smaragdgrüne 30-Pfennig-Ziffernmarke vom Mai 1921, also vom Anfang der Inflation, um mit schwarzem, silbernem und goldenem Aufdruck Spenden von 10, 15 und 20 Pfennig für die ›Kreisfahnen-Spende der NSKOV‹ zu quittieren.
Große Verluste innerhalb der illegalen Organisation in Deutschland zwangen um das Jahr 1936 die Leitung der Sozialdemokratischen Partei, nach unkomplizierteren Methoden der Werbung zu suchen. Dabei kam man auf die Idee, Briefmarken aus den Jahren 1921 und 1922 zu überdrucken. In Prag, wo die Leitung der Partei zu dieser Zeit saß, erwies es sich als unmöglich, die nötigen Markenbogen aufzutreiben. Prager Briefmarkenhändler, die um solches Material angegangen wurden, witterten eine große Chance und begannen sofort, die Preise dieses billigen Materials zu erhöhen. Zudem hatten sie meist nur Bogen aus der späteren Inflation mit den hohen Zahlenwerten. Gerade dieses Material konnte aber nicht verwendet werden. Das Richtige waren die Arbeiter-und-Bauern-Serien der Jahre 1921 und 1922.
Die Bogen wurden dann auch aus Deutschland beschafft und in der Druckerei Graphia in Karlsbad überdruckt. Für den Überdruck wurde ein Fünfundzwanziger-Klischeeblock hergestellt, der eine Zusammenstellung verschiedener Aufdrucke enthielt. Es waren fünf Aufdrucke gewählt worden, die je nach ihrer Wichtigkeit verschieden oft im Klischee vorkamen.
Der wichtigste Aufdruck war das Zeichen der Eisernen Front — der Front aus Sozialdemokratischer Partei, Gewerkschaften, dem Reichsbanner und studentischen Organisationen (der Akademischen Legion). Das Zeichen waren drei Pfeile im

Kreis, die das Zentralmotiv des Aufdrucks bildeten. Das obere Teil der Marke mit der Wertangabe wurde mit dem Wort ›Freiheit‹ überdruckt. Die Landesbezeichnung der Marke ›Deutsches Reich‹ blieb gut sichtbar.

Der zweitwichtigste Aufdruck war ein Totenkopf mit Stahlhelm, der das Hakenkreuz trug. Die Wertangabe überdruckte man links und rechts mit einem Hakenkreuz, da bei den Marken die Wertangaben von links nach rechts wechselten. Die Landesangabe ›Deutsches Reich‹ blieb wiederum gut sichtbar.

Der dritte Aufdruck bestand aus reinem Letternsatz und warnte: ›HITLER ist der Krieg‹. Dabei überdeckte das in Versalien gedruckte Wort ›HITLER‹ bereits die Wertangaben. Die Bezeichnung ›Deutsches Reich‹ und das Arbeiter-und-Bauern-Motiv des Markenhintergrundes blieben auch hier gut sichtbar.

Der vierte und fünfte Überdruck im Fünfundzwanziger-Klischee war nur noch in je einer oder zwei Fassungen vertreten. Er wiederholte die Warnung, daß Hitler Krieg bedeute, in Englisch und Französisch.

Diese fremdsprachigen Aufdrucke zeigten, daß man die Miniaturplakate nicht nur in Deutschland verwenden wollte, wo sie auf Mauern und Litfaßsäulen erscheinen sollten. Die Gewißheit, daß Hitler zum Kriege führen müsse, sollte auch Franzosen und Engländern mitgeteilt werden.

Für die genannten Aufdrucke standen elf Werte der Arbeiter-und-Bauern-Serie in jeweils sehr verschiedenen Mengen zur Verfügung. Einige Werte konnten nur in wenigen Bogen, andere in Bogenmappen der Reichsdruckerei, die je 25 Bogen enthielten, beschafft werden.

Von der Ausgabe 1921 waren es die Werte zu 60 Pfennig in Lila, zu 80 Pfennig in Rot, zu 100 Pfennig in Olivgrün, zu 150 Pfennig in Orange und zu 160 Pfennig in Blaugrau.

Von der Ausgabe 1922 waren es die Werte zu 5 Mark in Orange, zu 10 Mark in Blau, zu 20 Mark in Lila, zu 25 Mark in Braun, zu 30 Mark in Oliv und zu 40 Mark in Grün.

Die ganze Arbeit war frei von philatelistischen Absichten; die Gefahr war zu groß und die Sache zu ernst, als daß jemand auch nur einen Augenblick daran dachte, diese Marken für eine Frankatur zu verwenden, wie es später andere amtliche Propagandainstanzen probiert haben.

Ein Großteil jener Marken wurde illegal nach Deutschland gebracht und ist hier verschollen.

Kurz vor dem Zweiten Weltkrieg schrieb ein nach London emigrierter Funktionär der Sozialdemokratischen Partei Deutschlands an die nun in Paris sitzende Zentrale, daß man versuchen wolle, diese Miniaturplakate als Werbemarken auch in England abzusetzen — ob davon noch welche nach Paris gebracht werden könnten? Als Antwort kamen etwa fünf der Hunderterbogen in verschiedenen Farben. Die politische Situation spitzte sich indessen rasch zu. Im September 1939 befand sich England bereits im Krieg mit Hitler. Aber es war ein merkwürdiger Krieg, ein Krieg, der zunächst nicht stattfand, weil Hitler mit seinen Vorbereitungen noch nicht fertig war. So war es vorerst ein närrischer Krieg der Worte.

Der ›Daily Sketch‹, eines der führenden Londoner Massenblätter aus dem ›Kemsley House‹, begann am 27. Oktober 1939 seinen Leitartikel folgendermaßen:

»Es ist heute für den britischen Staatsmann schwierig, etwas zu finden, das des Angreifens wert wäre. Bis jetzt ist es im Westen hauptsächlich ein Krieg der Worte gewesen. Wir sind aber bereit, uns mit unseren Feinden auch auf diesem Gebiet zu messen. Das Englische ist eine ausdrucksreiche Sprache, und wir dürften fähig sein, alles zumindest in gleicher Münze zurückzugeben.« Auf der gleichen Seite zeigte die Zeitung die von den deutschen Sozialdemokraten überdruckten Marken, die drei Pfeile mit dem Ruf ›Freiheit‹, den Totenkopf mit Stahlhelm und Hakenkreuz und die Warnung, die Wahrheit geworden war: ›Hitler ist der Krieg‹. Dazu wurde der illegale Kampf geschildert, in dem die fünfzigtausend überdruckten Marken mithalfen.

Wie lernbereit die Propagandisten des englischen Kriegsministeriums waren, sollte der Funktionär der Sozialdemokratischen Partei im weiteren Verlauf des Krieges erfahren.

Eines Tages kam zu ihm ein freundlicher Herr von Scotland Yard, um sich die Akten, die Zeitungsausschnitte und die Werbemarken anzuschauen. Dann packte er sie zu weiterem Studium mitsamt dem deutschen Funktionär in ein Taxi. Das Ziel war nicht Scotland Yard, sondern das ›War Office‹. Auch dort gab es nur freundliche Herren, die sich sehr interessiert zeigten, das Material behielten und den Deutschen wieder mit ihren besten Wünschen entließen.

Es gab nur wenige Eingeweihte, die über den geheimen Druck und den illegalen Vertrieb dieser Überdruckmarken Bescheid wußten.

Als ich im September 1955 auf der ›Westropa‹, der Westeuropäischen Postwertzeichen-Ausstellung, am Stand eines Londoner Händlers die Überdruckmarken der Deutschen Sozialdemokratie aus der illegalen Zeit in den vom ›War Office‹ requirierten Farben — die Großauflagen aus den Bogenmappen der Reichsdruckerei — zum Verkauf liegen sah, erlaubte ich mir die Frage nach der Herkunft dieser Marken. Man sagte mir, daß sie in London anläßlich einer Pressekonferenz der Vertretung der deutschen Sozialdemokratischen Partei verteilt worden seien. Dies entspricht natürlich nicht den Tatsachen. Die Marken sind genau auf dem gleichen Wege in den Besitz von Londoner Händlern geraten wie andere Reste hochoffizieller, ganz geheimer, hinter dem britischen ›Official Secrets Act‹, dem Gesetz über Regierungsgeheimnisse, verborgenen Ergebnisse der Experimente auf dem Felde philatelistischer Kriegführung.

Psychologische Kriegführung mit Briefmarken

Man sollte es vermeiden, den sogenannten Spionagemarken wie den Propagandamarken, auch wenn sie von kriegführenden Regierungen emittiert wurden, eine ihnen nicht zustehende Wertung zu verleihen und Kuriositäten zu Raritäten zu machen. Allerdings gebührt ihnen auf jeden Fall in einer Kulturgeschichte der Briefmarke ein gewisser Platz.

Zuerst also die sogenannten Spionagebriefmarken, die bereits im Ersten Weltkrieg durch die in England nachgemachten deutschen Germaniamarken in die Geschichte eingingen. Über diese amtlich hergestellten Marken wurde einmal die naive Version verbreitet, sie seien für den Postbedarf von Spionen bestimmt gewesen, damit diese nicht die deutschen Postämter zu betreten brauchten, wo man sie durch ihre kurze Pfeife und die karierte Sportmütze sofort als Engländer erkannt hätte. Tatsächlich konnten die wenigen Marken, die Spione brauchen, ja auch bequem über neutrale Länder beschafft werden. Und welcher Spion klebt sich schon einen falschen Bart an, solange er Zeit hat, sich einen echten wachsen zu lassen? Und welcher Spion wird amtlich gefälschte Briefmarken benutzen, durch deren Besitz man ihm sofort den Auftraggeber beweisen kann, solange seine Regierung noch die zehn Pfennig hat, die die Briefmarke kostet?

Nach einer anderen Vermutung sollten diese Marken zur Frankierung von Massendrucksachen verwendet werden, die als Propaganda über neutrale Grenzen einzuschmuggeln gewesen wären. Eine realere Idee sicherlich, wenigstens für die gute alte Zeit des Ersten Weltkriegs, die aber – trotz aller hinzukonstruierten Märchen und ›Enthüllungen‹ – niemals in die Wirklichkeit umgesetzt wurde.

So bleibt nur die Tatsache, daß diese Germania-Fälschungen offensichtlich in amtlichem Auftrag während des Ersten Weltkriegs in England gedruckt wurden und seitdem in deutschen Katalogen und auf deutschen Auktionen als die berühmten oder berüchtigten englischen ›Spionagemarken‹ des Ersten Weltkriegs registriert und gehandelt werden.

Und vielleicht liegt hier, in dieser späten Nachwirkung, die eigentliche Aufgabe dieser englischen Spionagemarken. Der Engländer ist in dieser Hinsicht sehr kühl. Er hält nicht viel von den Ergebnissen einer eigenen Spionage und glaubt auch nicht recht an die Idee, daß man durch Spionage den Lauf der Welt verändern könne. Daher die Ruhe, mit der auch großaufgemachte Spionagefälle entgegengenommen werden.
Anders in Deutschland, wo der Schutz von Staatsgeheimnissen, ein altes Handwerkszeug primitiverer Regierungskunst und Spionenfurcht, zum Arsenal der Mittel gehört, mit denen man den Staatsbürger im Zaum hält. Eine gewisse Neigung zur Hysterie kommt bei uns dieser Methode entgegen.
Es dürfte auch eine Art Selbstschutz der Engländer sein, wenn sie uns ausgezeichnete Romane über ihren weltumspannenden Geheimdienst, den ›Secret Service‹, verkaufen — zusammen mit den philatelistischen Produkten, die an seine Tätigkeit erinnern. Und wenn man sich erstaunt fragt, wie diese geheimnisumwobenen Produkte Jahr um Jahr aus den Lagern irgendwelcher englischer Briefmarkenhändler, die auf die Versorgung der Deutschland-Spezialsammler eingestellt sind, geliefert werden können, dann kann man hier nur staatliche Förderung vermuten. Alle anderen Erklärungen von Unterschleifen und Unterschlagungen wären — und daß muß sich jeder bei ernsthaftem Nachdenken sagen — einfach unmöglich. So britisch sind die Engländer nun doch wieder!
Nun noch die Beschreibung der beiden englischen Germania-Fälschungen, der 10-Pfennig- und der 15-Pfennig-Marke. Im großen und ganzen sind die Fälschungen sehr sauber ausgeführt. Auch das Wasserzeichenpapier ist nachgeahmt. Das Papier erscheint einen Stich weißer, die Zähnungslöcher stehen nicht so akkurat in einer Linie wie bei den deutschen Originalen und neigen zur Dezentrierung. Die eigentlichen Kennzeichen jedoch sind das ›I‹ und das ›H‹ in ›DEUTSCHES REICH‹: Während die Buchstaben der Originale Fuß- und Kopfverdickungen aufweisen, enden die Buchstaben der Fälschung ohne diese. Man braucht aber nun keine Sorge zu haben, eine solche falsche englische Germania als die echte angedreht zu bekommen. Die echten Marken kosten auch ungebraucht nur ein paar Pfennig, für die beiden englischen Fälschungen indessen hat man rund 10 DM zu bezahlen.
Unter den Nachahmungen von Briefmarken der Hindenburg- und der Hitlerserie im Zweiten Weltkrieg sind allein die englischen ernster zu nehmen, während die amerikanischen schon allein durch ihre unsaubere Perforierung nicht dafür genommen werden können, daß sie im Ernst deutsche Briefmarken vortäuschen sollten.
All diese Marken wurden zur Frankierung von Postsachen be-

nutzt, die in ganzen Postsäcken durch Flugabwurf während Bombenangriffen in das Postsystem des Feindes eingeschleust werden sollten. Das Ganze erscheint mehr als gute Idee denn als ausgeklügelter Plan. Es ist nicht bekannt, ob es auch mit nur einem Postsack gelungen ist, in die deutsche Verteilung zu gelangen. Gerade die Geschichten, die andeuten sollen, wie dies da oder dort beinahe gelungen wäre, offenbaren die Naivität des Unterfangens.
Die beiden Verfasser eines englischen Buches über die Briefmarkenfälschungen der kriegführenden Mächte zitieren einen Artikel im ›Weekly Philatelic Gossip‹ vom 23. September 1950, worin über einen solchen ›Beinahe‹-Fall berichtet wird. Während eines schweren Luftangriffs auf St. Pölten in Österreich im Februar 1945 sei ein solcher ›Postsack der Deutschen Reichspost‹ mit abgeworfen worden, der durch einen Einwohner der Stadt auch zur Post gebracht wurde. Dort sei er als noch ordnungsgemäß verschlossen und versiegelt befunden und an den angegebenen Bestimmungsort weitergeleitet worden. Bei seiner Öffnung in Köln habe man festgestellt, daß er nichts als Rundschreiben des ›Wiener Giro- und Cassenvereins‹ enthielt. Und nun behaupten die englischen Autoren, daß der ›Fehler‹, den Kassenverein mit C zu schreiben, die Beamten mißtrauisch machte, daß ein solches Zirkular deswegen geöffnet und als Feindpropaganda erkannt wurde. Ohne diesen Fehler, so meinen die englischen Autoren, hätte der Postsack ohne weiteres in die Verteilung kommen können.
Natürlich sind diese Schlußfolgerungen Unsinn. Es gibt mehr Banken in Deutschland – zum Beispiel die ›Hamburger Sparcasse von 1827‹ –, die in Unterstreichung ihres frühen Gründungsjahres das C in dem Wort Casse beibehielten. Nur ein Ausländer, der denkt, daß er Deutsch kann, nicht ein Deutscher, könnte hier einen Fehler sehen.
Das Problem liegt offensichtlich in einer ganz anderen Richtung. Ein Postsack ist im allgemeinen gemischt. Ganz gleich wie die Inhalte auch schwanken – man kann annehmen, daß ein Postbeamter ein Gefühl dafür hat, ob sie wahrscheinlich oder unwahrscheinlich ausschauen. Einen Postsack vertrauenswürdig zu mischen, das erfordert wahrscheinlich noch größere ›Fachkenntnisse‹, als zur richtigen Fälschung von einfachen Briefmarken und Umschlagaufschriften benötigt werden. All diese Unternehmungen scheiterten wohl mit daran, daß diejenigen, die eine solche Idee auszuführen hatten, glaubten, ihre Auftraggeber seien verdreht. Man stellte seine Vorgesetzten mit der Ausführung zufrieden, war aber von einem möglichen Erfolg alles andere als überzeugt.
Einen wirklich ernsthaften Versuch psychologischer Kriegführung stellen jene Markenfälschungen dar, die durch einen

neuen Mann auf der Briefmarke das Führungsproblem beim Gegner ins Spiel zu bringen suchen. Also etwa die braune 20-Groschen-Marke des Generalgouvernements, die den Generalgouverneur Frank darstellte und von der polnischen Untergrundbewegung auf Briefumschlägen benutzt wurde, die Agitationsmaterial gegen das NS-Regime enthielten. Diese Marke und die noch wichtigere Himmler-Marke wurden in England hergestellt. Zuvor ist uns die Idee bereits bei dem gefälschten Satz russischer Marken begegnet, der auch eine mit dem Porträt Trotzkis enthielt.

Aber nur bei der Himmler-Marke wurde die Idee im rechten Zeitpunkt wirklich durchgespielt. Hier ist die gefälschte Marke nicht das an sich nur unbedeutendere Hilfsmittel einer Aktion. Sie ist das Kernstück der Aktion selbst. Aus dem Dunkel sollte da oder dort eine solche Marke auftauchen, die den alleinigen Anspruch Hitlers auf die Lenkung der Geschicke der deutschen Nation bestritt, zumindest in Zweifel zog, indem eine Alternative gezeigt wurde.

Hier ging es nicht um die Werbewirkung von ein paar tausend Marken. Hier konnten ein paar Dutzend, ja ein paar Stück schon ihre Wirkung tun, und hier war es für die Wirksamkeit des Planes und für die Verdeckung der Spuren bereits gut, wenn auch nur eine Marke das Ergebnis zeitigte, daß die Tatsache der Existenz von Briefmarken mit dem Porträt Himmlers anstelle Hitlers öffentlich bekannt wurde.

Dies war die Idee: Das Problem der Nachfolge sollte als bereits akut dargestellt werden. Darum dürfte diese Marke auch nicht als Feindpropaganda gedeutet werden können. So zeigte sie Himmler auch als jovial freundlichen Menschen: ein Bild, wie es auf der anderen Seite der Front nur die kühlen Engländer erzeugen konnten. Das Ganze sollte und mußte als deutsches Erzeugnis und als deutsche Indiskretion erscheinen. Hatte hier jemand eine Marke vor dem Ausgabetermin aus bereits lagernden Beständen verwendet? Das war die Frage, die sie hervorrufen sollte. Vor allem das neutrale oder schwankende Ausland wurde aufgescheucht: Dachte man in Deutschland nun an einen Nachfolger Hitlers? Hitler selber sollte mißtrauisch werden, und anderen Nachfolgeanwärtern sollte es ebenso ergehen.

Im Herbst 1943 ließ man von Stuttgart aus Sendungen mit aufgeklebter Himmler-Marke in das Ausland gehen. Zumindest tragen diese Marken einen Stuttgarter Stempel. Dieser kann auch gefälscht gewesen sein, und die Karten könnten im neutralen Ausland in den Postdienst praktiziert worden sein: So war es bequemer und ebenso sicher, denn Poststempel sind leichter zu fälschen als Briefmarken.

Im Dezember 1943 konnte jedenfalls die ›Berner Briefmarken-

Zeitung‹, das Organ des international maßgebenden Schweizer Zumstein-Briefmarkenkataloges, melden, daß ihr die 6-Pfennig-Himmler-Marke von einem ausländischen Sammlerfreund vorgelegt worden sei.
Daß die Schlußfolgerungen sensationell sein sollten, stellte sich erst nach und nach heraus, als die Tatsache in das allgemeine Bewußtsein drang. Es war eine Bombe mit Zeitzündung. Daß die Reichspost die Marke ableugnete, sagte über ihren Ursprung natürlich gar nichts. Sie hätte auch abgeleugnet werden müssen, wenn die Marke tatsächlich als deutsches Erzeugnis durch Indiskretion in die Öffentlichkeit und sogar in das Ausland gelangt wäre.
Für eine kleine Briefmarke wirbelte das Papierchen wirklich genügend Staub auf. Deutsche Experten reisten ins Ausland, um eine in der Schweiz befindliche Postkarte gebührend zu betrachten. Wie man später hörte, wanderte diese Karte schließlich in die Sammlung des Präsidenten Roosevelt. Aber nun war sie von der Karte abgelöst und damit jeder genaueren Beweisführung entzogen.
Der bekannte englische Publizist Sefton Delmer, der während des Zweiten Weltkriegs eine härtere Art der Kriegspropaganda dirigierte, nahm zwanzig Jahre später für sich auch in Anspruch, der Erfinder der Himmler-Marke gewesen zu sein. Er schreibt – und wird von einer interessierten deutschen Briefmarkenpublikation achtungsvoll zitiert:
»Meine Freunde von der Untergrundbewegung stellten sich mit wahrer Begeisterung in den Dienst dieses törichten Delmer-Unternehmens und steckten überall in Deutschland Briefe und Zeitungen mit der Himmler-Marke in die Briefkästen. SOE-Agenten schickten deutsche Zeitungen mit Kreuzbändern, auf denen die Marken, mit gefälschten Entwertungsstempeln versehen, prangten, an Abonnenten in Schweden und in der Schweiz, von denen sie wußten, daß sie regelmäßig deutsche Zeitungen bezogen.«
Dies ist sicherlich Unsinn. Für eine solche Verbreitung fehlen nicht nur weitere Beweise, sondern schon die vorhandenen sprechen dagegen. Alles deutet darauf hin, daß die Aktion in dem von uns geschilderten engen Rahmen geblieben ist. Sefton Delmer ist ein großer Spötter, der manchmal mit Recht die leichtgläubigen Deutschen auf den Arm nimmt. Dabei weiß er in diesem Zusammenhang nicht einmal, daß lediglich ein 6-Pfennig-Wert gefälscht und in den Verkehr gebracht wurde. Er dagegen sagt: »Es handelte sich um einen Satz deutscher Briefmarken, die an Stelle des Kopfes von Hitler den von Himmler zeigten.« Später setzt er noch hinzu: »Ein Satz dieser Himmler-Marken erzielt heute bei den Auktionen hohe Preise. Ich wollte, ich hätte einige davon.«

Es gibt Leute, die merken es schneller als andere, daß ein Krieg zu Ende geht. Sie organisieren ihre Friedensgeschäfte bereits, während alle anderen noch ganz mit dem Krieg zu tun haben. Solche Leute wußten von der Himmler-Marke. Sie waren sich auch im klaren darüber, wie prächtig man dieses Stück an die Deutschen würde verkaufen können, sobald sie sich vom ersten Schock erholt hätten.

Diese schon an sich plausible Ansicht bewahrheitete sich so, daß heute zwei Ausgaben der Himmler-Marke gehandelt werden: eine sehr sorgfältig und eine weniger sorgfältig gemachte. Spezialisten bemühten sich mit großem Eifer, nachzuweisen, daß beide echt sein müßten, obwohl es auf der Hand lag, daß die eine Fälschung die Fälschung der anderen Fälschung war. An Perforierungsfehlern wollte man nachweisen, daß beide Marken an derselben Stelle gedruckt sein mußten, also beide amtlichen Ursprungs seien.

Höchstwahrscheinlich wurde auch die zweite Fälschung bei der gleichen Druckerei wie die erste amtliche Fälschung gedruckt, nämlich bei Waterlow & Sons Ltd., London EC 2, 26 Great Winchester Street, wenn auch beide Aufträge nicht in der Liste der von ihr hergestellten Briefmarken erscheinen. Das hat neben anderen wichtigen Gründen vor allem den, daß die Druckerzeugnisse nicht als ›Briefmarken‹ bestellt worden sind.

Es war für gewisse Leute nicht schwierig, eine weitere Himmler-Marke in Auftrag zu geben. Er brauchte nur von einem Vertreter der vielen Alliierten zu kommen, deren mehr oder minder bewiesene Amtlichkeit im Zusammenhang mit den Exilregierungen den englischen Stellen immer ein undurchsichtiges Gestrüpp blieb.

Natürlich durfte der Drucker nicht das Klischee des ersten Auftraggebers verwenden. Aber er hatte keinen Grund, den Druck einer ähnlichen Marke abzulehnen. Wenn dann die Mittelsmänner — es braucht ja nur der eine oder andere Freund gewesen zu sein — in der Etappe der deutschen Besatzungsgebiete auch mit dieser zweiten Version noch ein paar Postsachen frankieren ließen, stand einem langjährigen Verkauf der Himmler-Marke an das deutsche Sammlerpublikum nichts mehr im Wege.

Es gibt einen Briefwechsel, in dem sich deutsche philatelistische Stellen gegen den Londoner Vertrieb von gefälschten Fälschungen wandten. Nachdem sie aber als »Nazis« beschimpft worden waren, ließen sie die Sache auf sich beruhen. Mittlerweile begannen auch die Gebote auf diese Marken zu fallen, nachdem sie jahrelang auf deutschen Briefmarkenauktionen recht hohe Preise erzielt und eine hübsche Summe Geldes nach England gebracht hatten.

Das Zeitalter der Flugpost beginnt.
Oben: Erste Transatlantik-Flugpost.
Unten: Deutsche Flugpostmarke vom Jahre 1923.

Noch 1960 war die violette Himmler-Fälschung im Michel-Katalog mit 475 Mark bewertet worden, während die Fälschung der Fälschung immerhin auch mit 150 Mark ausgezeichnet war. Heute werden im gleichen Katalog keine Preise mehr genannt. Tendenz im Handel: Preise stark fallend.
Durch die englische *Himmler-Marke* waren Mitarbeiter des ›Reichsführers SS‹ auf die Idee gekommen, daß man mit Propagandamarken etwas anfangen könne. Zu Anfang 1944 hatte man Himmler überzeugt, daß man eine große Aktion starten müsse. Zehn Millionen organisierte Briefmarkensammler seien in der Welt verstreut, und sie würden wie die Freimaurer von wenigen Managern gelenkt — wenn man ihnen interessant gefälschte Briefmarken der Feinde in die Hand spielen könnte, müßte das einen Bombenerfolg haben.
Man hat viel davon hergemacht, daß diese ›Propagandafälschungen‹ im gleichen Konzentrationslager von den gleichen Experten wie die Pfundnotenfälschungen hergestellt wurden. In Wirklichkeit handelte es sich bei den so produzierten Marken um derart plumpe Produkte, daß man sie auch in jeder Abziehbilderwerkstatt hätte bekommen können. Schon die läppische Idee, als Grundlage die englische Jubiläumsmarke aus dem Jahre 1935 zu nehmen und statt des verstorbenen Königs nun Stalin in das Mitteloval zu zeichnen, links die englische Krone und rechts Hammer und Sichel zu zeigen und das Ganze noch in fehlerhaftem Englisch mit der Inschrift zu versehen: ›Dies ist ein jüdischer Krieg‹ — ermangelte jeglichen Wissens von wirkungsvollen Werbemöglichkeiten.
Auch die simple, auf altem Lebensmittelkartenpapier gedruckte Nachahmung der gängigen englischen Freimarken mit dem Kopf König Georg VI. — in ihrer überschlauen Einfügung von Davidsternen statt des Kreuzes und anderer Ornamente, von Hammer und Sichel statt des Pence-Zeichens — stellte mit den langen Reihen von Propagandaaufdrucken nichts als eine überladene weitere Nachahmung der schlichten ersten Propagandamarken der deutschen Sozialdemokraten dar.

Hundert Jahre Briefmarke

Auch die Engländer haben ihre Doktrin, wenn man darunter etwas versteht, was mehr einem nationalen Usus als einem staatspolitischen Bedürfnis entspricht: In *England* muß der Kopf des Herrschers auf der Briefmarke zu sehen sein, was auch immer sonst darauf abgebildet werden soll.
Die Hundertjahrfeier der ersten Briefmarke wäre eine schöne Gelegenheit gewesen, nun eben diese Marke wiederum zu re-

produzieren, vielleicht mit einer neuen Wertangabe, vielleicht mit einem Hinweis auf den zu feiernden Zeitraum 1840 bis 1940. Und da die erste englische Briefmarke immer noch zu den schönsten Briefmarken der Welt gehört und da auf ihr ja eine englische Königin abgebildet war, so hätte man die Doktrin damit auch erfüllt. Statt dessen fand man einen Kompromiß, indem man eine Zwillingsmarke ausgab, für sechs Werte in sechs Farben, nur nicht in Schwarz, der Farbe des Jubilars. Die Marke wurde doppelt so groß wie die normale – links der Kopf der Königin Viktoria im alten Stil, rechts der Kopf des Königs Georg im neuen Stil, links die Aufschrift ›Victoria‹, rechts die Aufschrift ›George‹, links die Zahl 1840, rechts die Zahl 1940.

So kam es, daß die erste Feier einer ganzen Folge von Hundertjahrfeiern der ersten Briefmarken verschiedenster Länder von England nicht mit einer Demonstration der schönen klassischen Marken eingeleitet wurde, sondern mit einer konventionellen Geste, einem mittelmäßigen Kompromiß, an dem niemandem etwas Gutes oder Schlechtes auffallen konnte.

Mit den Schweizer Sondermarken zur Feier der Ausgabe erster Schweizer Briefmarken vor einhundert Jahren begann aber dann der eigentliche Ernst nachdenklicher und dankbarer Erinnerung – und dies ist ja der Sinn eines Jubiläums.

Die Schweizer Sondermarken waren jeweils im Stil der ersten Marken gehalten, jedoch mit leichten Veränderungen vor allem in der Wert- und Landesangabe. Sie erschienen auf kleinen Bogen und wurden mit einem Zuschlag zugunsten der schweizerischen Nationalspende, des Roten Kreuzes und der Jugendstiftung ›Pro Juventute‹ verkauft.

In ihrer sauberen Ausführung erweckten sie das allgemeine Interesse an den alten Marken, ob es nun die ersten Züricher Kantonalmarken mit ihrem Zahlenmotiv, die alte Genfer Doppelmarke mit dem Wappen oder die ›Basler Taube‹ war.

Übrigens hat sich der Kauf dieser Bogen für die Liebhaber durchaus gelohnt: Wenn sie auf dem Postamt 1943 und 1945 zusammen neun Franken für sie zahlten, so entrichten Sammler heute gern den zehnfachen Betrag.

Und in diesem verständnisvollen Unterfangen einer Reproduktion der frühesten Marken zu ihrem Hundert-Jahr-Jubiläum blieb die Schweiz erfreulicherweise nicht allein. Heute gibt es schon eine ganze Sammlung dieser künstlerisch meist wohlgelungenen und kulturgeschichtlich interessanten Erinnerungsdrucke.

Einer der frühesten Sätze in der Nachbildung alter Marken wurde von der rumänischen Post 1932 emittiert. Dieser schöne Satz von sieben Marken auf Grund der ersten Ausgaben des Fürstentums Moldau und des Fürstentums Rumänien konnte

bereits zu dieser Zeit erscheinen, weil man das 75-Jahr-Jubiläum der ab 1858 ausgegebenen Briefmarken feierte.
1943 erschienen die Jubiläumsmarken Brasiliens zur Erinnerung an die sogenannten ›Ochsenaugen‹ von 1843, die Marken des brasilianischen Kaiserreichs unter Dom Pedro II. Diese im Stahlstich angefertigten Marken gab es auch noch auf einen Gedenkblock gedruckt.
Einen solchen Gedenkblock mit seinen ersten Marken hatte Argentinien schon 1940 aus Anlaß der Briefmarkenausstellung in Cordoba herausgegeben. Diese Hundertjahrfeier war allerdings etwas früh angesetzt, denn die erste Marke des Argentinischen Bundes erschien 1858 und die erste Marke der Argentinischen Republik sogar erst 1862. Die Republik Corrientes hatte 1856 begonnen, ihre den französischen Ausgaben nachgeahmten Freiheitsköpfe zu emittieren. Die Republik Cordoba folgte 1858 mit den Wappenturmmarken, und der Freistaat Buenos Aires brachte im gleichen Jahr seine ersten Schiffchen-Marken heraus. All diese Erstausgaben finden sich vereint auf dem argentinischen Block von 1940.
1949 erschienen dann in Frankreich die Reproduktionen seiner Freiheitskopfmarken von 1849 in feinem Stichtiefdruck. Von dieser Zeit an waren die sorgfältigen Reproduktionen der alten Marken die Regel und die oberflächliche Nachahmung oder die lieblose Abbildung die Ausnahme geworden.
Die Deutsche Bundespost hingegen meinte offenbar, die 1949 auf ihren Sondermarken zum Jubiläum »Hundert Jahre Briefmarken« abgebildete schwarze 1 Kreuzer Bayern könnte als echt verkauft werden, wenn man ihr nicht in grober Weise eine Ecke abzwickte. Bei den Jubiläumsmarken von 1959, die die ersten Marken der Hansestädte Hamburg und Lübeck feierten, hatte man sich jedoch von solchen Sorgen glücklicherweise freigemacht. Es setzte ein Run auf diese gut gestalteten Marken ein, und die kleinen Postämter waren rasch ausverkauft. So emittierte die Bundespost dann noch eine zweite Auflage, allerdings auch nicht ohne einen der kleinen Scherze, wie sie die Briefmarkensammler von den Herren über die Auflagenhöhen gewohnt sind. Die Berliner Bundesdruckerei erwies sich bei der zweiten Auflage als unfähig, den genauen Farbton der ersten Auflage zu treffen: ein Armutszeugnis, aber zugleich auch ein unglaubwürdiges. Es ist heute natürlich möglich, jeden Farbton wieder so zu treffen, daß zumindest der Laie keinen Unterschied entdecken kann. Das Manöver hatte jedenfalls das Ergebnis, daß die beiden Auflagen getrennt katalogisiert werden konnten, was einen Preisverfall der zweiten Auflage und keine Stützung der ersten Auflage zur Folge hatte.
Als Schlußfolgerung muß hier gesagt werden, daß die Politik

einer Vorankündigung und bürokratisch strengen Festlegung von Auflagen bei Sondermarken für kleine und für große Auflagen gleich unerwünscht ist. Viel zufriedenstellender ist die Praxis einer Garantie, wonach man eine besondere Marke soundso lange am Schalter erhält, was wiederum durch Nachdrucke reguliert werden kann.

Aber solche Ungeschicklichkeiten oder auch Unachtsamkeiten raubten den Sammlern keineswegs die Freude an den Hundertjahr-Sondermarken. Ihre Beliebtheit stieg und steigt immer noch, da ja ständig neue Jubiläen dazukommen. Um noch zum Abschluß ein bemerkenswertes Beispiel zu nennen, erwähnen wir die griechische Serie von sieben Werten, die 1961 zum Jubiläum der beliebten ersten Hermeskopfmarken herauskam. Obwohl im Offsetdruck hergestellt, zeigen diese Marken die erste Ausgabe Griechenlands vom Jahre 1861 doch in bester Kopie.

Wie bei Gemälden die leichte Zugänglichkeit guter Reproduktionen den Blick zu schulen beginnt und das Interesse weckt, die Feinheiten der Originale kennenzulernen, so weckten all diese Reproduktionen auf Erinnerungsausgaben bei immer mehr Briefmarkenfreunden den Appetit auf die Originalausgaben dieser ›klassischen‹ Briefmarken.

Viele von denen, die an den Abbildungen auf den Jubiläumsserien so viel Freude hatten, fragten sich alsbald, ob es nicht doch möglich sei, das eine oder andere Original zu erlangen.

Nun gibt es eine geschlossene Sammlerschaft in der ganzen Welt, die diese ersten Ausgaben sammelt. Meist ist es so, daß die stärkste Gemeinde der Erstausgaben eines bestimmten Landes in diesem Lande selber zu finden ist, aber es gibt auch besonders beliebte Länder, deren Erstausgaben von Sammlern in der ganzen Welt begehrt werden.

Allerdings hatte sich mit der Zeit erwiesen, daß die Zahl der in dieser Richtung interessierten Sammler nicht in gleichem Umfang angewachsen war wie das Heer der Sammler neuer Marken. Dadurch waren jene in einer bevorzugten Stellung. Obwohl ihr Interessengebiet die selteneren und wertbeständigeren Marken der Welt enthielt, war es in diesem Bereich doch immer noch möglich, weit eher Gelegenheitskäufe zu tätigen als bei den steil ansteigenden Preisen gewisser Spitzenwerte neuerer Modemarken. Dieser stabilisierte Markt der klassischen Marken, dessen Preiserhöhungen lediglich durch Korrekturen gegenüber Geldentwertungen bedingt waren, ist in Gefahr, ebenfalls in den Strudel der allgemeinen Aufwärtsbewegungen gezogen zu werden. Da die Erstausgaben aller Länder dem internationalen Briefmarkenmarkt nur in begrenzter Menge zur Verfügung stehen, wirkt sich jede Zunahme der Liebhabergemeinde hier sofort aus.

Entsteht ein außerordentlicher Zuwachs durch ein propagandistisches Moment wie die Werbung durch die Hundertjahrausgaben, dann ist der internationale Briefmarkenmarkt einfach nicht mehr in der Lage, die zusätzlich gewünschten Marken zu beschaffen. Man muß sie also den bisherigen Besitzern aus den Sammlungen locken. Und dazu gibt es nur einen Weg: Es müssen zum Verkauf reizende Preise geboten werden. Unternimmt man diesen Versuch in einem sich gleichzeitig noch erweiternden Markt, so führt dies zwangsläufig zu gegenseitigem Überbieten. Das Ergebnis ist eine Preislawine auf einem Gebiet, das bisher die Domäne des besonnenen, konservativen und damit sparsamen Sammlertyps war.
In seinen Bereich brachen nun beauftragte Herren ein, die auf ihre Brieftasche klopften, um damit anzudeuten, daß sie von vermögenden Seiten beauftragt seien, bestimmte klassische ›Ware‹ ohne Rücksicht auf bisherige Preisbildung aufzukaufen. Man kann sich leicht vorstellen, wie die Preise dabei ansteigen.

Sollen restaurierte Marken nichts ›wert‹ sein?

Von interessierter Seite wird einem Zeitungs- und Illustriertenleser immer wieder als angebliches Fachurteil aufgetischt, daß reparierte Briefmarken nichts mehr wert seien, auch wenn sie einen tadellosen Eindruck machten und die Ausbesserungen nur mit wissenschaftlichen Untersuchungsmethoden zu entdecken wären.
Daß diese Behauptung zugleich wahr und unwahr ist, liegt an der grotesken Tatsache, daß auf vielen Gebieten und so auch auf dem der Philatelie die Geschäftsgebaren die Vernunft oft beiseite schieben. Ein Unsinn, der keineswegs in der Sache begründet liegt, ist dennoch ein Faktum, mit dem zu rechnen ist, weil zwar nicht das Hobby oder eine kulturgeschichtliche Begründung, aber doch eine nutzbringende Berechnung es verlangt.
Gerade die führenden Briefmarken-Auktionsfirmen haben sich damit abgefunden, daß Marken, die ihren hundertsten Geburtstag hinter sich haben, früher oder später einem kleinen Unfall der Handhabung zum Opfer fallen oder sonst beschädigt werden und da und dort nachgebessert werden müssen. Dies nicht anzuerkennen, gliche der Torheit zu meinen, es könnte jungfräuliche Großmütter geben.
So wie die Kosmetik ein seriöses Gewerbe ist, so läßt sich nichts dagegen einwenden, daß kleine und große Kunstwerke

gelegentlich gereinigt oder ausgebessert werden, und kein vernünftiger Mensch nimmt daran Anstoß. Zwar wird es immer eine Fachdiskussion darüber geben, welche Verfahren und welche Methoden der Sache noch dienen und welche bereits das kulturhistorisch wertvolle Gut verändern oder, böser gesagt, verfälschen. Aber das muß jeweils am einzelnen Stück entschieden werden, und es ist Ansichtssache des Verkäufers, des Käufers und des oder der hinzugezogenen Experten. Und wie der Kunst- und Antiquitätenhandel im allgemeinen eine Sache unter Kennern ist und der Unkundige sich auf eigene Gefahr hineinbegibt, steht auch im Briefmarkenhandel manches, was man an garantierten Umgangsformen erwartet, nicht in den Spielregeln. Es wird nach Erhaltung gekauft, und die Erhaltung ist Ansichtssache.

Wenn es schon für klassische Briefmarken, also solche, die an die Hundertjahrgrenze herankommen, die wesentliche Erleichterung gibt, daß man zu ihrer Bewertung einfach in einem Katalog nachschlagen kann, so darf man doch die Simplifizierung nicht zu weit treiben und etwa verlangen, daß alle alten Marken, die den Normen des Preiskatalogs für Durchschnittshandelsware nicht mehr entsprechen, einfach weggeworfen werden.

In den Zentralen des Briefmarkenhandels, den internationalen Auktionshäusern, wo die Experten fähig sind, über den wirklichen Wert jeder Marke verantwortungsbewußt zu entscheiden, denkt man natürlich auch gar nicht daran, eine beschädigte oder bereits restaurierte Rarität in den Papierkorb zu werfen.

Es ist die Bequemlichkeit des uniformierteren Handels, die an der Verbreitung der abwegigen Ansicht interessiert ist, daß restaurierte oder reparierte Briefmarken etwas Minderwertiges seien. Dieser Teil des Handels, der bei der Qualitätsbeurteilung auf einen geschäftsfremden Prüfer angewiesen ist, blickt mit Neid auf andere Gewerbezweige, die nur fabrikneue Produkte vertreiben, bei denen der Verkaufspreis festgelegt ist, und die oft zudem noch zur Sicherung des Käufers mit dem Gütezeichen eines Verbandes oder einer sonst zuständigen Organisation versehen sind.

Auch bei der Briefmarke, die zu einem großen internationalen Geschäft geworden ist, versucht man diese Methoden zu praktizieren. Sie bewahren den Verkäufer vor jedem Nachdenken und schützen vor jeder Verantwortung. Der Preis steht im Katalog, und Qualität und Echtheit garantiert der dafür bezahlte Prüfer.

In einem solchen Paradies des philatelistischen Kleinverkaufs hat die reparierte Rarität keinen Platz. Sie wird deshalb nach altem Medizinmann-Brauch am besten für unrein erklärt. Gerade aber diese Methode, die den Preis einer ausgebesserten Briefmarke unter ihren wahren Wert sinken läßt, fördert den Betrug. Es ist viel leichter, für eine sauber restaurierte Marke einen Abschlag zuzugestehen, statt einen sinnlos niedrigen Preis hinnehmen zu müssen. Es ist für viele Briefmarkenhandlungen sehr bequem, die Fiktion zu verbreiten, sie führten auch bei seltensten Stücken nur sozusagen ›postfrische‹ Ware. Das bedeutet dann einfachstes Geschäftsgebaren. Alle Preise gehen stur nach dem Katalog. Dabei ist es für den durchschnittlichen Händler heute einfach nicht mehr möglich, die klassischen Briefmarken in dieser gleichbleibenden Qualität zu erwerben und zu verkaufen, weil es dieses Material einfach nicht mehr gibt und auch auf den Auktionen, trotz vieler schönfärberischer Behauptungen, kaum mehr angeboten werden kann.

So werden dann jene Marken verkauft, die man schnell einmal ein bißchen zum Reparateur gebracht hat, der seinerseits die ›Wasserfestigkeit‹ der Reparatur garantieren muß, aber außerdem beauftragt ist, im Verlauf seiner Arbeit ein bereits früher auf der Rückseite angebrachtes Echtheits- und Qualitätszeichen (Stellung des Zeichens) ja nicht zu entfernen oder zu beschädigen.

Hieraus ergibt sich zunächst einmal die Sinnlosigkeit der oft beruhigend erwähnten Verkaufsangabe ›mehrfach geprüft‹, denn ein Prüfzeichen ist nur für den eine Garantie, der die damit versehene Marke selber vom Prüfer erhalten hat. Da ihm dann auch die Versicherung auf einem besonderen Stück Papier genügen würde, ist der üble Brauch des Anbringens von Gütezeichen auf den leicht verletzlichen Raritäten völlig unnötig. Er dient lediglich der Förderung des Geschäfts, wird nur in Deutschland angewandt und ist nur gegenüber Leichtgläubigen wirksam.

Weiterhin ist die oft gehörte Forderung, daß reparierte oder restaurierte Marken auf ihrer Rückseite mit untilgbarer Stempelfarbe gekennzeichnet werden müßten, ebenfalls eine Augenwischerei. Auch damit wird lediglich die Urteilslosigkeit oder die Leichtgläubigkeit gefördert und der Betrug erleichtert. Es wird der Eindruck erweckt, als könnte man eine nicht reparierte Marke daran erkennen, daß sie kein Reparaturzeichen auf der Rückseite trägt. Tatsächlich wird eine nicht reparierte Marke immer nur daran zu erkennen sein, daß sie nicht repariert ist. Wer dies nicht selbst feststellen kann, muß sich auf die Vertrauenswürdigkeit und auf die Fachkenntnisse des Verkäufers verlassen. Alle angebrachten Zeichen dienen im Grunde nur dem Zweck, die Verantwortung irgendwohin ins Dunkel abzuschieben.

Wer Raritäten als Geldanlage und zur Spekulation kauft, dem

werden wir keinen Vorwurf machen. Er kann jedoch keinesfalls mit unserer moralischen Unterstützung oder unserem Mitleid rechnen. Er soll sich in all seinen Problemen an Leute wenden, die er dafür bezahlt. Wer Briefmarken aber als Liebhaber aus ästhetisch-kulturhistorischem Interesse, als seriöser Sammler kauft, wird sich eines Gewährsmannes — ob Fachhändler oder Auktionator — versichern und sich auch selber zu immer besserer Urteilsfähigkeit erziehen.
Aus solcher Zusammenarbeit resultieren Wert und Preis. Es gibt kein Schema für Preisabschläge pro Quadratmillimeter dünner Stelle oder pro Millimeter eines Risses. Übrigens ist jede Hinwendung zu solcher individuellen Behandlungsweise nicht nur in der Philatelie, sondern ganz allgemein erfreulich.
Zum Schluß noch eine wichtige Bemerkung: Ein repariertes Stück mit breiten Originalrändern — die Breite angesetzter Ränder würde natürlich für die Preisfestsetzung kaum eine Werterhöhung bedeuten — in herrlich frischer Farbe und mit zartem Stempel ist wahrscheinlich jedem vernünftigen Beurteiler stets mehr wert als ein unbeschädigtes Exemplar, über das sich sonst nichts Lobenswertes sagen läßt.

Umgang mit Fälschungen

Es gibt Leute, die beim Anblick von Mäusen oder ähnlichem einen Tisch besteigen und um Hilfe rufen.
Ähnlich ist es mit denen, die Briefmarken aus Finanzgründen sammeln und dabei so uninformiert, weil im Grunde uninteressiert sind, daß sie einen Farbbildausschnitt aus einem Auktionskatalog kaum von einer echten Briefmarke unterscheiden können: Das sind die, die auf den Tisch steigen und nach der Polizei rufen, wenn ihnen eine Fälschung angedreht worden ist. Aber gerade solche Leute sind es, aus deren Dummheit und Gier die rechten Chancen für den Fälscher entstehen.
Der echte Philatelist kennt seine Schutzmaßnahmen im Umgang mit Fälschungen und Fälschern. Aber die allgemeine Aufregung derer, die die Welt der Briefmarke zur Kapitalanlage machen wollen, teilt der seriöse Liebhaber nicht.
Alle haben ihr spezielles Gebiet der Philatelie beginnen müssen, ohne am Anfang die notwendigen Kenntnisse zu besitzen. Aber jeder kann sich hier auf zwei Weisen sichern. Einmal durch das Studium aller zugänglichen Literatur und zum anderen dadurch, daß er zunächst einmal sogenannte ›Knochen‹, also ›sammelunwürdige‹ Exemplare seines neuen Gebietes erwirbt. Diese beschädigten, aber oft immer noch ›albumfähigen‹ Stücke kann er für zehn Prozent des Katalog-

preises haben. Dadurch gewinnt er für wenig Geld wirklichen Einblick in ein Gebiet, das in ›Luxusstücken‹ oder ›Prachtstükken‹ ein Vermögen kosten würde.

Bald ist dieser Liebhaber dann so weit, daß er die echte Marke zu erkennen lernt. Es geht ja niemals darum, daß er über alle verschiedenen Fälschungen eines Gebietes Bescheid weiß. Darum ist es auch sinnlos, etwa eine Fälschung für den Zweck zu kaufen, damit man weiß, wie die echte Marke nicht aussieht. Es geht darum, daß man die echte Marke an ihren Wesensmerkmalen erkennen kann.

Wer dieses Stadium erreicht hat, kann nun getrost, mit Vorsicht und vom guten Rat sachverständiger Freunde unterstützt, beginnen, auch die Raritäten seines speziellen Gebietes zu erwerben. Aber nunmehr in sauberen, ästhetisch wirkungsvollen Exemplaren! Die Kunst, selber eine echte Marke beurteilen zu können, zahlt nicht nur die Unkosten zurück, die das Lehrgeld der anfänglichen Erwerbungen gekostet hat. Allein auf diesem Weg wird man zum wirklich kompetenten Kenner.

Es amüsiert den Spezialisten immer wieder, welche übertriebenen Ansprüche an die Qualität auch bei klassischen Marken von jenen Sammlern gestellt werden, die eben vom Sammeln postfrischer Neuheiten auf das Gebiet jener Hundertjährigen überwechseln. Bei ihnen geht die auf der Auktion erworbene Marke vorsichtigerweise erst noch einmal zum Spezialprüfer und dann erst ins Album. Sie gehören sogar oft einem richtigen Verein an und sitzen dann am Honoratiorentisch, wo die Raritäten diskutiert werden. Sie nähmen es übel, wenn man sie nicht als ›Kenner‹ achtete.

Dabei bilden die erwähnten Sammler sogar noch die Oberschicht des Vereins. Der der ›Mittelschicht‹ Angehörende läßt seine Raritäten nicht einmal prüfen, weil er sie so günstig erworben oder eingetauscht hat, daß ihn das dumpfe Gefühl quält, er könnte sonst etwas Unangenehmes erfahren. Wer weiß, wie schwer es ist, einem Sammlerfreund zu sagen, daß eine geliebte Rarität oder eine Spitzenmarke seiner Alben leider falsch ist, der sieht, wo eigentlich der Hebel anzusetzen wäre.

Auch auf den Großtauschtagen, wo sich die Sammler von nah und fern treffen, findet der Kenner oft falsche Marken zwischen echten versteckt. Wer jedoch darauf aufmerksam machen möchte, bekommt hier nur ein nachsichtiges Lächeln.

Es ist klar, daß Hilfe nicht durch das Gesetz geschaffen werden kann. Länder mit scharfen Gesetzen haben die größten Lumpen. Aber private Initiative im Sammlerverein, Studium der Literatur und Selbsterziehung zu philatelistischem Wissen und auch Selbsterziehung dazu, sich nicht etwas vorzugaukeln — all dies kann viel verbessern.

Der Meisterfälscher

Die besten der Fälscher müssen unbekannt bleiben, wenn ihre Produkte so fehlerlos sind, daß sie als echt hingenommen werden. Zu der Aristokratie der Fälscher, wirklichen Künstlern eines zwielichtigen Berufs, gehörte Jean de Sperati.
Er ist 1957, dreiundsiebzigjährig, als wohlhabender und angesehener Bürger in seiner Villa in Aix-les-Bains gestorben. Dreiunddreißig Jahre lang hatte er — und den größten Teil dieser Zeit in aller Stille — dafür gesorgt, daß die bedeutendsten Briefmarkenraritäten der Welt weitaus mehr Leuten zugänglich wurden, als es die Ausgaben der Post und das Schicksal ergeben konnten. Hätten ihn eifrige französische Zollbeamte nicht dazu gezwungen, sich selber zu verteidigen und die eigenen Produkte zu preisen, so wäre Sperati zwar auch wohlhabend, aber eben unbekannt gestorben. Die Liebhaber klassischer Briefmarken aber wären mit den von Sperati erzeugten Raritäten ebenso glücklich gewesen wie mit den echten Stücken.
Die Feldzüge, in denen Italien als Verbündeter Preußens gegen Österreich kämpfte, um Venetien zu erhalten, und in denen dieses erst von Österreich an Napoleon III. abgetreten, aber dann doch im Lombardisch-Venezianischen Königreich an Italien gefallen war, hatte Speratis Vater als Hauptmann mitgemacht. Pensioniert, wurde er Besitzer einer chemischen Fabrik, die einmal seine vier Söhne zu erben hofften. Giovanni de Sperati sollte die Buchhaltung des Werkes übernehmen und wurde auf eine kaufmännische Lehranstalt in Bologna geschickt.
Aber inzwischen hatte der Vater entdeckt, daß seine militärischen Kenntnisse nicht die notwendigen Geschäftserfahrungen ersetzen konnten, und die kleine Fabrik war verkauft worden. Der eine Sohn ging daraufhin in die Armee, der zweite wurde Fotograf und der dritte Briefmarkenhändler, während Giovanni — wohl mit schwindender Begeisterung — weiter die Handelsschule besuchte.
Den Weg zu seinem wirklichen Beruf fand der erst Fünfzehnjährige — es war kurz vor der Jahrhundertwende — in einer Buchhandlung in Bologna. Dort wurde eine zwölfbändige Enzyklopädie der Chemie angeboten, die fünfzig Lire kosten sollte. Giovanni zahlte zwei Lire an, rannte heim und zählte seine Ersparnisse. Es waren zweiundvierzig Lire. Mit der Anzahlung fehlten immer noch sechs Lire. Es war die Mutter, die sie ihm von ihrem Haushaltsgeld gab. In seiner Begeisterung hatte er sie überzeugt, daß er mit diesem Buch studieren und ein Erfinder werden könnte — ein Erfinder, der einmal viel Geld verdienen würde.

Und Chemie, das war wirklich das Gebiet, das den Jungen faszinierte. Er studierte nicht nur Formeln, sondern machte sich daran, Versuche durchzuführen. Alle Freunde der Chemie haben das gleiche in diesem Alter getan. Und alle können sich wie Giovanni beglückwünschen, daß nach erfolgreicher Explosion der wirksamen Mischung das Haus schließlich doch nicht in die Luft flog.
In Turin hatte Giovannis Bruder inzwischen sein Fotoatelier zu einer Versuchswerkstätte für fotochemische Verfahren erweitert. Er versuchte sich in Lichtdruck und in Kontaktdruckverfahren für Bildpostkarten und Buchillustrationen. Hier arbeitete nun Giovanni mit ihm, um einige neuartige Druckprozesse zu verbessern. Damit verbesserte er auch seine Kenntnisse in Steindruck, Lichtdruck, Fotografie und den ihnen zugrunde liegenden chemischen Vorgängen.
Durch Zufall lernte Giovanni Sperati auch mehr über die Technik der Papierherstellung, als selbst ein eifriges Studium der Fachbücher hätte einbringen können. Ein Vetter, Bürgermeister von Guarcino, besaß dort auch eine Papiermühle. Als Giovanni eingeladen war, dort die Ferien zu verbringen, fand man ihn die meiste Zeit nicht in Haus oder Garten, sondern zwischen den Bottichen der Papierfabrik.
Es war der ältere Bruder Giovannis, der den Briefmarkenhandel betrieb, und Giovanni den eigentlichen Anstoß zum Betreten der wenn nicht schiefen, so doch gewundenen Bahn gab. Dieser Bruder war auf die Marken von San Marino spezialisiert. Und so klein dieses San Marino auch ist, und so wenig Marken es bis zur Jahrhundertwende auch ausgegeben hatte — es war doch etwa ein Dutzend darunter, das zusammen ein kleines Vermögen kostete. Und da Giovanni in seiner Begeisterung wohl dauernd prahlte, mit welch wunderbaren Verfahren man nunmehr reproduzieren könne, so nimmt es nicht Wunder, daß die beiden schließlich auf die Idee kamen, einige dieser besonders raren Marken San Marinos zu ›reproduzieren‹.
Jean de Sperati meinte später, daß die Ergebnisse ganz ›brauchbar‹ gewesen seien. Aber sie erregten immerhin in Italien genug Ärgernis, so daß Giovannis Bruder nur mit einiger Anstrengung um eine Verurteilung wegen Markenfälschung herumkam.
Giovanni ging zwecks Luftveränderung nach Frankreich und nannte sich von nun ab Jean de Sperati. Einen besonderen Schock aber hatte ihm die Sache nicht gegeben. Im Gegenteil, er wußte nun, daß er seine wahre Berufung gefunden hatte.
In Paris arbeitete Sperati als Vertreter, vor allem von Postkarten und der fotochemischen Erzeugnisse seines Bruders. Aber er bereitete sich dabei unermüdlich auf seine ›spezielle

Mission‹ vor, die Welt mit Kunstwerken zu versorgen, die getreueste, ununterscheidbare Reproduktionen der seltenen Marken der Welt darstellen sollten, gleichsam in Faksimile-Sonderstufe I.

Nach modernen Drucknormen wird übrigens die Reproduktionstreue in folgender Weise eingeteilt: 1. Faksimilereproduktion (höchste technisch erreichbare Ähnlichkeit); 2. Reproduktionstreuestufe I (hohe Stufe der Ähnlichkeit); 3. Reproduktionstreuestufe II (geminderte, aber noch hinreichende Ähnlichkeit); 4. Reproduktionstreuestufe III (unzureichende Ähnlichkeit).

Bereits um 1909 hatte Sperati einige solcher Faksimilereproduktionen hergestellt, die er auch verschiedenen Philatelisten seiner Pariser Bekanntschaft zeigte. Einer von ihnen gab ihm darauf eine wirkliche Rarität mit dem Vorschlag, eine naturgetreue Kopie zu versuchen. Dieser Briefmarkensammler erhielt auch die gewünschte Kopie und schickte sie – wie wir hören, interessehalber – an den damals sehr bekannten internationalen Experten Max Thier in Berlin-Charlottenburg.

Dieser hochgeschätzte Markenprüfer war übrigens neben seiner Einbildung auf seine eminenten Kenntnisse auch sehr auf seine Geschäfte aus. Als Major Paul Ohrt 1906 die Herausgabe seines berühmten Handbuchs aller bekannten Neudrucke vorbereitete, schrieb er an Thier, ob dieser nicht, zur Vermeidung von Fehlern, vor dem Druck in die Fahnen Einsicht nehmen könne. Aber Thier schrieb ihm daraufhin: »Es hat keinen Zweck, mir Korrekturbogen zu senden, da ich, was ich nicht sagen will, doch nicht sage! Wenn ich mal privatisiere, dann werde ich gern meine Geschäftsgeheimnisse preisgeben. Heute muß ich sie, soweit wie möglich, für mich behalten!«

Über diese eingebildeten ›Praktiker‹ hat Jean de Sperati allezeit seinen Hohn ausgegossen, wobei er mit seiner Verachtung leider nicht immer unrecht hatte.

Jedenfalls kam das probeweise abgesandte Faksimile nach Paris mit dem Prüfzeichen von Thier zurück, womit dieser Experte bestätigte, daß es sich bei der Marke um ein Original handle.

Max Thier brachte Sperati auf die Idee, ein ›Goldenes Buch‹ anzulegen. Darin sollten all jene seiner Fälschungen einen Ehrenplatz erhalten, die von einem Prüfer, Experten oder Expertenkomitee geprüft und als ›echt‹ bestätigt worden waren. Die Sammlung dieses ›Goldenen Buches‹ brachte es tatsächlich im Laufe der Jahre auf zweihundertvierunddreißig dieser Stücke.

Das Hauptkontingent der irrenden Experten stellten die deutschen Prüfer. Hier hatten sieben Sachverständige ihre falschen Urteile abgegeben. In Frankreich selbst hatte Sperati nur drei

Experten gefunden, die seine Produkte für echt hielten. Zwei waren es in England und je einer aus Italien und Spanien. Die deutschen Experten hatten nach ihrer Art das Echtheitssignum auf den Rückseiten der Sperati-Erzeugnisse angebracht, während die französischen und englischen die üblichen Zertifikate ausgestellt hatten. Nach dieser Lesart, die wahrscheinlich die richtige ist, erscheint übrigens das Übergewicht deutscher Prüfer unter den Irrenden durchaus nicht mehr so groß, falls sich hinter den erwähnten ›zwei englischen Experten‹ etwa die beiden maßgebenden englischen Expertenkomitees verbergen sollten.
Die deutschen Prüfer, die solche Fehlentscheidungen meist allein auf eigene Rechnung zu nehmen haben, sind Kummer gewohnt, wenn sie ihn auch sorgfältig vor der Öffentlichkeit verbergen, denn — so begründete es unlängst einer der deutschen Senioren wohl nicht ganz so logisch, wie es ihm selber erscheint — »eine Erschütterung des Prüferprestiges käme nur den Fälschern zugute«. Die englischen Experten hingegen, die sich von Haus aus viel sicherer fühlen, da sie Entscheidungen gemeinsam fällen, traf der Schock viel schwerer.
Anfang der dreißiger Jahre ergab sich auch für die englischen Experten die unheimliche Tatsache, daß Fälschungen existierten, die man nicht als Fälschungen erkennen konnte. Man kannte die Quelle, den französischen Meisterfälscher Sperati, aber man war nicht imstande, die Produkte mit solcher Exaktheit zu definieren, daß man genau wußte, wo die Originale aufhörten und die Fälschungen begannen.
In dieser prekären Situation setzte die British Philatelic Association in strengster Vertraulichkeit ein kleines Komitee ein, das 1933 in einer gewissen Panik die Entscheidung fällte, daß jede öffentliche Information und Stellungnahme zu diesen gefährlichen Produkten unterdrückt werden solle. Nur um ein Narrenparadies und ein Gefühl falscher Sicherheit weiter zu erhalten, nur um den Seelenfrieden und damit das Geschäft nicht zu stören, erlaubte man dem Meisterfälscher ebenfalls, seine Produkte unkommentiert für ein paar weitere Jahrzehnte abzusetzen.
Das Groteske an diesem Schweigen aber war, daß es weder im Interesse der Öffentlichkeit noch im Interesse Speratis selber lag, sondern allein dem Handel diente.
Sperati dachte vor allem späterhin nicht mehr daran, sich in Gefahr zu begeben und seine Faksimiles etwa als Originale anzubieten. Das mochten andere tun, er jedenfalls machte es nicht. Er verkaufte jedes seiner Stücke als das, was es war, als ein Kunstwerk von Jean de Sperati, und zeichnete es rückseitig mit seinem Namenszug.
Käufer waren zwei grundsätzlich zu unterscheidende Gruppen

Vom Propellerantrieb zum Düsenflugzeug und dann zum Raumflug.

von Briefmarkenliebhabern, beide bereit, die für eine getreue Nachahmung immerhin hohen Preise Speratis zu bezahlen.
Die einen waren reiche Sammler, die die Briefmarke nicht als Objekt der Geldanlage betrachteten, ihren Zeitvertreib vielmehr nur als Vergnügen ansahen und es sich ein großzügiges ›Taschengeld‹ kosten ließen. Da man aber mit einem Taschengeld nicht auch die großen Raritäten kaufen kann, so machte es ihnen nichts aus, statt dieser ein immer noch preiswertes Faksimile von Jean de Sperati zu erwerben. Wenn das Stück dann im Album klebte, war dem Status eines reichen Sammlers Genüge getan: Er besaß alle Marken des betreffenden Gebietes, und an ein Verkaufen dachte er ja nicht — ganz abgesehen davon, daß man für eine gezeichnete ›Sperati‹ das ausgegebene Geld auch jederzeit wieder hereinbekam.
Die andere Kundengruppe Speratis, das waren schlicht die Betrüger in der Briefmarkenwelt. Sie konnten für die Kunstwerke Speratis einen hohen Preis bezahlen, weil sie einen noch viel höheren bekamen, wenn sie die Faksimiles als Originale weiterverkauften. Man konnte nämlich ein Sperati-Kunstwerk rasch in eine Fälschung verwandeln, wenn man das mit weichem Bleistift auf der Rückseite der Marke angebrachte Signum Speratis mit einem einfachen Radiergummi entfernte. Jean de Sperati hat allezeit darauf bestanden, daß das Fälschen und Betrügen erst mit diesem Vorgang beginne, und hat im wesentlichen immer damit recht behalten können.
Es wäre viel gewonnen gewesen, wenn ein Gericht ihn an diesem Punkt nicht nur zur Rechenschaft gezogen, sondern auch gezwungen hätte, das Richtige zu tun, nämlich seine Kunstwerke rückseitig mit derselben Farbe zu kennzeichnen, wie er sie vorn zum Drucken verwendete. Wenn jemand nun versucht hätte, mit chemischen Mitteln das Signum Speratis zu entfernen, wäre tatsächlich eine Fälschung entstanden.
Im Jahre 1868 entwickelte J. Albert in München ein Druckverfahren, das der Ausgangspunkt aller drucktechnischen Kunststücke und Praktiken Jean de Speratis geworden ist. Es ist der sogenannte Lichtdruck, und er besteht darin, daß auf eine mattierte Glastafel erst eine Haftschicht und dann eine Chromgelatineschicht aufgebracht wird. Deren Lichtempfindlichkeit erlaubt nun eine fotografische Behandlung. Das Ergebnis ist ein Bild im zarten Relief, das dazu die Eigenschaften hat, daß gewisse Flächen die Druckfarbe abstoßen, andere sie annehmen.
Man kann sich ein Verfahren vorstellen, in dem die Briefmarke in parallelem Licht ohne jedes fotografische Linsensystem — das immer die Gefahr verräterischer Formatveränderungen einschließt — im Kontaktverfahren auf die Schicht kopiert wird.

Dies erscheint alles recht einfach, und man wundert sich, warum dann das Lichtdruckverfahren nicht schon lange zur Herstellung täuschender Briefmarkenfaksimiles verwendet worden ist. Solche Versuche wurden tatsächlich gemacht, aber der normale Lichtdruck hat einige Eigenarten — Neigung zu kleinen Pünktchen, wo keine hingehören, und zum sogenannten Krümelgrund, ein feines Muster wie Schäfchenwolken, statt glatter Farbfläche —, an denen er vom Fachmann rasch erkannt werden kann.

Für Sperati war der Lichtdruck nur der Ausgangspunkt raffinierterer Verfahren, die in seinem Fall Geheimnis geblieben sind.

Aber dieses ›Mit-ins-Grab-Nehmen‹ von Geheimnissen ist auch eigentlich nur eine Redensart, die als Beruhigungsmittel benutzt wird. Tatsächlich hat sich heute in den Drucktechniken aus dem einfachen Lichtdruck von damals ein weites Gebiet entwickelt, das die verschiedensten Druckverfahren umfaßt und das man ›Heliographie‹ nennt.

Eine einfache Methode, von der verletzlichen Gelatineschicht wegzukommen, ist zum Beispiel die, ihr Relief galvanisch abzuformen, die so erhaltene Kupferhaut mit Metall zu hintergießen und dieses Klischee dann zum Druck zu verwenden. Es ist sehr fraglich, ob Jean de Sperati als Einzelgänger wirklich alle der modernen Drucktechnik zur Verfügung stehenden Möglichkeiten ausschöpfen konnte.

Wir dürfen nicht vergessen, daß eine Briefmarke keineswegs nur aus den zum Markenbild zusammengesetzten Farbschichten besteht, sondern sich weiterhin aus einem charakteristischen Papiergrund und eventuell auch noch aus der Zähnung, der Gummierung und einer Abstempelung aufbaut.

Um eine kleine Ahnung von der genialen Arbeitsweise Speratis zu bekommen, muß man nur einmal betrachten, mit welch geschickten Methoden er solche Schwierigkeiten überwand.

Der normale Fälscher einer grünen 18 Kreuzer Baden aus dem Jahr 1862 hat zunächst einmal ein dem Original-Markenpapier ähnliches Papier zu beschaffen oder zu präparieren. Dann muß er das Markenbild daraufdrucken und die Marke sorgfältig zähnen. Hierauf hat er, wenn er das Hindernis der Gummierung umgehen will, die Marke auch noch zu stempeln: eine Kombination von Aufgaben, in der die Wahrscheinlichkeit beträchtlich ist, daß der Fälscher in irgendeiner Hinsicht doch einen Fehler begeht!

Wie hat nun Sperati die Sache mit der 18 Kreuzer Baden angefangen? Er hat einfach eine billige 3-Kreuzer-Marke aus dem gleichen Jahr genommen, die nur eine Mark statt ein paar hundert Mark kostet, und hat das rosa Bild entfernt. Nun hatte er das Original-Papier mit der Originalzähnung und

einen garantiert echten Stempel bereits auf der leeren Marke sitzen. Ihr druckte er das Bild der 18 Kreuzer ein.
Dies erscheint auf den ersten Blick als phantastisch einfach. Aber das Kunststück bestand darin, die Farbe der alten Marke nicht nur einfach auszubleichen, sondern wirklich zu entfernen, damit auch im ultravioletten Licht keine Spur des alten Musters mehr zu erkennen ist. Dies ist Sperati hundertprozentig gelungen.
Da aber jede originale Marke anders gestempelt ist, mußte Sperati sein grünes Druckbild so aufbringen, daß es nicht über den Stempel zu liegen kam, sondern daß der Stempel immer als auf die Marke gesetzt erschien. Dem Meisterfälscher ist dieses Kunststück so gut gelungen, daß auch eine Lupe nichts enthüllt.
Man sollte meinen, daß eine derart forcierte Entfernung eines Markenbildes Spuren hinterläßt, die zumindest in UV-Licht zu sehen sein müßten. Vor mir liegen jedoch zwei dieser 18-Kreuzer-Sperati-Faksimiles, die ich eben mit zwei Originalmarken unter dem UV-Licht hatte. Alle vier Stücke reagieren gleich. Eine normale Markenwäsche, wie sie der Sammler vornimmt, bringt oft eine stärkere Reaktion.
Einzufügen sind hier zwei Bemerkungen. Die beiden eben genannten Stücke Speratis können dem Sammler nicht mehr gefährlich werden — es sei denn, sie werden auf einen Brief praktiziert. Sie tragen auf der Rückseite unverwischbar meine Expertennummer. Dann hat zwar Sperati vier verschiedene 18-Kreuzer-Faksimiles hergestellt. Aber jede dieser Typen A-D hat etwa vier winzige Kennstellen, die heute jedem Speratiexperten aus Vergrößerungen wohlbekannt sind.
Ende 1941 erwarb ich bei einer der größten Briefmarkenfirmen Londons einige bayerische 1 Kreuzer schwarz — zuerst ein ungebrauchtes Randstück und dann ein Doppelstück vom Rand. Als ich die drei Marken näher betrachtete, kamen mir Bedenken:
Die Marken waren von einer Trockenheit des Druckes, daß man annehmen konnte, der Drucker hätte Angst gehabt, zuviel Farbe von einem flachen Klischee auf das Papier zu bringen. Das Papier selber erschien mir etwas zu graugelblich. Das Randstück war ungummiert, das Doppelstück mit einem auf bayerischen Marken nicht verwendeten, dem badischen ähnlichen Gummiauftrag versehen.
All diese Einzelheiten bestärkten den Verdacht, daß diese drei Marken der Rest eines Viererblocks, eines gefälschten Viererblocks waren, bei dem die vierte kopfstehende Marke ausgeschnitten worden war, weil es zu gefährlich gewesen wäre, diese berühmte Kopfsteher-Rarität abzusetzen. Darum hatte man ›gewöhnliche‹ schwarze Einser daraus gemacht.

Ich brachte die drei Marken zurück und erwähnte die Gerüchte, wonach man in Frankreich auf fotografischem Wege sehr gute Fälschungen herstelle, auf denen kein Strich zuviel, höchstens einer zuwenig sei — was bei den drei Werten sich im Gesamteindruck auch ergebe.
Der Inhaber der bekannten Firma, selber Mitglied der Royal Philatelic Society, gab die drei Stücke dorthin zur Prüfung. Das Ergebnis war nicht zufriedenstellend. Es hieß in den Gutachten, daß die Stücke echt, aber nicht ausgegeben worden seien. Auf deutsch gesagt bedeutete dies, daß die Prüfer den Gummi selbstverständlich auch als den originalen Ausgaben nicht zugehörig erkannten, daß sie auch das Papier nicht als das originale Papier betrachteten und daß sie sich also alle Rückzugsmöglichkeiten offenhielten.
Heute weiß ich, daß meine Einwände gerade diejenigen waren, die man sämtlich gegen den Typ C der drei verschiedenen Nachdrucke des schwarzen Einsers durch Sperati erheben kann. Dieser Typ C ist auch der, mit dem Sperati gleichzeitig jene Rarität, die Kehrdruck-Doppelstücke des schwarzen Einsers hergestellt hat. Vor mir liegen jetzt die drei Typen der Fälschung in ›Sperati-Originalen‹, dazu ein Doppelstück des Kehrdrucks. Es ist übrigens ein wenig komisch, aber entspricht der tatsächlichen Situation, wenn man von ›Sperati-Originalen‹ oder auch ›Original-Speratis‹ spricht, denn diese berühmten Fälschungen werden ihrerseits in Paris gefälscht und als ›Sperati-Raritäten‹ angeboten.
Echte schwarze Einser, die nicht verausgabt, aber keine Makulatur waren, sind mir seitdem nicht mehr begegnet. Was die drei Stücke wirklich waren, kann ich nicht sagen, denn ich habe sie zurückgegeben. Dies konnte ich auch im Rahmen des Gutachtens der Royal Philatelic Society, da ich ja nicht etwa echte, nicht verausgabte Marken, sondern verausgabte Originale angeboten bekommen und gekauft hatte.
Jedenfalls skizziert diese Episode die Situation damals, als man noch meinte, man könnte Sperati und seine Produkte totschweigen.
Es war Jean de Sperati selber, der diese Mauer des Schweigens durchbrach, jedenfalls behauptete er es. Wir werden aber sehen, wie diese Entwicklung, die er eingeleitet haben will, um das Gehabe gewisser Experten und deren dürftigen fachlichen Hintergrund zu enthüllen, ihn in aller Klarheit als eben einen Fälscher, wenn auch einen Meisterfälscher, doch nicht als einen Ritter Sankt Georg im Kampf mit dem Drachen zeigt.
Im Februar 1942 sandte Sperati achtzehn seiner Reproduktionen auf einem Auswahlblatt an einen Briefmarkenhändler in Lissabon. Über Portugal führten zu dieser Zeit viele mehr

oder minder geheime Wege von Deutschland in die Vereinigten Staaten. Unter den achtzehn Marken waren acht, die von den Deutschen in Frankreich besonders gesucht wurden, nämlich Marken der altdeutschen Staaten. Es waren auch ein bayerischer schwarzer Einser darunter, einige Bremen, einige Hannover, einige Oldenburg und eine 18 Kreuzer der ersten Ausgabe von Württemberg, schwarz auf lila.

Es war damals nicht nur ein Zollvergehen, sondern sozusagen auch philatelistischer Hochverrat, solche Marken aus dem deutschen Einflußgebiet herausschmuggeln zu wollen. Handelte es sich aber um Fälschungen, dann war es wiederum doch eine gute Tat, sie dem ›Feind‹ andrehen zu wollen. Es zeigt die politische Ahnungslosigkeit Speratis, niemals versucht zu haben, diese politischen Aspekte auszuspielen.

Wir schreiben also Februar 1942. Die Sendung Speratis ist von den französischen Zollbehörden aufgefangen und geöffnet worden. Im April kommt es zu einer Gerichtsverhandlung in Chambéry, wobei ein Monsieur Gilbert, Mitglied eines Briefmarkensammler-Vereins, für den Gerichtshof den Wert der Marken schätzt und ihn auf 60 500 bis 78 000 Franc festsetzt. Jean de Sperati bezweifelt die Korrektheit des Gutachtens in allgemeinen Worten. Im November 1942 kommt die Sache vor das Appelationsgericht in Chambéry. Dort verlangt Sperati ein Gutachten des bekannten Kriminalsachverständigen Dr. Edmond Locard.

In der Verhandlung vom 12. Juli 1943 berichtet Dr. Locard, Direktor des Kriminaltechnischen Laboratoriums in Lyon, daß alle Marken echt seien und einen Gesamtwert von 223 400 Franc hätten.

Nun deckt Sperati seine Karten auf. Die vorliegenden Marken seien seine eigene Anfertigung und im Sinne der Anklage wertlos. Damit entfalle auch der Vorwurf des Versuchs einer Zollhinterziehung.

Angesichts dieser neuen Situation beauftragt das Gericht Dr. Locard, ein weiteres Gutachten abzugeben, das dieser auch am 4. Januar 1944 vorlegt.

Das Gutachten des Kriminaltechnischen Laboratoriums enthielt sieben Punkte, von denen jeder als ein Beweis erschien, daß es sich nur um Originale, nicht aber um Nachahmungen handeln konnte.

1. Das Gutachten sagt, daß selbst eine Nachahmung in Heliogravüre, durch die man die qualitativ besten Fälschungen erhalte, unweigerlich zu Größenveränderungen führen müsse. Die untersuchten Marken zeigten aber nicht einmal Unterschiede von einem zehntel Millimeter.

2. Zur Farbgebung der Marken meint das Gutachten, daß man eine Farbe vielleicht im Tageslicht genau nachahmen könne,

aber unter der Quarzlampe könne dann doch ein gewisser Unterschied gefunden werden. Ein solcher Unterschied sei aber in den Farben der achtzehn Marken gegenüber Originalen nicht zu finden.

3. Eine Fälschung habe nie das exakt gleiche Papier wie das des Originals zur Verfügung, was aber bei den strittigen achtzehn Objekten der Fall sei. Es wird besonders auf das Papier der 1 Kreuzer schwarz von Bayern hingewiesen, deren Papier mit dem der Originale identisch sei.

4. Einige der untersuchten Marken hätten Wasserzeichen. Das Fälschen von Wasserzeichen sei praktisch unmöglich. In den vorhandenen Fällen sei das Wasserzeichen in allen Maßen mit denen der Originale gleich.

5. Der größte Teil der vorgelegten Marken habe rückseitig noch seine Gummierung. Diese stelle jeweils die charakteristische Gummierung des Landes und der Ausgabe dar. Daß man diese verschiedenen Gummierungen nachahmen könne, sei unwahrscheinlich.

6. Die Zähnung ist ein Problem, an dem die Fälscher zumeist scheitern. Sie verlangt eine sehr kostspielige Maschinerie, weil eine Zähnung von Hand leicht zu entdecken ist. Hier jedoch sei jede Marke richtig gezähnt.

7. Neben Art und Konsistenz eines Papiers sei besonders seine Stärke zu beachten, wobei zwischen Originalen und den untersuchten Objekten sich auch nicht ein Unterschied von einem tausendstel Millimeter ergebe.

Aus all dem zieht Dr. Locard den Schluß: »En toute certitude et en toute évidence les timbres figurant au dossier ne sont pas des imitations.« — »Mit aller Sicherheit und ganz offensichtlich sind die in Frage stehenden Marken keine Imitationen.«

Wohl aus Verärgerung über den hartnäckigen Sünder erhöht Dr. Locard seine Schätzung des Wertes der achtzehn Marken nun auf 303 200 Franc.

Da wir kein Lehrbuch für Sammler und auch keines für Fälscher schreiben, ist es unnötig, den Inhalt des Gutachtens auch noch zu erörtern. Wir wissen, daß Dr. Locard sich getäuscht hat und daß tatsächlich alle Schlüsse, die er aus seinen Feststellungen zog, nicht richtig waren.

Eines ist aber doch noch erwähnenswert: Dr. Locard meinte, daß das Fälschen von Wasserzeichen praktisch unmöglich sei, und zog den Schluß, die Marken müßten deswegen echt sein. Den Fälschungsdezernaten blieb also vierzig Jahre lang unbekannt, daß man die Druckfarbe einer Marke so entfernen kann, daß sie sich neu mit einem anderen Markenbild versehen läßt.

Dieses Kunststück hatte nämlich schon Speratis Bruder in

Italien angewandt, als er seine Fälschungen herstellte. Die Berliner Briefmarkenzeitung schreibt im April 1909 darüber, daß das Papier der Fälschungen eine erstaunliche Übereinstimmung mit dem der Originale zeige und daß sich dies sogar auf das Wasserzeichen beziehe, das man bis dahin als sicheren Schutz gegen Fälschung betrachtet habe. Das Wasserzeichen dieser Marken sei so gut, daß es sogar einige Experten getäuscht habe. Der erste Bogen dieses Wasserzeichenpapiers müsse allein viele tausend Mark gekostet haben. So haben wir hier das Paradoxon, daß Dr. Locard das Wasserzeichen richtig als echt beurteilte, aber den falschen Schluß zog, während die deutschen Experten unrichtigerweise das Wasserzeichen für gefälscht hielten, aber auf das richtige Endergebnis kamen.
Für die Verhandlung im Kriegsjahr 1944 hatte Jean de Sperati einen kleinen Scherz vorbereitet. Er legte dem Gericht neben den zur Verhandlung stehenden Bogen von achtzehn Marken eine Reihe solcher Bogen — immer mit den gleichen achtzehn Marken in gleicher Anordnung und Ausführung — vor. Gegen den Bericht ihres Sachverständigen konnten sich nun die Richter mit eigenen Augen überzeugen, daß die Angaben Speratis auch etwas für sich haben mußten. Es kam zu einer amüsanten Szene, als alle diese Kollektionen durcheinander gerieten, und niemand zu sagen wußte, welches der ursprüngliche beschlagnahmte Bogen sei.
Die Richter verurteilten zwar Sperati wegen Nichtangabe eines Briefinhalts zu 5000 Franc und wegen Zollhinterziehung zu 60 000 Franc Strafe, erlaubten aber einen Einspruch.
Im Sommer des nächsten Jahres war das Gericht endlich so weit, drei französische Experten zu benennen, die binnen dreier Monate ein Gutachten über die strittigen Marken abgeben sollten. Keiner der Experten mochte sich jedoch blamieren, und keiner nahm den ehrenvollen Auftrag an.
Erst weitere drei Jahre später fand sich ein prominenter Sachverständiger bereit, ein Gutachten zu liefern. Aus ihm ergab sich, daß keine der Marken echt sei, und daß die meisten ›einen unerfahrenen Sammler leicht täuschen‹ könnten. Was für eine Umkehrung der Situation!
Obwohl die Marken nun als falsch galten, verurteilte man Sperati wegen Nichtangabe des Briefinhalts zu der gleichen Summe von 5000 Franc und wegen Zollhinterziehung zu 20 000 Franc Strafe, was immerhin die außerordentliche Hochachtung des Gerichts vor den Kunstprodukten Speratis bewies.
Mittlerweile hatte man nämlich gegen Sperati in Paris einen weiteren Prozeß angestrengt, in dem die Vereinigung der Briefmarkenhändler als Nebenkläger auftrat. Das Gericht un-

Schweiz: Bauten-Serie und Jugendmarken.

tersuchte, was Sperati, seine Frau und seine Schwester während der letzten zwanzig Jahre getrieben hatten. Es gelang auch, eine Menge schmutziger Wäsche an den Tag zu bringen. Speratis Frau und Schwester wurden zu je vier Monaten Gefängnis verurteilt, Sperati selber zu zwei Jahren. Außerdem hatte er der Vereinigung der Briefmarkenhändler 500 000 Franc Buße zu zahlen.

Die Verurteilung Speratis schien, oberflächlich gesehen, ein sehr wirkungsvolles Ergebnis. Aber außer einer Einnahme von 500 000 Franc für die Vereinigung der Briefmarkenhändler war das Ganze ein Schlag ins Wasser. Keiner der Beklagten brauchte die Strafe abzusitzen. Wenn die Verurteilung eine Verbeugung des Gerichts vor dem Recht war, so zeigte der Erlaß der Strafe doch andere Unterströmungen in den Ansichten der Richter, obwohl man auf Grund einer Verordnung aus dem Jahr 1891 auch auf Alter und Gesundheit des Angeklagten Rücksicht nahm.

Jedenfalls wies das Gericht die Wünsche der Briefmarkenhändler zurück, die Zerstörung aller Faksimiles von Jean de Sperati anzuordnen. Sie blieben weiter sein Eigentum, soweit er sich in den Grenzen der Gesetze hielt. Und dies wollte Sperati natürlich in Zukunft schon aus Haß gegen den Handel tun. Er sollte ihn fortan keinen Fingerbreit mehr neben den Gesetzen erwischen. Seine Fabrikate würde er nunmehr, als Kunstwerke gezeichnet, an all jene verkaufen, die aufgrund der Riesenpropaganda der Gerichtsprozesse interessiert waren. Die Situation war unbefriedigend. Wer sollte hier nun auch noch etwas für die Philatelie tun?

Es war die Organisation englischer Philatelisten, die eingriff. Die British Philatelic Association schickte Unterhändler zu Jean de Sperati nach Aix-les-Bains, um mit dem hageren, distinguierten Meisterfälscher zu verhandeln. Die englischen Herren erklärten sich bereit, den Bestand der Fälschungen zugleich mit allen Rechten für rund 50 000 Mark zu übernehmen, wenn sich Sperati zugleich verpflichtete, keinerlei weitere Faksimiles mehr herzustellen. Sperati, dem das Alter die ruhige Hand und die gute Sicht der Augen zu nehmen begann, willigte ein. Wenn man bedenkt, daß Sperati zu dieser Zeit für eine Sammlung von 281 Faksimiles an Weltraritäten die runde Summe von siebentausend Mark verlangte und auch erhielt, war die Abfindung keineswegs übertrieben hoch.

Im Frühjahr 1954 fand in der Messerschmiedhalle in Warwick Lane in London eine ungewöhnliche Ausstellung statt. Die British Philatelic Association zeigte die Fälschungen Speratis. Es war die erste der Aktionen, um die Öffentlichkeit über die Existenz solcher Kunstprodukte zu informieren und die Experten damit vertraut zu machen.

Die Hauptattraktion war jedoch ein vierbändiges Werk, das die British Philatelic Association zusammen mit der Royal Philatelic Society vorbereitete. Es wurde für die Mitglieder der beiden Organisationen sowie für die Postverwaltungen und Kriminaltechnischen Laboratorien jener Länder herausgebracht, deren Briefmarken von Sperati kopiert worden waren. Jedem Werk dieser numerierten Auflage von fünfhundert Exemplaren war auch eine Anzahl von Speratis Faksimiles beigegeben, die sich der Experte je nach seinem Interessengebiet auswählen konnte. Während im ersten Band jede Fälschung Speratis in ihren kleinsten Merkmalen beschrieben war, konnte der Experte im zweiten aufgrund der im Lichtdruck hergestellten Vergrößerungen alle Einzelheiten feststellen.
Die dem vierten Band beigegebenen Original-Speratis waren insofern gesichert, als sie den Aufdruck ›Sperati-Reproduktion‹ auf der Rückseite trugen und zudem noch die Registrationsnummer des Experten, die mit der Nummer des ihm zugegangenen Werkes identisch war, führten.
Die Experten, denen dieses Werk zur Verfügung steht, wissen, daß nur durch diese gewaltige Arbeitsleistung die Sicherheit geschaffen werden konnte, daß jede Sperati-Fälschung von ihnen erkannt wird. Dabei ist die Tragikomödie aber noch lange nicht zu Ende. Heute gibt es Fälscher, die sich Zugang zu einem Exemplar dieses Werkes zu verschaffen wissen und an Hand der minutiösen Angaben an einem ungezeichneten, noch von Sperati stammenden Exemplar all jene Fehler beseitigen, die die Kennzeichen des Faksimiles sind. Sie versehen die Marke mit einem Stempel, der nicht im Verzeichnis der Stempelfälschungen Speratis zu finden ist, und geben sie kühn zur Auktion.
Solche Fälle sind aber eher Kuriositäten als eine wirkliche Gefahr. Auch diese Raritäten werden entdeckt, und auf lange Sicht dürfte eine echte Sperati wohl wertvoller sein als ein auf das Original hin verfälschtes und doch der Entdeckung ausgesetztes Stück.
Lächerlich bleibt allerdings weiterhin jenes Geschwätz, das zur Beruhigung der Käufer in der Öffentlichkeit geführt wird, wonach jeder Prüfer – mit und ohne Anführungszeichen – heutzutage natürlich sofort eine Sperati-Imitation erkennen könne. Eine solche Behauptung muß immer eine Illusion bleiben. Sie ist mehr als eine Illusion, wenn sie lediglich zur Täuschung der Öffentlichkeit gegeben wird.
Ein bekannter deutscher Experte schreibt dazu: »Diese ›Kunstmarken‹ sind ohne Zweifel gefährlich für einen Anfänger. Welche Fälschung, und sei sie noch so primitiv, wäre aber für einen Anfänger nicht gefährlich? Nach kurzer Zeit des Stu-

diums kommt man schon darauf, wo die Abweichung vom Original liegt.«

Der gleiche Experte schreibt mir aber privat: »In diesen Tagen erwarb ich eine Sperati-Sammlung, die, ob es nun schmeckt oder nicht, die ganze Prüferei sowieso ad absurdum führt.«

Daß es nicht nur die Speratis sind, die am übertriebenen Selbstbewußtsein gewisser Institutionen zehren, zeigt ein großes, mehrfach erschienenes Inserat aus einer Fachzeitschrift des Jahres 1963. Darin pries ein Briefmarkenhändler eine Fälschung für teures Geld an, von der er lobend erwähnen kann, daß sie jahrelang von fünf bekannten deutschen Prüfern als echt bezeichnet worden sei.

Wer will sich über die Experten lustig machen, die einer auf ein zehntel Millimeter genauen Sperati-Nachahmung aufgesessen sind, wenn diese Herren eine Fälschung rückseitig jahrelang mit ihrem Namenszug als echt garantierten, obwohl sie, wie eine einfache Nachmessung ergeben hätte, um nahezu einen ganzen Millimeter zu kurz war.

J. B. Moens — ein Genie der geschäftlichen Philatelie

Große Briefmarkenhändler werden selten. Gemeint sind solche, die nicht nur ein gut beleuchtetes Schaufenster in der Hauptstraße einer Stadt besitzen, sondern auch etwas mehr von der Sache verstehen, die selber Forschungen betreiben, Ergebnisse publizieren und als wirkliche Kapazitäten gelten können.

Man könnte hier fast behaupten, daß es in diesem Sinne heute unter den kleinen Händlern mehr ›große‹ gibt denn unter den großen. Es ist aber in Wirklichkeit natürlich so, daß die Fachleute immer dünn gesät waren und daß es auch heute unter den im Handel bekannten Namen einige gibt, die alle Ansprüche der Philatelie erfüllen. Es wäre gut und richtig, zumindest zwei dieser Namen aus Deutschland zu nennen, wenn es nicht als unangebrachte Propaganda aufgefaßt werden könnte.

So müssen wir uns in diesem Kapitel damit begnügen, einen der bedeutenden Händler aus der Geschichte der Philatelie zu nennen und die Art und Weise seiner Arbeitsmethoden zu skizzieren, um so nebenbei dann anzudeuten, daß auch die Hervorragenden nur Menschen sind.

Jean Baptiste Moens hatte in Brüssel bereits mit neunzehn Jahren einen Buchladen in der Galerie Bortier, anscheinend in der Rue de Madeleine. Dort machte er eines Tages die Bekanntschaft des nicht viel jüngeren L. Hanciau, der später sein Schwager und Geschäftsteilhaber wurde. Aber vorerst wollte Monsieur Hanciau nichts anderes als von Moens die Briefmarken haben, die die umfangreiche Korrespondenz eines Buchhandels doch bringen mußte. Moens fing daraufhin sofort selber an, Briefmarken für sich zu sammeln, war aber großmütig bereit, seine Doppelten an Hanciau abzugeben, was zu einer echten Sammlerfreundschaft führte.

Die Moenssche Mischung von praktischem Geschäftssinn und interessierter Sammlerleidenschaft, die ihn bereits zum Buchhändler gemacht hatte, führte ihn auch rasch zur Philatelie. 1862 veröffentlichte er ein kleines Buch über die ›Fälschung von Briefmarken‹, das im gleichen Jahr auch in England erschien. Dort las es der später so bekannte Philatelist Pemberton, der sich sofort daranmachte, ein viel besseres Buch über das gleiche Thema zu schreiben. Er korrigierte alle Fehler von Moens, brachte dafür aber eigene hinein.

Es ist anzunehmen, daß auf dieses Buch hin Moens den Eindruck hatte, Pemberton sei ihm etwas schuldig. Denn als acht Jahre später Moens durch einen Zufall die Möglichkeit hatte, Einblick in das Manuskript einer Forschungsarbeit von Pemberton zu nehmen, veröffentlichte er kaltblütig alle Ergebnisse Pembertons in seiner Zeitschrift ›Le Timbre-Poste‹, die er 1863 gegründet hatte. Wie Pemberton damals einem Freunde schreibt, hat er einen ganzen Vormittag lang geflucht, als er seine eigenen Forschungen zuerst in der ›Timbre-Poste‹ fand. Aber das war eine der Eulenspiegeleien von Moens, an denen er neben seinen Geschäften immer wieder Vergnügen fand.

Übrigens war Moens zu dieser Zeit bereits ein international bekannter Philatelist. So hatte er 1868 von der Bergedorfer Postverwaltung nach Einstellung der eigenen Markenausgaben deren gesamte Restbestände als Höchstbietender erworben. Es waren etwa 300 000 Stück der fünf Werte.

Bei diesem Kauf hatte sich Moens zugleich den Urstein der in Lithographie hergestellten Marken mitliefern lassen. Dieser Stein war die Grundlage einer ganzen Serie von Neuauflagen, die Moens trotz der hohen Restbestände von Originalmarken noch drucken ließ. Diese lieferte er billig an die Händler Europas, die ihrerseits die Schuljugend des ganzen Kontinents damit versorgten. Trotz dieser wahren Flut von Neudrucken sind heute besonders deren Erstausgaben zwar nicht in einzelnen Stücken, wohl aber in größeren Einheiten selten geworden.

Wie sich Moens Anfang der achtziger Jahre eine Druckplatte der letzten Marken des Kirchenstaates beschaffte, wurde bereits geschildert. Trotz mancher nörgelnden Bemerkung in der Literatur sind diese Moensschen Neudrucke eine ausgezeichnete Druckleistung, den Originalen sehr ähnlich und durch ihre Herkunft von den Originaldruckstöcken auch philatelistisch so interessant, daß jeder Kirchenstaatspezialist wohl kaum ohne die Moensschen Drucke seine Sammlung als vollständig ansehen könnte.

Kurz nach der Mitte der achtziger Jahre hatte Moens noch einen anderen interessanten Urstein für den Briefmarkendruck erworben. Es handelte sich um die berühmte ›Santa-Cruz-Platte‹, die er vom Grafen von Contreras für 300 französische Franken kaufte.

Im Jahre 1881 wurde der Urstein der ebenfalls lithographisch hergestellten, im Sommer 1873 für die Baskischen Provinzen und Navarra in Nordspanien ausgegebenen Briefmarken des im Aufstand befindlichen Kronprätendenten Don Carlos vom Sohn des letzten Postmeisters, des Grafen Contreras, in dessen Nachlaß gefunden. Die Marken lauteten auf 1 Real und zeigten das Portrait Don Carlos'.

Von dieser Platte wurden die verschiedensten Neudrucke hergestellt, bevor sie in die Hände von J. B. Moens kam. Schon die Anordnung der Zeichnungen auf dem Stein zeigt, daß es sich um den Urstein handelt. Oben ist eine einzelne Marke gezeichnet. Dann kommt in der Mitte der Platte ein Umdruckblock von zwölf Marken in zwei Reihen zu je sechs. Von diesem nahm Moens den Druckstein für seine Neudrucke der 1-Real-Marke ab.

Zur künstlerischen Abrundung des Drucksteins und wohl auch zur Verschönerung der ersten Abzüge, die zur Genehmigung der Marke dem Leiter der Carlistischen Post vorgelegt werden mußten, hatte der Zeichner den Leiter der Post und Auftraggeber, den Geistlichen Manuel Santa Cruz in einer Skizze — mit Stock und Baskenmütze vor einer Bergsilhouette stehend — auf dem Unterteil des Drucksteines abgebildet. Wir finden auf dem Stein auch die Unterschrift von Santa Cruz und die Angabe, daß die Skizze auf dem Stein nach der Natur am 14. April 1873 in der Lithographischen Anstalt von J. Cluzeau in Bayonne gemacht wurde. Mit dem Namen des Zeichners, der auf dem Stein unten rechts steht, haben wir ohne Zweifel zugleich auch den Entwerfer der Marke der Carlistischen Post. Es ist L. Rivetty.

Daß die Marken der Aufständischen im französischen Bayonne gedruckt wurden, darf nicht verwundern. Die Großmächte hatten in jener Zeit undurchsichtiger spanischer Erbfolgemanöver, die das Land immer auch einmal für kurze Zeit zur Republik machten, natürlich ihre Hand im Spiele. Deshalb ist es verständlich, daß die Generaldirektion der Post der Aufständischen zuerst in Bayonne saß. Daß sie auf ausdrücklichen deutschen Protest in das Aufstandsgebiet verlegt werden mußte, ist heute schon weniger einsehbar. Aber Deutsch-

land war insofern an den Thronfolgewirren beteiligt, als es auch einen Thronprätendenten stellte, nämlich den Prinzen Leopold von Hohenzollern-Sigmaringen. Nachdem aber Frankreich protestiert hatte, blieben die Spanier unter sich. Der Sohn Isabellas II. wurde als Alfons XII. spanischer König und regierte immerhin zehn Jahre. Aus den spanischen Briefmarkenausgaben ist die Regierungszeit nicht genau ersichtlich, wohl deshalb, weil in Wirklichkeit Sagasta und andere Minister regierten.
Der Aufstand des Don Carlos war im Februar 1876 nach militärischen Niederlagen endgültig zusammengebrochen, und der Kronprätendent ging in das Exil nach Frankreich. Es blieb sein Bild auf den Briefmarken, die dann J. B. Moens, zehn Jahre nach Beendigung des Aufstands, mit Hilfe der sogenannten Santa-Cruz-Platte in Form von Neuauflagen vermehrte. Er druckte sie in großen Bogen zu sechsundneunzig Stück. Aber der eigentliche Kleinbogen ist ein Block von vierundzwanzig Stück, der viermal auf dem großen Bogen stand und jeweils zweimal übereinanderstehend den Urblock von zwölf Stück aus der Santa-Cruz-Platte enthielt.
Um 1888 erwarb Moens auch noch neun Originaldruckstöcke der Briefmarken der Romagna, jener Landschaft im nördlichen Teil des Kirchenstaates, die sich 1859 von dessen Verwaltung trennte und unter dem Namen Romagna eine eigene vorläufige Regierung bildete. Die von ihr ausgegebenen neun Briefmarken wurden nur ein Jahr gebraucht, da mit der Gründung des Königreichs Italien das Gebiet der Emilia einverleibt wurde. In der Interimszeit gehörte die Romagna noch kurz zum Königreich Sardinien. Mit diesen neun interessanten Marken sollte Moens bei seinen Neudrucken die größten technischen Schwierigkeiten und den meisten Ärger haben. Daß er sich dies selber zuzuschreiben hatte, sehen wir an seinen Experimenten, die ihn schon ein wenig in die Nähe des kunstfertigen Sperati führten.

Die Marken der Romagna

Wie bereits erwähnt, hatte sich die Romagna 1859 vom Kirchenstaat getrennt. Noch im selben Jahr gab ihre vorläufige Regierung einen Satz von neun Briefmarken heraus. Es waren denkbar einfache Marken. In einem um die Marke laufenden Rahmen wurde Zweck und Landesname angegeben: FRANCO–BOLLO–POSTALE–ROMAGNE. Das Mittelstück zeigte Wert und Währung, die wie im Kirchenstaat der Bajocco war. Die Marken der Werte von einem halben Bajocco bis zu

zwanzig Bajocchi waren, wie im Kirchenstaat, in schwarzem Buchdruck auf farbiges Papier gedruckt.
Der Zeichner des Entwurfs und der Graveur des schlichten Originalstempels blieben unbekannt. Der Urstempel war aus Metall und hatte die Wertziffern beweglich eingesetzt. Indem man nun im Urstempel nacheinander die Wertziffern wechselte, konnte man die neun Gußmatrizen, eine für jeden Wert, abformen. Die Matrizenform wurde durch galvanische Verkupferung erzeugt. Mit Hilfe der Matrizen wurden dann die 120 Klischees für jeden Wert aus Antimonblei in der Letterngießerei Amoretti & Söhne in Bologna gegossen.
Mit den Druckplatten wurden Bogen zu hundertzwanzig Marken gedruckt, in zwei Gruppen zu je sechzig Marken geteilt.
Mit den Klischees ist man später sehr grob umgegangen. Sie waren aus der Druckerei Volpe & Sassi in Bologna, die ein Jahr lang die Romagna-Marken hergestellt hatte, an den Sitz der neuen Regierung des Vereinten Italien, nach Turin gewandert. Von dort gelangte eine Anzahl dieser Klischees nach schlampiger Aufbewahrung und unbekümmertem Transport in einem Sack, böse angestoßen, zur Postverwaltung in Florenz.
Zu dieser Stelle hatte nun ein Herr Usigli ausgezeichnete Beziehungen. Er borgte sich Klischees für Neudruckversuche aus und behielt neun, eins von jedem Wert, zurück. Die neun Klischees bildeten das Druckmaterial für sogenannte ›Probedrucke‹ oder ›Musterdrucke‹, die Usigli in verschiedenen Farben herstellte. Dazu umgab er sie mit einer Reihe von Strichleisten, um die geraden Linien zu betonen und die beschädigten etwas zu verbergen. Als Begründung für diesen merkwürdigen Rahmen druckte er unter jeden Abzug der gerahmten Druckstöcke das Wort ›Saggio‹, Muster, Probe.
Das Ganze war kein Erfolg. Wenige wollten diese farbigen Muster haben. In den achtziger Jahren gab es noch nicht so viele Sammler wie heute, die über die üblichen Spielregeln eines Hobbys hinaus auch ein ernsthaftes philatelistisches Denken, vor allem auf die drucktechnischen Feinheiten der Erhaltung eines Originalmotivs hin, pflegten. Ein Neudruck vom beschädigten Originalklischee war weit weniger wert – auch wenn dem Käufer die Tatsachen seiner Entstehung bekanntgemacht wurden – als etwa eine sauber ausgeführte Fournier-Fälschung, ein sogenannter ›Nachdruck‹, der dann in all seiner Schönheit eine Lücke im Album füllte.
So verkaufte Signor Usigli seine neun Originalklischees der Romagna-Ausgabe an einen Signor G. C. Bonasi in Mailand. Dieser wiederum verkaufte sie an Monsieur J. B. Moens in Brüssel. Das geschah im Jahre 1888 oder 1889. Bald darauf brachte Moens dann auch auf diesen Klischees basierende Romagna-Drucke auf den internationalen Markt.

Er hatte aber lediglich großen Ärger mit diesen Produkten. Kein Fachmann glaubte ihm, daß diese Erzeugnisse Neudrucke von Original-Druckstöcken sein sollten. 1896, als die Kontroverse noch heftig hin und her ging, ließ sich deshalb Moens von Bonasi die nachfolgende Bestätigung geben:

Monsieur J. B. Moens, Brüssel *Mailand, 8. 10. 1896*

»... Die Romagna-Klischees, die Sie erworben haben, sind echt und Originale. Ich kaufte sie von Monsieur Usigli, der sie seinerseits von der Generaldirektion der Post erwarb. Er hatte sehr schlecht ausgeführte Drucke damit hergestellt, weil die Klischees abgenützt waren. Einliegend die Druckproben, die ich besaß. Sie können die gleichen Klischees in Rom beim Postministerium sehen.

G. C. Bonasi.«

Was aber hatte Moens tatsächlich mit den von ihm erworbenen Original-Druckstöcken gemacht? Er selber behauptet folgendes: »Als wir diese Klischees erhielten, gaben wir sie an Monsieur G. Vandervondelen, unseren Klischeur, der sich sofort daranmachte, die defekten Linien geradezurichten.« Diese Behauptungen entsprachen den Tatsachen nicht im geringsten. Es läßt sich dies an Hand der 1898 von Moens gegebenen Rechtfertigungen und der von ihm hergestellten und vertriebenen Drucke beweisen.
Es wurde zunächst vom Originaldruckstock des 1-Bajocco-Wertes ein Guttapercha-, Gips- oder Wachsabdruck geformt und von diesem ein galvanischer Metallüberzug erzeugt. Er konnte dann mit Blei hintergossen werden. Das so produzierte Klischee war jedoch unbefriedigend, da am Originalklischee der Rahmen unten links eingedrückt war, was der Abzug getreu kopierte.
So schnitt nun Vandervondelen vom Galvano die ganzen äußeren Rahmenleisten ab und setzte neue herum, wie einen Bilderrahmen. Von diesem merkwürdigen Produkt behauptet aber nun Moens: »Nachdem wir nichts Anomales an der Probe gefunden hatten, die uns vorgelegt wurde, beauftragten wir unseren Klischeur, seine Arbeit fortzusetzen, die ganz zu unserer Zufriedenheit ausfiel.«
Diese Darstellung ist eine kühne Verdrehung der Tatsachen. Moens war als Philatelist mit dem Ergebnis ganz und gar nicht zufrieden, aber als sparsamem Geschäftsmann tat es ihm leid, das fertige Klischee wegzuwerfen. So blieb der gerahmte 1-Bajocco-Wert im Satz. Doch für alle anderen Werte wurde ein neues Verfahren ausgedacht.
Moens hatte nämlich inzwischen entdeckt, daß die Gußformen für die Romagna-Druckstöcke bewegliche Wertziffern auf-

wiesen. Er erkannte dies an den Rillen, die seine Blei-Druckstöcke hatten — und zwar kreisförmige für die einziffrigen Werte und ovale für die zweiziffrigen Werte 1/2 und 20.
Eben dies brachte Moens auf die Idee, wie er die Druckstöcke der anderen Werte erzeugen könnte. Wiederum fertigte er einen Siegelabdruck an, diesmal jedoch mit einem anderen Abdruckmaterial, das etwas einschrumpfte und die Druckstöcke der weiteren Werte etwas kleiner ausfallen ließ. Der Abdruck wurde von dem am besten erhaltenen Druckstock, dem der 3-Bajocchi-Marke, hergestellt und davon nun der Rahmen für alle übrigen Werte genommen. Von den Originaldruckstökken der anderen drückte man nur die Wertbezeichnung ab und setzte sie jeweils in den Rahmen der 3-Bajocchi-Marke ein.
Wer die Drucke dieser Wechselbälger betrachtet und die Methode ihrer Erzeugung kennt, wird ihnen kaum die Bezeichnung ›Neudruck‹ geben können. Sie jedoch als Fälschungen zu bezeichnen, wäre ungerecht gegen J. B. Moens, der ein bedeutender Philatelist war und dem in diesem Fall ja wirklich auch die Originalklischees zur Verfügung standen.
Die Kritik hatte Moens sogar vorgeworfen, seine Romagna-Marken seien über die Fotolithographie hergestellt worden. Dieses Delikt hatte und hätte Moens nie begangen; so konnte er triumphierend ein Attest des Brüsseler Druckers L. G. Laurent veröffentlichen:

»Der Unterzeichnete erklärt, im Verlauf des Jahres 1892 die Drucke der Romagna-Marken im Buchdruck hergestellt und für diesen Zweck sechzehn galvanisch erzeugte Klischees für jeden der neun Werte verwendet zu haben, welche Klischees von Herrn J. B. Moens geliefert wurden, in dessen Auftrag die Drucke gemacht worden waren.
Brüssel, 1. November 1897 *L. G. Laurent.«*

Die Erklärung bewies, daß in diesem Punkte Moens recht hatte. Aber zur Sache selber sagte sie nicht viel — das wußte er als Philatelist besser als die anderen. Er hatte all die verunglückten Druckklischees zu diesem Zeitpunkt längst einem anderen angedreht. Sie waren 1895 an den Pariser Händler Th. Lemaire verkauft worden, der sie wiederum an J. Goldner in Hamburg abgab. Goldner hatte auch von der Helgoländer Regierung die Originaldruckplatten der Marken von Helgoland gekauft und davon Neudrucke in der Berliner Reichsdruckerei und dann auch in privaten Druckereien anfertigen lassen. Besonders die ersten Auflagen der in der Reichsdrukkerei hergestellten Neudrucke von Helgoland sind zum Teil von den Originalen nur äußerst schwer zu unterscheiden und

PREMIER HOMME SUR LA LUNE
21·7·1969

genügten Generationen von Sammlern als ›Repräsentation‹ der Originale.
Doch mit den Romagna-Klischees hatte man ihn offensichtlich hereingelegt. Die Neudrucke wurden auch nicht originalähnlicher, als Goldner sie durch Steindruck-Übertragungspapier vervielfältigen und auf Sechzigerbogen bringen ließ, wobei es ihm gelang, das geschrumpfte Format der Neudrucke wieder auf das der Originale zu strecken.
Wie gesagt, J. B. Moens war ein überaus sachverständiger Philatelist. Nachdem sich der alte Fuchs die verpfuschten Klischees günstig vom Halse geschafft hatte, dachte er natürlich daran, seinen guten Namen in der Romagna-Affäre wiederherzustellen. Und zwar in aller Stille, indem er tatsächliche Neudrucke herausbrachte. Die neun Original-Druckstöcke, einer von jedem Wert, waren ihm ja geblieben.
Die Blamage war dadurch entstanden, daß ihm diese Druckstöcke zu kostbar erschienen waren, um den Versuch der Wiederherstellung direkt an ihnen selbst zu unternehmen. Das mußte jetzt wohl oder übel getan werden.
Es war für einen geschickten Fachmann leicht, die so schlecht behandelten Druckstöcke wieder in Ordnung zu bringen. Blei ist zwar schnell beschädigt, die eingedrückten Stellen ließen sich aber auch rasch wieder glätten. Von den nun wiederhergestellten Druckstöcken wurden je vier galvanische Abzüge gemacht, diese hintergossen und zum Neudruck benutzt.
Wer die Geschichte der Briefmarken-Neudrucke genauer kennt und nicht nur auf oberflächliche Definitionen angewiesen ist, wird diesen Romagna-Neudrucken seine Zustimmung nicht versagen.
Der englische Romagna-Forscher Dr. Donald S. Patton zählt für die Erkennung der Originale zwanzig Allgemein-Kennzeichen auf. Von diesen finden wir auf den endgültigen, nur in Viererblöcken gedruckten Neudrucken alle zwanzig wieder. Mit diesen erstklassig ausgeführten sauberen Drucken ist die Ehre von J. B. Moens in Sachen Romagna wiederhergestellt.

Könige der Briefmarkensammler

Wäre dies eine reguläre Geschichte der Briefmarke, so müßte hier das Kapitel vom ›König der Briefmarkensammler‹, Philipp la Renotière von Ferrary, geschrieben werden. Doch meldet die Überschrift bereits eine Einschränkung an, indem sie von ›Königen der Briefmarkensammler‹ in der Mehrzahl und nicht von jenem berühmten einmaligen König spricht.
Nach einem genauen Studium sämtlicher Geschichten über

Ferrary ist lediglich zuzugeben, daß er jedenfalls der leidenschaftlichste Briefmarkensammler der Weltgeschichte war. Je größer die Rarität, desto dringender mußte er sie haben. Bei Tag und Nacht reiste er durch die Lande, klingelte die großen Briefmarkenhändler heraus und kaufte alles, was ihm neu und wichtig erschien, einschließlich der Fälschungen. Die geschäftstüchtigeren der Briefmarkenhändler Europas trauten sich zu seiner Zeit kaum mehr schlafen zu gehen, weil sie fürchteten, sie könnten ein Mitternachtsgeschäft mit dem großen Ferrary verpassen: Deshalb schliefen sie inmitten ihrer Schätze.

Die Nachrichten über Ferrary scheiden sich scharf in zwei Gruppen. Die eine berichtet mit mehr oder minder bunter Ausschmückung, wie und wo er die bedeutenden Raritäten gekauft und was er dafür bezahlt haben soll. Die andere erzählt Märchen. All diese Hintertreppengeschichten haben wenig Bezug zu den Briefmarken. Hier liegt der Grund dafür, weshalb ein Mann inmitten der von ihm angesammelten größten Briefmarkenhäufung der Welt doch nicht für einen Connaisseur, einen verständnisvollen Liebhaber, ja, nicht einmal für einen sachverständigen Kenner gehalten werden kann.

Ferrary kam durch Erbschaft in den Besitz eines Millionenvermögens, das der italienische Zweig seiner Familie durch Geldgeschäfte und Eisenbahnspekulationen erworben hatte. Mit diesem Geld waren auch Fürstentitel in die Familie gekommen, der Titel eines Herzogs von Galliera durch den Papst, der eines Fürsten von Lucedo durch den italienischen König. Diese Titel führte Ferrary zwar nicht, da er einer illegitimen Verbindung seiner Mutter mit einem österreichischen Offizier entstammte, aber er blieb doch der Millionenerbe.

Die komplizierten Familienverhältnisse sollten am Ende doch etwas mit der Philatelie zu tun haben. Um sein Selbstbewußtsein wiederherzustellen, hat sich Ferrary später von diesem Offizier, einem Ritter von Kriegsfeld, Emmanuel de la Renotière, adoptieren lassen. Diese symbolische Maßnahme sollte schließlich das deutsche Reichspostmuseum um den Besitz der Ferrary-Sammlung bringen.

Philipp la Renotière von Ferrary, wie er sich nunmehr nannte, häufte seine gewaltige Kollektion im Palais seiner Familie in Paris an. Hier hatte er Pierre Mahé, einen bekannten Pariser Briefmarkenhändler und Freund von J. B. Moens, den Ferrary ebenfalls als einen der führenden Philatelisten der Welt schätzte, zu seinem Sekretär gemacht.

Pierre Mahé hatte die Aufgabe, all das, was Ferrary jeweils von seinen philatelistischen Jagdausflügen mitbrachte, zu sortieren, zu begutachten und zu katalogisieren. Die Marken kamen nicht in Alben, sondern in einen Briefmarkenraum, der mit Fächerschränken ausgestattet war. Die neuen Marken wurden, wie die bereits vorhandenen, auf Karton geklebt und in einen Umschlag gesteckt. Nach Art ihrer Beschriftung wurden die hinzukommenden Umschläge an der richtigen Stelle in die Regale eingefügt. Alles nach diesem Sortieren übriggebliebene Material wurde gebündelt oben auf die Schränke gelegt.

Es ist wahr, Ferrarys Sammlungen enthielten die bedeutendsten Raritäten der Welt. Aber es wäre eine Überschätzung des Geldes, dazu eo ipso anzunehmen, daß sie damit in die besten Hände, an die Stelle günstigster philatelistischer Auswertung gelangt seien. Zwar war Mahé ein tüchtiger Mann — aber wie man seine Position auch zu idealisieren sucht: Einen tieferen Sinn vermochte er nicht in die schier krankhafte Leidenschaft Ferrarys zu bringen. Die Sucht nach immer neuen Abarten, die Ferrary umhertrieb, machte ihn in den achtziger und neunziger Jahren des vorigen und im ersten Jahrzehnt dieses Jahrhunderts nicht nur zu einem Aufkäufer zweifelhafter Raritäten, sondern direkt zum Objekt einer speziellen Fälscherproduktion. Es wurden extra für ihn ›Ferraritäten‹ hergestellt.

Vor mir liegt eine solche Abart, von der es heißt, daß sie Ferrary einmal besessen habe. Es ist das Briefstück einer halbierten bayerischen schwarzen 1-Kreuzer-Marke mit übergehendem Stempel.

Ein solches Stück wurde in der sechsten Versteigerung des Ferrary-Nachlasses ausgeboten. Die halbierte 1 Kreuzer schwarz soll dort noch auf Streifband gewesen sein. Wie sie aussah, wissen wir nicht, da der Katalog keine Abbildung brachte. Man hielt also nicht viel von dem Los. Das hat seinen Grund vor allem darin, daß es einen bayerischen Portosatz von 1/2 Kreuzer gar nicht gab.

Das vor mir liegende Briefstück hat die Oberhälfte einer Marke aufgeklebt, ist also kein Diagonalschnitt. Der Nummernstempel ist 317, Schweinfurt. Er sitzt halb auf der Marke und halb auf dem Briefstück, dort, wo sich die untere Hälfte der Marke befinden sollte. Die Marke scheint noch auf dem ursprünglichen Papier zu sein. Auf der Rückseite des Briefpapiers steht ein Text.

Vielleicht gibt es sogar eine natürliche Erklärung für dieses Unikum einer 1-Kreuzer-Halbierung: Jemand hat aus Schlamperei eine halb abgeschnittene Marke aufgeklebt, so daß es sich nicht um eine ›Halbierung‹, sondern um eine halbe Marke handelt, die dann aber übergehend gestempelt wurde. Wer jene Schnipselbriefe der ersten bayerischen Ausgaben kennt, auf denen aus Platzersparnis nur Reste einer Marke aufgeklebt und richtig zentral abgestempelt sind, findet es nicht ganz unmöglich, daß auch einmal eine halbe schwarze Einser

durchgeschlüpft ist. Trotzdem bleibt eine Fälschung, eine Ferrarität, immer noch das Wahrscheinliche.
Als Fußnote soll hierzu noch eine Geschichte folgen, die von F. J. Melville stammt, der sie sich von einem der Fälscher selber erzählen ließ.
In Cullum Street, London, gab es um 1890 eine ›Firma‹, die nur zuverlässigen Leuten ihre Geschäftskarte in die Hand drückte. Aus ihr war zu entnehmen, daß die Herren ›Benjamin & Sarpy‹ jede Art von Fälschung in kürzester Frist zu liefern bereit seien.
Die harmloseren Kunden wurden ohne diese interessante Information beliefert. Wenn sie dabei einem geschäftlichen Irrtum zum Opfer fielen, hatten sie es sich selber zuzuschreiben. An der Wand des Ladengeschäfts befand sich nämlich eine Tafel, die besagte, daß die Firma nur für jene der gekauften Marken die Verantwortung der Echtheit übernahm, bei denen eine schriftliche Garantie gegeben wurde. Diese Auskunft war jedoch so angebracht, daß sie nur ein mit übernatürlicher Sehkraft ausgestatteter Kunde hätte erkennen können. Um jedoch auch dieser Möglichkeit Rechnung zu tragen, hing zumeist noch eine Karte darüber, die dem Kunden zurief: ›Bin heute sehr beschäftigt!‹ Dies natürlich in weit größeren Buchstaben.
Bis hierher handelt es sich um Tatsachen, die gerichtsnotorisch sind. Aber nun kommt die Geschichte Melvilles — der übrigens Präsident der größten Sammlervereinigung in Großbritannien war —, die Ferrary betrifft: Eines Tages betritt Ferrary den Laden in der Cullum Street. Nach Art rechter Dreigroschenoper-Figuren begrüßen die beiden Gauner Ferrary nicht etwa in Ehrfurcht, sondern so jovial, wie es unter wahren Ehrenmännern üblich ist. Sarpy steht am Ladentisch. Benjamin ist hinter einem Verschlag beschäftigt. »Haben Sie etwas für mich?« fragt Ferrary. Sarpy denkt angestrengt nach und meint dann: »Ich glaube schon. Da wäre eine Straits-Settlements mit kopfstehendem Aufdruck.« Sarpy läßt sich wiederum Zeit. Dann ruft er laut nach rückwärts: »Hör mal, Ben, hatten wir da nicht eine ›Straits‹ mit kopfstehendem Aufdruck? Mister Ferrary will sie sehen!«
Benjamin rumort im Verschlag: »Ja, ich glaube, wir haben sie noch. Ich werde nachsehen.« Nach einer Weile bringt Benjamin die Marke heraus. Sie wird Ferrary gezeigt, der sie akzeptiert.
Benjamin rumort wieder in seinem Verschlag. Sarpy ruft zurück: »Hatten wir nicht auch noch eine andere, eine von denen mit doppeltem Aufdruck, einer davon kopfstehend?«
Benjamin nimmt den Wink auf, ruft aus dem Verschlag: »Natürlich hatten wir sie. Ich muß nur nachsehen, wo sie steckt!«
Aber da die Firma auf ihren Geschäftskarten keine leeren

Sprüche gemacht hat, dauert es nicht lange: Auch die zweite Rarität ist fertig und wird Ferrary präsentiert.

Natürlich machen auch Gauner Scherze, und Melville verstand einen Scherz journalistisch auszuwerten. Aber es besteht kein Zweifel, daß sich genaue Tatsachen hinter dem Spaß verbargen.

Kein seriöser Händler läßt sich gern nachsagen, daß er seine besten Marken an einen Tropf verkaufte, dessen einziges Kennzeichen eine märchenhafte Zahlungsfähigkeit ist. Die Wahrscheinlichkeit einer Übervorteilung scheint dabei zu sehr auf der Hand zu liegen, als daß man glauben würde, ein Geschäftsmann könnte widerstehen. Jedenfalls wurden von den großen Händlern jener Zeit immer wieder Geschichten verbreitet, wonach Ferrary die Fälschungen sehr wohl erkennt, sie aber aus einer gewissen Rührung mit der Menschheit aufgekauft habe, um sie zu beseitigen. Es ist dieselbe unglaubwürdige Gartenlaubentonart, mit der im Briefmarkenhandel immer mit dem angeblich Goetheschen Wort geworben wird: »Sammler sind glückliche Menschen«. Man kann sich des Eindrucks nicht erwehren, daß damit ein wenig auch gemeint ist, sie seien Tröpfe.

Reiche Sammler und seriöse Händler, auch diese beiden Kategorien kommen zusammen und erfreulicherweise weit häufiger, als es der Pessimist erwartet. Wenn bei Tausenden kleiner Händler die geschäftliche Zuverlässigkeit das erfreuliche Ergebnis eines soliden Charakters ist, so ist es bei den wenigen ganz großen Händlern eine Sache des Geschäftsgebarens. Wer Raritäten an große Sammler verkauft, der muß, wenn er dieses Geschäft über Jahrzehnte betreiben will, erstens von Briefmarken wirklich etwas verstehen und auch mit seinen Preisen, selbst bei höchsten Summen, richtig liegen. Die Weltgemeinde ganz großer Sammler ist klein. Alle ihre Transaktionen werden diesem Kreis schließlich bekannt, zumindest ihren Vertrauensleuten. Wer sich hier nur einmal oder zweimal bei einem Geschäft vergreift, würde es bald zu spüren bekommen. Aus diesem Grunde konnte Ferrary zwar von kleinen Gaunern da und dort betrogen werden. Die Elite der Händler Europas versorgte ihn jedenfalls mit allen irgendwo freiwerdenden Raritäten.

Es wäre ermüdend, all die einmaligen Stücke aufzuzählen und die Riesensummen zu nennen, die von ihm dafür zu bezahlen waren. Es hätte nur dort einen Sinn, wo man etwas mehr sagen könnte als das, was in Katalog und Handbuch zu finden ist. Doch wie wir bereits andeuteten, gibt es um Ferrary allzu viele Märchen, daß man sich hüten muß, sie einfach wiedernolend weiterzuverbreiten.

Wir kennen bereits den englischen Philatelisten Pemberton,

Alpenlandschaften in der CSSR und Liechtenstein.

der sich 1862 darauf eingelassen hatte, ein von J. B. Moens veröffentlichtes Werk über Fälschungen zu verbessern. In seinem Buch brachte Pemberton auch die ›Enthüllung‹, daß die berühmte Schweizer Doppelgenf nichts als das Machwerk eines Züricher Briefmarkenhändlers sei. Wir hoffen nur, daß nicht zu viele Sammler auf diese irrige Nachricht hin die Doppelgenf aus ihren Alben entfernt haben. Es ist schwer, den heutigen Preis einer Doppelgenf, gebraucht oder ungebraucht, zu nennen, aber noch für 20 000 DM wird man kaum ein besonders schönes Stück bekommen.

Ferrary hatte nicht etwa nur eine dieser gelbgrünen Marken, sondern einen ungebrauchten Sechserblock. Was er dafür bezahlt hat, läßt sich nicht sagen. Auf der Pariser Auktion der Ferrary-Sammlungen erwarb ihn 1921 ein anderer der Sammlerkönige, der amerikanische Fabrikant Arthur Hind, um nahezu 60 000 Mark. Er war dafür bekannt, daß es ihm nichts ausmachte, wie hoch der Preis einer Marke auf der Versteigerung kletterte, wenn er sie nur am Ende zugeschlagen bekam. Er hielt diese erreichte Summe für diejenige, die die Rarität auch beim Weiterverkauf wert sein müßte. Bei der Betrachtung von Versteigerungsergebnissen kann man nur sagen, daß diese falsche Ansicht besonders in Zeiten der Geldflüssigkeit weit verbreitet zu sein scheint. Wie falsch sie ist, sehen wir schon daraus, daß der nächste Besitzer dieses Sechserblocks, der schweizerische Tabakmanager Maurice Burrus, ein sehr vorsichtiger Käufer, der auch warten konnte, ihn aus dem Nachlaß von Hind im Jahre 1934 für nur etwa 26 000 Mark erwerben konnte.

Über unseren Zeitgeist gibt die Versteigerung dieses Sechserblocks aus dem Nachlaß von Burrus genaue Auskunft.

Der Block wurde am Nachmittag des 16. April 1964 im Basler Stadtcasino ausgerufen. Im Auktionskatalog war das Stück mit einem Schätzpreis von 300 000 Franken aufgeführt. Dem Auktionator mochte diese Summe selbst etwas kühn vorgekommen sein. Wie sollte sich auch der Wert dieser Rarität in den letzten dreißig Jahren mehr als verzehnfacht haben?

Während der Auktionator Urs P. Kaufmann das Los ansagt, beginnen die Fernsehkameras zu surren, es erheben sich die ersten Gebotkarten im Saal. Jedes Heben einer solchen Karte bedeutet ein höheres Gebot. Bei jedem Sprung geht es um 10 000 Schweizer Franken hinauf. Das Tempo überstürzt sich. Ab 300 000 Franken geht es in Sprüngen von 20 000, ab 400 000 Franken geht es um 25 000 Franken höher. Bei 475 000 Franken erfolgt der Zuschlag. Die Fernsehkameras werden abgeschaltet. Sie sind ganze dreißig Sekunden gelaufen. In dreißig Sekunden ist der Preis des Stückes von 250 000 Franken – dies die Summe, mit der der Auktionator das Los

auszurufen begonnen hatte, 50 000 Franken unter dem Schätzpreis — auf 475 000 Schweizer Franken gestiegen.
Der Sieger war jedoch keiner jener Ausländer, die angeblich die Schweiz auskaufen. Die letzten Gebote wurden von Schweizern gemacht, und der Sechserblock der Doppelgenf blieb in der Schweiz. Das Stück aus dem Jahre 1843 war 1964 wieder in die Heimat zurückgekehrt.

Am 4. August 1914 hatte Frankreich dem mit Österreich verbündeten Deutschland den Krieg erklärt. Philipp la Renotière von Ferrary, der Mann zwischen den Nationen, ging in die Schweiz. Seine Sammlung mußte er in Paris zurücklassen. Einige Marken nur hatte er in seinem Gepäck mitnehmen können. Durch Europa durfte er nicht mehr in gewohnter Weise reisen. Doch dafür machte er nun die Runde durch die Briefmarkenhandlungen der Schweiz, wurde immer sonderbarer, fühlte sich von dem gehaßten Krieg eingepfercht und warf sein Geld in oft recht kindischer Weise für immer neue Markensammlungen hinaus, während er für persönliche Bedürfnisse kaum etwas ausgab. Das Ende des Krieges sollte er nicht mehr erleben. Am 20. Mai 1917 starb er in Lausanne.
Immerhin zeigt uns sein Testament, daß er als ernsthafter Philatelist noch große Entscheidungen zu treffen verstand. Nur einmal in Europa hatte er einen Ort gesehen, wo man der Briefmarke — abseits von allen Gelderwägungen und persönlichen Leidenschaften — den ihr gebührenden Platz einräumte. Dort fand sie sichere Betreuung, wissenschaftliche kühle Einreihung in das Geschichtsgefüge, Klassifizierung jeder Emission an ihren rechten Platz. Es war das Reichspostmuseum in Berlin, dessen Bestände Ferrary unter Führung des Kurators Carl Lindenberg kennengelernt hatte. Der große Philatelist hatte ihm auch die Schätze gezeigt, die nicht jedem Besucher zugänglich waren, und ihn dem Generalpostmeister Heinrich von Stephan vorgestellt, der der Initiator dieses seit 1872 bestehenden Museums war.
Ferrary muß es immer wieder beschäftigt haben, wie seine Schätze eines ruhelosen Lebens einmal doch einen Platz finden könnten, wo sie allen echten Freunden der Briefmarke zugänglich und sicher für Generationen aufgehoben wären.
Nach seinem Testament sollte die Sammlung geschlossen dem Reichspostmuseum in Berlin übergeben werden. Er setzte dem Museum eine Zuwendung von jährlich 24 000 Mark aus, die dem weiteren Ausbau der Sammlung zu dienen hätte. Eine zweite Zuwendung von jährlich 5000 Mark war für die selbständige Verwaltung im Rahmen des Museums bestimmt. Drei Jahre nach seinem Tode sollte die Sammlung in Berlin aufgestellt und dem Publikum zugänglich gemacht sein.

Diesem hochherzigen Plan bereitete die französische Regierung in der Revanchestimmung der Nachkriegszeit ein rasches Ende. Auch wenn man den Deutschen die Sammlung nicht gönnte, hätte sich eine weniger schlimme Alternative finden lassen müssen. Die französische Regierung jedoch erklärte Philipp la Renotière von Ferrary auf Grund seiner Adoption als Österreicher und damit als feindlichen Ausländer, beschlagnahmte die in Paris liegenden Markenbestände und ließ sie auf Reparationskonto versteigern — eine wahrhaft barbarische Antwort auf die menschenfreundliche Geste eines einsamen, unsteten Träumers.
Weiterhin ist nun nicht mehr viel zu berichten. In einer Reihe von Auktionen ab Juni 1921 wurden die Schätze Ferrarys an die Meistbietenden versteigert:
Die roten und blauen Mauritius, Post Office —
der einzig bekannte Kehrdruck der 15 Centimes der Ceres aus der ersten französischen Ausgabe von 1849 —
einer der beiden einzigen in der Welt bekannten Briefe mit einem von den drei jemals gefundenen Fehldrucken der badischen 9 Kreuzer auf Blaugrün —
die 1 Cent Britisch Guayana, karmin, von 1856 mit dem Segelschiff —
die schwedische 3 Skilling von 1855 in Farbenfehldruck Gelborange statt Grün und nur in einem Stück bekannt —
der einzig bekannte Zwanzigerbogen der roten 3 Pfennig von Sachsen —
das einzig bekannte Paar spanischer Isabella-Marken vom Jahre 1851, der 6 Reales blau, bei dem ein Klischee den falschen Wert ›Dos Reales‹, 2 Reales zeigt —
die seltensten Postmeister-Ausgaben der Vereinigten Staaten —
ein Paar des bayerischen Aichach-Provisoriums auf Brief, der grauen Nachportomarke zu 3 Pfennig, mit dem roten Überdruck von vier Zweien, die nur in sechs Exemplaren existiert —
die Missionar-Marken von Hawaii, besonders die ungebrauchte 2 Cent, von Ferrary aus der Sammlung Gaston Leroux erworben, der, wie man erzählt, eben wegen dieser Marke von Hector Geroux ermordet worden war —
dazu viele andere Weltraritäten und viele Tausende kleinerer Seltenheiten.

So wurde die große Sammlung Ferrarys von Auktion zu Auktion verschleudert, da der Versteigerungsort Paris gegenüber den großen Zentren London und New York in der internationalen Philatelie Provinz ist. Nach der vierzehnten Auktion war alles Material wieder so verstreut, wie es vor Ferrarys

Zeiten gewesen war, und die französische Regierung hatte 25 Millionen Franc eingenommen: eine nur geringe Summe in Anbetracht der Höhe der geforderten Reparationsleistungen, aber man hatte dafür den Deutschen etwas weggenommen, was die Franzosen offensichtlich selber gar nicht haben wollten und nicht zu würdigen wußten.

Zu den großen Käufern auf den Ferrary-Auktionen gehörte neben dem amerikanischen Industriellen Hind auch der schweizerisch-elsässische Tabakmagnat Burrus. Zum Unterschied von Ferrary scheint er, der ebenfalls eine gewaltige Sammlung zusammentrug, sich selber um seine Sammlungen gekümmert und sie auch ausgebaut zu haben. Er gehört also eigentlich nicht zu den ›Briefmarkenkönigen‹, sondern eher zu den gutbürgerlichen großen Philatelisten.

Gerade dieser Status hat es ihm ermöglicht, im entscheidenden Moment seine Sammlungen vor dem Zugriff der nationalsozialistischen Beschlagnahmeexperten zu sichern. Er machte das, was man in der Philatelie ›einer Sammlung die Zähne ausbrechen‹ nennt. In kluger Voraussicht befolgte er das indische Sprichwort, daß man nicht nur seine Spur verbergen, sondern auch eine falsche neue herstellen müsse.

Als die Deutschen im Zweiten Weltkrieg in das Elsaß einrückten, hätte Burrus vielleicht versuchen können, sich hinter seiner Schweizer Staatsbürgerschaft zu verstecken. Aber als gewiegter Finanzier hielt er von solch naiven Verfahren nicht viel. Er entnahm seinen Sammlungen zur rechten Zeit alle bedeutenderen Raritäten und wertvolleren Stücke und schickte sie in die Banktresore der Schweiz und vor allem der Vereinigten Staaten. Dann wurden die entstandenen Lücken in den Alben seiner Sammlungen, die ruhig weiter an ihrem Platz in der schloßartigen Villa von Sainte-Croix-aux-Mines, in der Nähe der Hoch-Königsburg, blieben, mit beschädigten und reparierten Marken, mit solchen zweiter Wahl und mit blanken Fälschungen wieder aufgefüllt. Als dann die Deutschen sich der Sammlungen bemächtigten, sie in Kisten auf Lastwagen luden und »heim ins Reich« brachten, konnte Maurice Burrus ruhig zusehen.

Nach dem Zweiten Weltkrieg holte Burrus seine verstreuten Kostbarkeiten wieder zusammen. Im Alter verstritt er sich jedoch mit den lokalen Behörden im Elsaß, ging erst nach Italien, dann nach Lausanne. Ein Testament im Sinne Ferrarys mochte er nicht hinterlassen. Er war sogar der Meinung, daß niemand besser als er seine Sammlung auch wieder verkaufen könne. Diesen Verkauf bereitete er vor, hatte aber seine Lebensspanne zu optimistisch eingeschätzt. Er starb mit siebenundsiebzig Jahren im Dezember 1959. Die Serie von Auktionen durch alle wichtigen Auktionatoren der Welt – jeder

Sammlungsteil wurde in dem am meisten interessierten Land versteigert — erlebte er nicht mehr. Um aus den Ergebnissen nur eine Zahl zu nennen: Allein die Auktion von 924 Schweiz-Losen aus der Sammlung erbrachte im April 1964 eine Summe von über zwei Millionen Schweizer Franken. Dabei fanden zu dieser Zeit die Burrus-Auktionen schon seit zwei Jahren statt.

Wenn wir so viel von den ›Briefmarken-Königen‹ sprechen, so müssen wir uns eigentlich auch die Nebenfrage stellen: Was ist eigentlich mit den richtigen Königen? Sammeln sie keine Briefmarken? Wir wissen von ihnen jedoch, daß sie es in besonderem Maße tun. Das braucht nicht nur damit zusammenzuhängen, daß sie eher in einer Position sind, in der man Briefmarken geschenkt bekommt, vor allem die des eigenen Landes.

So war zum Beispiel König Georg V. von England einer der stärksten Interessenten der Ferrary-Auktionen. Seine Sammlung, das Ergebnis eines halben Jahrhunderts, wurde von Georg VI. weitergeführt und bleibt natürlich in der königlichen Familie. Im Jahre 1953 umfaßte sie 330 große Alben mit rund 250 000 Marken.

Übrigens gibt es auch für den ›Außenstehenden‹ eine Möglichkeit, die Schätze der königlich-englischen Sammlung genau zu studieren. Mit Zustimmung des Königs brachte 1953 der ›Keeper of the Royal Philatelic Collection‹, Sir John Wilson, langjähriger Präsident der Royal Philatelic Society mit ihren nahezu tausend Mitgliedern, einen Band heraus, in dem die Sammlung beschrieben wird. Mit großer Exaktheit hergestellte farbgetreue Reproduktionen schmücken das Werk. Allerdings kostete jedes in Leder gebundene Exemplar der Ausgabe über 700 Mark.

Könige sammeln Briefmarken natürlich nicht im Hinblick auf materielle Werte. Aber selbst einem König mag der hohe Wert einer Briefmarkensammlung manchmal ganz günstig gelegen kommen. So konnte König Carol von Rumänien die von seinem Vater begonnene und von ihm fortgesetzte Sammlung in das Exil mitnehmen, was ihm das teure Leben im Ausland bedeutend erleichterte.

Ein Gegenbeispiel bot Faruk von Ägypten, dem der geschickte Transfer seiner Sammlung nicht mehr rechtzeitig gelang.

Als König von Ägypten hatte Faruk schon beim Verkauf der Sammlung seines Vaters im Jahre 1951 gute Erfahrungen gemacht. Obwohl es sich um oft nur überzähliges, recht wahllos zusammengetragenes Material handelte — Faruk sammelte ja selber weiter —, hatte die amerikanische Firma, die die Verwertung übernahm, auf einer Auktion in New York rund zwei Millionen Mark erzielen können.

Mit der Sammlung seines Vaters hatte Faruk Glück gehabt, mit seiner eigenen nicht. Als er im Sommer 1952 außer Landes gehen mußte, konnte er seine eigene Briefmarkensammlung nicht mitnehmen. Sie wurde von der neuen republikanischen Regierung Ägyptens versteigert. Die Firma Stolow in New York, die auch die Sammlung von Faruks Vater so günstig abgesetzt hatte, gab für das ganze Material ein Gebot von 720 000 Dollar ab, doch Gamal Abd el Nasser traute den Ausländern nicht, er wünschte eine Versteigerung in Kairo.

Vom 12. bis zum 18. Februar 1954 bot die Londoner Auktionsfirma H. R. Harmer im Auftrag der ägyptischen Regierung im Koubbeh-Palast von Kairo die Sammlungen Faruks aus. Die 1643 Lose erbrachten 104 330 ägyptische oder 112 284 englische Pfund, das sind rund 1,3 Millionen Mark.

Die amerikanische Firma, die das höhere Erstgebot abgab, hat sich viel darauf zugutegetan, daß Nasser weit günstiger gefahren wäre, wenn er ihre Dollars genommen hätte. Bei dieser Aufrechnung wird aber ein entscheidender Punkt ganz sacht unerwähnt gelassen. Die ägyptische Regierung hatte bei allen ihr interessant und wichtig erscheinenden Objekten einen Ausrufpreis festgesetzt. Bei diesen für das Land wichtigen Losen — es handelte sich vor allem um Stücke der Sammlung ägyptischer Marken, die den Schwerpunkt der Auktion bildete — mußte das Ausland entweder einen so hohen Preis zahlen, daß die Deviseneinnahme interessant wurde, oder die Marken blieben im Besitz Ägyptens. So hatte Nasser, auf dessen persönlichen Eingriff hin dieses Arrangement getroffen wurde, dafür gesorgt, daß eine beträchtliche Summe für die Republik hereinkam, aber zugleich eine ganze Anzahl der schönsten Stücke, besonders aus der klassischen Zeit ägyptischer Markenausgaben, Eigentum des Staates blieb.

Briefmarken im Museum

Briefmarken im Museum? Nun ja, natürlich in den Postmuseen. Das ist bei uns zulande die übliche Ansicht. Sie ist aber, mit Verlaub zu sagen, provinziell. Sie kommt, wie es auch Sir John Wilson in seiner Einleitung zur Beschreibung der Sammlung des englischen Königs erwähnt, daher, daß in den ersten zwanzig Jahren nach Einführung der Briefmarke das Sammeln auf Schüler und verschrobene Individuen beschränkt blieb. Das war von 1840 bis 1860. Seit dieser Zeit jedoch hat sich einiges geändert, was auch der konservativste Engländer freimütig zugibt. Nur bei uns hat man höheren Ortes immer noch Angst, die eigene Ernsthaftigkeit könnte Schaden nehmen, wenn man die Briefmarke als Kulturobjekt anerkennen würde. So gibt es bei uns die hervorragenden Stahlstiche preußischer Marken mit dem Porträt König Friedrich Wilhelms IV., die Professor F. E. Eichens entworfen und H. G. Schilling gestochen hat, zwar im Postmuseum zu sehen, nicht aber etwa im Stahlstichkabinett des Germanischen Nationalmuseums in Nürnberg, wohin sie weit eher gehörten als manches andere.

Das Britische Museum, dem in Material und wissenschaftlichem Status auch das Germanische Nationalmuseum den Vorrang geben muß, hatte diese deutschen Bedenken nicht gehabt. Es beherbergt deshalb eine der wenigen der Welt verbliebenen großen Generalsammlungen aus der Zeit vor der Jahrhundertwende, die nur durch die Ferrary-Sammlung überboten worden wäre. Es ist die Sammlung von Thomas Keay Tapling. Tafel um Tafel dieser Kollektion zu studieren, ist immer noch eine der besten Einführungen in die Geschichte der Briefmarke.

Tapling gehörte zum kleinen Kreis der ersten Mitglieder der 1869 in London gegründeten Philatelic Society, der späteren Royal Philatelic Society. Er war einer der wenigen Sammler, mit denen auch Ferrary Briefmarken tauschte. Dabei ging es dann allerdings nicht um postfrische Neuausgaben. So erhielt Tapling 1886 von Ferrary zwar eine blaue 2-Pence-Mauritius ›Post Office‹, die ungebraucht, das heißt ungestempelt war, aber von ›postfrisch‹ war keine Rede, obwohl es sich um ein sehr schön geschnittenes Stück handelt. Es ist die Nummer 14 im Internationalen Mauritius-Register.

Tapling hat seine Sammlung 1891 dem Britischen Museum vermacht. Sie wird dort als ein Zeitdokument geführt. Das heißt, sie wird nicht weiter ausgebaut, und die Fehler, die Tapling unterlaufen sind, werden nicht korrigiert. Selber noch Experte im Anfangsstadium, der ich vor zwanzig Jahren war, entdeckte ich eine falsche Braunschweig unter den Querrechteck-Pferdchenmarken dieses Landes; dazu eine schwarze 1-Kreuzer-Marke von Bayern. Ich erzählte meine Entdeckung dem ›Principal Keeper of Printed Books‹: Er nahm die Information gefaßt entgegen. So kann man in der Tapling-Sammlung des Britischen Museums die Briefmarken des 19. Jahrhunderts in all ihren Seltenheiten, aber auch in manchen Fälschungen studieren.

Die Vineta-Hochstapelei

Als Himmler im Zweiten Weltkrieg überredet wurde, seine Propaganda-Briefmarkennachahmungen gegen England drukken zu lassen, erzählte man ihm, daß es Millionen Briefmarkensammler in der Welt gebe, die alle zusammen nur von einigen wenigen, geschäftstüchtigen Managern gelenkt würden. Diese Manager allein bestimmten die Methoden, die die ›Sammelwürdigkeit‹ einer Marke deklarierten und die Preise manipulierten.

Manchmal könnte man fast diese Märchen glauben, wenn man beobachten muß, wie eine bestimmte Marke, die jahrzehntelang allen Fachleuten als ein zwielichtiges Stück bekannt war, plötzlich als seriös bezeichnet und mit ihrem angeblichen Wert im ›maßgebenden‹ Katalog ein lustiges Kletterspiel betrieben wird. Ein Beispiel dafür ist die Hochstapelei mit dem Vineta-Provisorium. Seine Geschichte diene als Beispiel für viele solcher Kunststücke.

In Paul Kohls Freimarken-Katalog von 1902 bis 1903 finden wir zwischen der Germania-Reichspostserie und den Germaniamarken mit der neuen Inschrift ›Deutsches Reich‹ eine Nr. 67 eingefügt. Dazu heißt es: »1901. Aushilfsausgabe. Freimarke Nr. 53 senkrecht halbiert mit violettem Aufdruck des neuen Wertes. 67. 3 Pf. auf 5 Pf. grün.«

Statt einer Bewertung gibt aber Kohl nur Striche. Er fügt hinzu, daß das Provisorium auf SMS ›Vineta‹ hergestellt und auch amtlich verwendet worden sei, weil die 5-Pfennig-Marken ausgegangen waren. Dabei beruft er sich auf einen Zeitschriftenartikel.

Nehmen wir nun den Michel-Katalog nach dem Ersten Weltkrieg her, so schillert die Nr. 67 in einigen anderen Farben. Sie ist dort mit einer Abbildung versehen, die die senkrecht halbierte 5-Pfennig-Marke der Reichspost mit dem Handstempelaufdruck zeigt. Der Text lautet: »1901 Vineta-Provisorium, violetter Handstempelaufdruck. Nr. 67 3 Pf. auf halbierter 5 Pfg.-Marke No. 55.«

Die Marke, oder eben die manipulierte Hälfte davon, hat es inzwischen tatsächlich zu einer Katalogbewertung gebracht. Es werden für ein ungebrauchtes Stück 800 Mark und für ein gestempeltes 650 Mark genannt, obwohl der Bewertung die Anmerkung folgt: »Neueren Forschungen nach ist die Notwendigkeit zur Schaffung dieser Aushilfsausgabe zu bezweifeln.«

Wie kam die Marke überhaupt an dieser Stelle zur Katalogisierung – mitten zwischen die Marken des Deutschen Reiches mit einer sogenannten Hauptnummer, die eigentlich jeder

Niederländische Besitzungen.

Deutschlandsammler haben müßte? Allein der Schwindel mit der Placierung treibt den Preis der Marke, von der nur sechshundert Stück ausgegeben wurden, künstlich in die Höhe. Die Marke war an Bord des deutschen Kriegsschiffes in brasilianischen Gewässern hergestellt worden. Nach den internationalen Postabmachungen aber haben Kriegsschiffe den Status eines Auslandspostamtes des betreffenden Staates. Die Vineta-Marke hätte höchstens unter ›Deutsche Postanstalten im Ausland‹ katalogisiert werden können, und dazu hätte es keiner Forschungen bedurft. Aber die Leute brachten es fertig, das Provisorium günstiger zu katalogisieren.
In gewisser Weise ist das Vineta-Beispiel der Vorläufer so mancher Provisorien deutscher Besatzungsbriefmarken des Zweiten Weltkriegs. Amtliche Vorschriften werden verbogen, bis sie rund um die Tatsachen reichen. Schwarz wird zu Weiß disputiert, was man dann als ›Forschung‹ bezeichnet, und schließlich prangen die Stücke mit hoher Bewertung im Katalog, und die ach, so kleine Auflage wird von den ›zufälligen‹ Besitzern langsam in den philatelistischen Verkehr geschleust. Allzuoft ist das Ganze eine umgekehrte Köpenickiade: Der Hauptmann ist echt, das Unternehmen der Etappe aber betrügerisch.
Im Jahre 1901, als auf dem Kreuzer ›Vineta‹ der Oberzahlmeister mit Genehmigung des Kommandanten Briefmarken herstellte, waren die deutschen Dienstvorschriften noch eindeutig. Ging eine Wertstufe der für die Mannschaftspost benötigten Briefmarken vorübergehend aus, so waren die Poststücke handschriftlich mit dem Portobetrag auszuzeichnen und dem Reichsmarineamt in Berlin zur Nachfrankierung zu übersenden. Die Einhaltung dieser Dienstvorschrift wäre für den Oberzahlmeister der ›Vineta‹ und seinen Kommandanten das einfachste gewesen. Sie wollten aber gern einmal selber Briefmarken herstellen, als sich die Gelegenheit dazu bot, und begannen die Dienstvorschriften zu verdrehen, bis sie zu dem Spiel paßten.
Die ›Vineta‹ lag im Januar 1901 im amerikanischen Staat Louisiana im Hafen von New Orleans, wo die Mannschaft die Kaiser-Geburtstagsfeiern der Deutsch-Amerikaner mitgemacht hatte. Die Zeitungen mit den Festartikeln schickte man dem Kreuzer nach Trinidad nach, von wo aus die Mannschaften nun ihrerseits diese Andenken nach Hause senden wollten.
Nun war aber die Versorgung der Kriegsschiffe mit dem Drucksachenwert nicht vorgesehen. Diese Lücke nutzten die Briefmarkenhersteller auf der ›Vineta‹ für die Umgehung der Dienstvorschriften aus.
Ob die zuständigen Stellen wirklich diese Handlungsweise

billigten, ist unbekannt — jedenfalls machten sich die Philatelisten, die sich zu Verteidigern der postalischen Berechtigung zur Anfertigung von ›Sondermarken‹ aufwarfen, diese Argumentation zu eigen. Sie behaupteten kindisch, daß die Dienstvorschriften nur für Marken anzuwenden seien, die der Kreuzer normalerweise mit sich führe. Für Marken, die der Kreuzer nicht bei sich habe, gälten die Dienstvorschriften nicht.

Jedenfalls stellte der Oberzahlmeister der ›Vineta‹ mit Genehmigung seines Kommandanten, statt die Post handschriftlich mit den Portosätzen zu markieren, sechshundert der nicht mitgeführten, aber plötzlich so notwendigen 3-Pfennig-Marken her, indem er mit einem selbstgemachten Gummistempel drei Bogen von je hundert 5-Pfennig-Marken bestempelte und halbierte.

Wie dürftig selbst von der Handhabung her das Provisorium war, ergibt sich daraus, daß zwar von der Aufgabe von Massendrucksachen geredet wird, es aber tatsächlich über vier Monate dauerte, bis die sechshundert Briefmarken verbraucht waren, obwohl sie nicht nur zur Drucksachenaufgabe, sondern im Doppelstück auf Postkarte als 5-Pfennig-Marke und im Viererstreifen auf Brief als 10-Pfennig-Marke verwendet wurden. Es war — mit einem Wort — die vollkommene Kinderpost-Spielerei. Nur weil das Reichsmarineamt seine Offiziere den Zivilisten vom Reichspostamt gegenüber deckte, konnte es im kaiserlichen Deutschland in dieser Angelegenheit keinen Skandal geben. Mit Bitterkeit unterstreicht der Staatssekretär des Reichspostamtes in seiner Beschwerde an das Reichsmarineamt die Tatsache, »daß auch solche Sendungen, für welche ein anderer Frankosatz als der zu 3 Pfg. Anwendung zu finden hatte, namentlich Postkarten, in größerer Zahl mittels halbierter Marken frankiert worden sind«.

Es ist eine spezielle Art von militär-philatelistischem Spaß, den wir auch von so vielen Ausgaben militärischer Briefmarkenprovisorien ebenfalls vom Zweiten Weltkrieg her kennen.

Selbst die Bearbeiter des Abschnittes ›Deutsches Reich‹ im berühmten Kohl-Briefmarkenhandbuch, Dr. Kalckhoff und Dr. Munk, konnten diesen Scherz nicht wieder aus dem Katalog entfernen. Sie schrieben 1926: »Unter Berücksichtigung aller dieser Verhältnisse haben wir zwar dem ›Vineta-Provisorium‹ eine eigene Katalognummer zugeteilt; der halbfette Druck derselben soll jedoch andeuten, daß No. 66 mit den übrigen Marken der Deutschen Reichspost nicht auf gleiche Stufe gestellt werden kann.«

Dies bedeutet, daß bei dem merkwürdigen Produkt selbst maßgebende deutsche Philatelisten vor gewissen Geschäftsusancen kapitulierten. Und der halbfette Druck — kein anderer

Katalog kümmert sich darum! Der Michel-Katalog von 1973 sagt lediglich, daß die Marke ›vom Marine-Oberzahlmeister hergestellt und unbeanstandet verwendet‹ wurde und gibt als Preis für die ungebrauchte Marke 10 000, für die gebrauchte 8500 Mark an.

Die Auktion: Umschlagplatz der Raritäten

Kataloge mögen Handelspreise für mittlere ›Ware‹ nennen. Bei Raritäten sind ihre Notierungen jedoch bloße Anhaltspunkte. Nur Anfänger kaufen Briefmarkenseltenheiten nach dem Katalog. Und natürlich gelangen auch immer wieder wertvolle Stücke direkt vom Briefmarkenhandel in die Hände privater Sammler. Aber die hohen Umsätze der großen Sammler, mögen sie nun im Kauf oder Verkauf liegen, werden auf den Börsen der Briefmarkenwelt, den großen Auktionen erzielt. Mit den Börsen haben diese Auktionen auch gemeinsam, daß man die Spielregeln kennen und den jeweiligen Trend erfühlen muß, wenn man erfolgreich sein will. Eine Erfahrung von Jahrzehnten, ein beträchtliches Fachwissen, das Talent der richtigen Beurteilung einer Situation, Mut und Geduld zugleich sind erforderlich. Es gibt nur wenige, denen diese Fähigkeiten eigen sind.

Natürlich setzen Tausende von Sammlern auf den Auktionen Millionen um, ohne die genannten Vorbedingungen zu erfüllen. Sie sind trotzdem mit dem Erworbenen zufrieden und halten sich für kluge Leute und glückliche Gewinner. Was sie wirklich sind, erfahren erst die Erben.

Auch für den weniger Eingeweihten gibt es jedoch bei der Auktion einen Satz von Regeln, die es erlauben, sicher zu kaufen. Wer sich an diese wenigen Regeln hält, wird durch Auktionskäufe nicht unbedingt reicher, aber auch nicht ärmer. Er erhält dann die Substanz zumindest genau so, wie wenn er auf der Börse als Außenstehender auf Nummer Sicher ginge.

Durch Schaden wird man klug, und ohne Lehrgeld geht es nicht. Aber man kann mit Vernunft und Zurückhaltung dieses Lehrgeld auch auf Auktionen wenigstens in erträglichen Grenzen halten. Wer dabei das ›Glück‹ hat, in einer Zeit der Geldentwertung zu leben, wird vielleicht gar nicht merken, daß er Lehrgeld zahlt. Er sieht die Preise der teuer erworbenen Raritäten weiter steigen und hält sich für einen geschickten Sachkenner.

Natürlich muß auch der selbstzufriedene oder der leicht zufriedenzustellende Markenliebhaber das Abc des Spiels gelernt haben. Dem, der zum erstenmal in einen Auktionskatalog

blickt, erscheint er als Sammelsurium unverständlicher Zahlen und Bemerkungen. Und, um es gleich zu sagen, das, was verständlich erscheint, ist Jargon, das heißt, es bedeutet nicht das, was gemeint ist, das, was es bedeuten müßte, sondern deutet etwas anderes an. Wem diese Erklärung dunkel vorkommt, der wird noch weit erstaunter sein, wenn er bestimmte Katalogausdrücke für bare Münze nimmt. Selbst abgebrühten Spezialisten wird manchmal von diesem Briefmarkenchinesisch noch übel. So schrieb der Kommentator der Schweizer Briefmarken-Zeitung, Gaudenz Müller, in einem seiner regelmäßig erscheinenden Artikel: »Es dürfte Sie interessieren, daß sich gewisse Herren Auktionatoren in Deutschland einmal etwas näher mit der Art der Beschreibung von Auktionslosen befassen könnten. Was den Sammlern da an Pracht-, Luxus- und Kabinettstücken serviert wird, die sich schließlich in zahllosen Fällen als gewöhnliche Albumqualität herausstellen, geht ins Aschgraue. Es wäre an der Zeit, mit solchen Superlativen etwas haushälterischer umzugehen und dafür einer korrekten Beschreibung der Lose mehr Aufmerksamkeit zu schenken.«
Tatsächlich hat jeder Auktionator seinen besonderen Sprachstil, und nur die genaue Kenntnis des Auktionsmarktes erlaubt es dem Bieter, sich nach der individuellen Beschreibung den wahren Zustand eines Stückes vorzustellen. Zuerst muß man wissen, wie man in den Besitz von Auktionskatalogen kommt. In England und Amerika kann man sie für einen festen Jahresbeitrag abonnieren, was zusammen mit den späteren Ergebnislisten einen ganz hübschen Betrag erfordert. Dafür hat dann der Bieter lediglich die für das entsprechende Los gebotene Summe und keinen weiteren Zuschlag zu zahlen. Dies heißt, daß die Unkosten der Auktion all jene zu zahlen haben, die sich dafür interessieren.
In Deutschland dagegen hat man die Kataloge anzufordern, dann bekommt man sie kostenlos und portofrei zugestellt. Diese Kataloge sind oft ein paar hundert Seiten stark und manchmal reich mit Fototafeln ausgestattet, davon vielleicht ein halbes Dutzend mit farbigen Abbildungen der Raritäten. Der Druck solcher Kataloge ist natürlich teuer und wird dadurch gedeckt, daß zu jedem ersteigerten Los vom Käufer noch ein Aufgeld von zehn Prozent verlangt wird. Dazu gibt es bei vielen Auktionatoren noch einen Zuschlag pro Los von 50 Pfennig, und die Zusendung des Loses wird dem Kunden auch noch berechnet; doch letzteres ist auch sonst überall der Fall.
Nachdem wir den Katalog genau studiert und uns Anmerkungen gemacht haben, welche Lose unser Interesse finden könnten, gehen wir zur Vorbesichtigung, die eine gewisse Zeitspanne vor der Auktion angesetzt ist. Während der Auk-

tion können die Lose ja nicht mehr genauer angesehen werden, da Briefmarkenversteigerungen in einem sehr raschen Tempo ablaufen.

Bei großen Auktionshäusern findet die Vorbesichtigung in den gleichen Räumen wie die Auktion statt. Nehmen wir als Beispiel eine der internationalen Auktionsfirmen in London. Die Tische laufen in U-Form um den Raum, wobei die offene Seite zum Auktionstisch hin liegt. Dadurch kann während der Versteigerung die Dame das aufgerufene Los jedem interessierten Bieter einen Augenblick vorhalten. Hierbei geht es natürlich nicht mehr um die Abschätzung des Loswertes, sondern um eine Unterstützung der Kurznotiz, die man sich über Vor- und Nachteile des Loses gemacht hat.

Diese Kurznotizen macht man sich während der Vorbesichtigung. Man holt sich die interessierenden Lose in Papiertaschen oder Umschlägen am Ausruftisch, wo sie systematisch eingereiht liegen und auf den Namen des Interessenten erst gebucht und dann bei Rücklieferung wieder abgebucht werden.

Von diesem zentralen Punkt aus ist jeder Kunde während seiner Beschäftigung mit den Losen gut zu überblicken. Dabei sitzt er mit dem Rücken zu einer Wand, die aus Spiegeln besteht. Diese Spiegel reflektieren zwar ein Bild vom Auktionssaal, sind aber von der anderen Seite her durchsichtig. Es ist also auch hier eine Kontrolle möglich. Bei solchen Auktionen sind Diebstähle natürlich selten. Eine wirkliche Beobachtung wird nur bei unbekannten Interessenten durchgeführt.

Bei der Vorbesichtigung kann man sich über die Qualität der interessierenden Marken und über die obere Grenze seines Gebotes klarwerden. Dies ist sehr wichtig. Besonders Neulinge werden von der Atmosphäre der Auktion gepackt, beim Bieten mitgerissen und halten schließlich ein Los in der Hand, das sie viel zu teuer bezahlt haben. Manchmal geht es sogar alten Hasen so, wenn sie gegen einen Konkurrenten zu bieten haben und dann meinen: Was der zahlen kann, zahle ich schon lange!

Die Besucher der Auktionen bilden aber immer nur einen inneren Kern von Bietern. Es sind die ortsansässigen Sammler, die Spezialisten, die einige wichtige Lose ersteigern wollen, und die Händler, die für sich oder in fremdem Auftrag kaufen. Um diesen Kreis der Anwesenden gruppiert sich eine weit größere Gemeinde der Postbieter. Es sind die Interessenten, die ihre Wünsche an Hand des Kataloges bestimmen, ein Höchstgebot festsetzen und dieses dann auf den den Katalogen beiliegenden Auftragsformularen einsenden. Ihre Gebote werden wie die der anwesenden Bieter behandelt. Das Höchstgebot wird nur ausgenützt, wenn im Auktionsraum oder durch andere Postbieter das betreffende Los ebenso beboten wurde.

Der regelmäßige Postbieter kennt sich natürlich mit den Usancen der Briefmarkenauktionen aus. Er kennt die Fachausdrücke, den Jargon.

Bei den Qualitätsbezeichnungen weiß er, daß die Angabe ›fein‹ nun nicht ein feines Exemplar bedeutet, sondern eben eines, dem man nichts weiter Gutes, aber auch nichts direkt Schlechtes nachsagen kann.

Wird in Deutschland eine Marke als Prachtstück bezeichnet, so braucht man immer noch nicht aus dem Häuschen zu geraten. Es handelt sich dann zwar nach den optimistischen Vorstellungen des Auktionators um eine fehlerfreie, saubere Marke, die auch, wenn sie aus der alten Zeit der geschnittenen Marken stammt, vollrandig sein muß. Unter dem Begriff vollrandig darf man sich aber nicht etwa vorstellen, daß nun um das Bild der Marke allseitig ein schöner, breiter Rand verläuft. Für einen solchen Zustand werden ganz andere Kraftausdrücke notwendig. Vollrandig bedeutet, daß ein Sachverständiger ohne Lupe bestätigen können muß, daß um die ganze Marke noch ein Rand geht. Hat eine Marke ›Lupenrand‹, so bedeutet dies, daß ein gewöhnlicher Mensch hier überhaupt keinen Rand mehr sieht. Lediglich unter der Lupe ist zu erkennen, daß die betreffende Marke tatsächlich noch nicht angeschnitten ist. Hat die Marke einen wirklich guten Rand, so wird sie nicht als vollrandig, sondern als breitrandig bezeichnet. Heißt es jedoch ›an drei Seiten breitrandig‹, so bedeutet dies, daß man alle Sorge um den Zustand der vierten Seite haben muß.

Steht die Marke in der Qualität noch eine Stufe über dem ›Prachtstück‹, so wird sie ein ›Kabinettstück‹ genannt. Auch dies ist noch nicht der Gipfel der Vollkommenheit. Es bedeutet nur, daß diese Marke wirklich keinen Fehler besitzt und dazu noch einen besonders zarten und zugleich deutlichen Stempel oder einen sehr breiten Rand, eine gute Prägung oder eine leuchtende Farbe haben wird.

Der Bieter muß sich übrigens klar darüber sein, daß jede Bemerkung bei der Beschreibung einer Marke ihre gewisse Bedeutung hat. Auktionatoren sind nicht redselig. Wenn die Beschreibung von ›zartem Stempel‹ spricht, so bedeutet das etwas. Es muß nicht immer die angenehmste der Möglichkeiten sein, wenn zwei Ausdeutungen zutreffen können. Der ›zarte Stempel‹ mag lediglich besagen, die Marke sei so leicht abgestempelt, daß niemand enträtseln kann, was auf dem Stempel zu lesen ist. ›Kräftiger Stempel‹ braucht dann jedoch nicht zu heißen, daß hier Sorgen unnötig wären. Es kann auch bedeuten, daß der Stempel so kräftig auf der Marke sitzt, daß vom Markenbild nichts mehr zu erkennen ist. Auf alle Fälle sind die anspruchsvolleren Lose durch ein Foto im Katalog

illustriert. Für Schnitt und Stempel ist das Foto maßgeblich. Wer sich hier irrt oder etwas anderes zu sehen meint, als in Wirklichkeit zu sehen ist, tut das auf eigene Rechnung.
Zweifel, außer beim Preis, dürfen bei der höchsten Qualität, dem ›Luxusstück‹, nicht mehr bedrücken, obwohl man auch das gelobteste Stück nicht blind kaufen sollte — das ist eine Selbstverständlichkeit, die immer mit der Briefmarke verbunden bleibt. Ein solches Luxusstück muß einen schönen Rand, einen sauberen Stempel und frische Farben aufweisen. Nebenbei gesagt, muß es dann natürlich auch noch echt sein. Man kann jedes Stück, das man auf einer Auktion erworben hat, vom Experten prüfen lassen. Wird es für falsch erklärt, wird es im allgemeinen anstandslos zurückgenommen.
Man kann sich auch jedes Stück vor der Auktion zur Ansicht zusenden lassen — allerdings unter der Bedingung, daß die Marken postwendend wieder zurückgehen und daß das Hin- und Rückporto vom Interessenten bezahlt wird. Hier ist einzukalkulieren, wie großzügig manche Leute mit den Portospesen umgehen, die der andere zu bezahlen hat. Da packt man Marken drei- und mehrfach in wirklich überflüssige Pappe, bis sie ein beträchtliches Gewicht erreichen, schickt sie per Eilboten und klebt noch Überporto. Natürlich besteht das Porto aus Sondermarken — als ob das etwas bedeutete, da doch jede dieser Marken eine Auflage von 30 Millionen hat. Die Ansichtssendung ergibt sich so als eine teure Angelegenheit und ist nicht immer notwendig. Allerdings können andernfalls nur die Punkte reklamiert werden, die sich aus einer falschen Beschreibung im Katalog ergeben.

Beginn mit der Zigarrenkiste

Es ist interessant zu erfahren, wie ein großer Sammler weitere Marken auf einer Auktion erwirbt. Aber praktisch ist es doch so, daß die Mehrzahl aller Briefmarkenfreunde nie bis in jenes Stadium gelangt, in dem sie ihre Sammlung durch den Erwerb besonderer Raritäten auf einer Auktion ergänzt haben. Spaß mit Briefmarken beginnt wohl zumeist mit der bewußten Betrachtung der Kleinbildkunst auf unseren Briefen, die wir aus fremden Ländern erhalten. Leider ist die große Zeit der Ansichtspostkarte vorbei, als jeder jedem aus fernen Ländern Grüße schickte. Leider braucht man auch die Briefmarkensprache nicht mehr zu beherrschen, in der vor der Jahrhundertwende ganze Generationen von Haustöchtern der wachsamen Mama ein Schnippchen schlugen, indem sie geheime Nachrichten schickten und empfingen, die durch die besondere

Stellung der Briefmarke auf einer sonst harmlosen Ansichtspostkarte übermittelt wurden.
Trotzdem war die alte Zeit eine nüchterne Periode gegen die unsere, wenigstens soweit es die Briefmarke angeht. Da gab es Jahrzehnte um Jahrzehnte die gleichen Wappenmarken oder immer dasselbe Bild des Landesfürsten oder die beständige patriotische Allegorie.
Dies alles ist nun schon lange nicht mehr so trist. Die neue Zeit brach an, als eine bunte Auswahl von Motiven das Bild der Briefmarke zu beleben begann. Wer seine Augen aufmacht, wird auf dem Großteil unserer Briefmarken von heute immer wieder etwas Besonderes entdecken können. Wer dies einmal zu sehen gelernt hat, wird beginnen, da und dort bei seinen Bekannten gelegentlich um eine schöne Briefmarke auf einem Brief zu bitten, falls der Empfänger nicht selber schon Interesse daran hat.
Dies ist das Stadium der Zigarrenkiste. Dahinein wandern zunächst die Schätze noch unsortiert. Später entdeckt man, vielleicht bei einem Gang durchs Warenhaus, daß es ganz praktische Einsteckbücher gibt, deren parallele Reihen durchsichtiger Pergaminstreifen eine ganze Menge Marken aufnehmen können. Solch ein Buch, auch im großen Format, kostet nur ein paar Mark, und damit läßt sich eine erste Ordnung und Übersicht in unsere Sammlung, die ja vorerst nur eine Ansammlung ist, bringen.
Besonders Schlaue sehen sich nun nach fortgeschritteneren Briefmarkenfreunden in ihrem Bekanntenkreis um und nähern sich ihnen als die »armen Verwandten«. Natürlich langt jeder Briefmarkensammler in diesem Fall großzügig in seine Tauschkiste. Aber vergessen wir nie, das ist eine einmalige Geste. Das Geheimnis des guten Umgangs zwischen Briefmarkenfreunden ist das gleiche wie überall im Leben: Es besteht im Geben und Nehmen. Auch der Briefmarkensammler findet »im Tausche, im Rausche sein Glück«.
Falls nun eine schöne Briefmarke unserer Bundespost besondere Freude macht, etwa die Schmetterlingsserie, die Vogel- oder die Fischserie oder die moderne, aber geschmackvolle und farbenfreudige Serie unserer Landeshauptstädte, schneidet man solche Marken nicht nur froh aus der ankommenden Post. Man klebt selbst nicht nur die ›zornigen Deutschen‹, wie unsere Dauerserie von 1961 unter Briefmarkenfreunden etwas mißmutig genannt wurde, sondern versucht am Postamt irgendeine hübsche Sondermarke für seine Briefpost zu erhalten. Höflichkeit unter Liebhabern schöner Briefmarken drückt sich darin aus, daß jeder sich bemüht, mit besonders schönen Marken zu frankieren. Wer die Marken mit dem Wohltätigkeits- oder Jugendzuschlag erhalten möchte, frankiert am be-

sten selber mit solchen Marken. Mit der Variation des bekannten Wortes läßt sich hier sagen: »Was du gern willst, das man dir tu, das füg auch deinen Freunden zu!«
Auch Geschäftskorrespondenz bildet keine Ausnahme von der Spielregel der Gegenseitigkeit. So manches etwas weiterblikkende Unternehmen hat sich neue Kunden gemacht und sich weitere Freunde gewonnen, indem es statt mit dem zwar bequemeren Freistempler mit schönen Sondermarken frankierte.
Und damit etwas zum Geschäftspapierkorb. Man warte, bis die Umschläge tatsächlich im Papierkorb sind, und schneide nicht den Kollegen Löcher in die Briefe, bevor man sich vergewissert hat, daß sie wirklich nichts dagegen haben. Ich weiß, das Hamstern von Briefmarken wirkt äußerst ansteckend. Sobald sich herumspricht, daß jemand Briefmarken sammelt, dann ›sammeln‹ die anderen auch.
Erfahrungsgemäß ist die Markenauswahl der Geschäftskorrespondenz bald erschöpft, wenn der Auslandskorrespondent die Sache nicht direkt pflegt. Man sollte sich deshalb wegen einiger Briefmarken nicht unbeliebt machen, die dem Laien dazu noch meist viel wertvoller erscheinen, als sie es wirklich sind. Zudringlichkeit bei wertlosem Zeug wirkt besonders unangenehm.
Freilich sind wir selber in solchen Sachen stets untadelhaft. Aber wir mußten die Warnung hier schriftlich fixieren, damit die ›Briefelöcherschneider‹ gemahnt werden können, daß es nun schon in den Büchern stehe.
Natürlich ist fast alles möglich, und der leidenschaftliche Briefmarkenfreund wird auch aus mancherlei Papierkörben, ohne einen Pfennig auszugeben, eine ganz ansehnliche Sammlung zusammenbringen können. Nur eines sollte er nicht erhoffen: daß er auf diese Weise Reichtümer anhäuft und schließlich auch noch die Rote Dreier von Sachsen finden wird.
Zwar hat die sächsische Post in den Jahren 1850/51 fünfhunderttausend Stück von ihrer ersten Briefmarke, der roten 3-Pfennig-Marke, drucken lassen, und 463 078 Exemplare wurden auch tatsächlich verkauft – aber das ist schon lange her.
Dazu wurde die Marke zuerst nur für Streifband-Drucksachensendungen, vor allem von Zeitungen, verwendet. Dabei klebten die sparsamen Zeitungsexpeditionen das verschließende Streifband einfach mit der Marke auf der Zeitung fest. So sparte man zwar den Klebstoff, brachte aber zugleich der Briefmarke den Ruin. Denn der Empfänger der Zeitung zerriß beim Entfernen des Streifbands mit Sicherheit die Marke.
Da die sächsische Post die rote 3-Pfennig-Marke nur als eine provisorische Freimarke betrachtete und im Juli 1851 eine

neue, grüne und — wie man wohl meinte — auch schönere 3-Pfennig-Wappenmarke ausgab, wurden im Dezember alle noch vorhandenen roten 3-Pfennig-Marken verbrannt. Nur ein Bogen zu zwanzig Stück blieb bei den Akten. Aber auch er ist heute nicht mehr vorhanden. Ein sammlerfreundlicher oder auch nur bürokratisch genauer sächsischer Beamter ordnete 1891 an, daß der Bogen aufgeteilt und in einzelnen Exemplaren an das Publikum abgegeben werden solle. Deshalb wies das Budget des Landes Sachsen im Jahre 1891 einen Mehrbetrag von 60 Mark auf, denn das Stück Dreier-Sachsen wurde zu 3 Mark abgegeben.

Dies war die allerletzte Gelegenheit für den gewöhnlichen Sammler, an eine 3 Pfennig Sachsen zu einem vernünftigen Preis zu kommen. Immerhin, man soll nicht zu pessimistisch sein. Ähnliche Wunder geschehen immer wieder. Jeder Briefmarkensammler erinnert sich zumindest an eine schöne Gelegenheit, die er verpaßt hat.

Da war die Sache mit einem anderen Bogen der 3 Pfennig von Sachsen. In dem kleinen erzgebirgischen Städtchen Eibenstock hatte der Postbeamte die Idee gehabt, in besonders guter oder besonders schlechter Laune einen solchen Bogen der roten Briefmarken über sich an die Wand zu kleben. Wie er dieses Manko in seiner Kasse abgeglichen hat, blieb unerfindlich. Jedenfalls klebte der Bogen da. Andere Postbeamte klebten dann andere Bekanntmachungen darüber. Als nach Jahrzehnten eine Generalsäuberung stattfand, kam der Bogen wieder zum Vorschein. Etwas durchlöchert und beschädigt war er wohl — aber immerhin: ein Bogen Dreier-Sachsen. Es war Ferrary, der den restaurierten Bogen für seine Sammlung erwarb, obwohl andere Sammler ihre Nasen über den Zustand des Bogens gerümpft hatten.

Es ist nicht zu leugnen, Briefmarkensammler sind anspruchsvolle Leute. Und was ein Museumsdirektor nehmen würde, das nehmen sie oft noch lange nicht. Aber für solche Leute gibt es auch tadellose Stücke der 3 Pfennig Sachsen. Ferrary hatte auch sie besessen, denn er hatte sie gehamstert. Da gibt es zwei Doppelstücke als Viererblock geklebt und in Leipzig gestempelt. Im Frühjahr 1957 war dieses Ferrary-Stück sogar wieder zu haben. Auf einer Schweizer Auktion wurde es für 25 000 Franken aufgerufen. Was es wirklich gebracht hat, weiß ich nicht. Aber es ist anzunehmen, daß dieses Stück, heute wieder ausgeboten, diese Summe um ein Vielfaches überschritte.

Die ausstellungsreife Sammlung

Wie eine Briefmarkensammlung aussieht, braucht man niemandem zu erklären. Jeder hat einen Bekannten, der Briefmarken sammelt. Berechtigter ist schon die Frage, wie eine Briefmarkensammlung aussehen soll. Aber auch hier gibt es genug anschauliche Beispiele. Es müßte schon ein sehr verschlafenes Städtchen sein, das heute nicht seinen Briefmarkenklub hat und dabei auch einmal von einer Werbeschau profitierte, bei der die Briefmarkenfreunde allen Bürgern zeigen, was sie zusammengetragen haben.

Seltener sind schon die großen Ausstellungen, in denen die Marken der Welt spezialisiert, übersichtlich sortiert, manchmal auch etwas ›auffrisiert‹ gezeigt werden. Wie soll da der Außenstehende erkennen, was wirklich erklärende Aufmachung und was Talmi ist?

Ja, wenn sie die vielen schönen Sammlungen einer Ausstellung bewundert haben, dann hört man oft auch von Sammlern und nicht etwa nur von Anfängern einen Ausruf der Entmutigung: »Da gebe ich doch lieber gleich auf, so etwas werde ich nie zusammenbringen!«

Dabei ist diesen Sammlern sicherlich gar nicht der für den ›gelernten Aussteller‹ so große Unterschied zwischen einer scheinbar ausstellungsfertigen und einer wirklich ausstellungsreifen Sammlung bewußt. Es ist ein langer Weg, der von der Sammlung ›zum Hausgebrauch‹ bis zu einer Sammlung führt, die es auch wert ist, auf einer Ausstellung als bemerkenswert gezeigt zu werden, und dann auch eine Auszeichnung durch eine bronzene, eine silberne oder gar eine goldene Medaille verdient.

Wenn auch das Zusammentragen einer Sammlung, die einem anderen Kenner etwas sagt, eine Arbeit von Jahren und von Jahrzehnten sein mag, so sollte sich doch niemand durch die Fülle prächtiger Objekte auf einer Ausstellung verblüffen lassen. Jeder, der es mit der Philatelie ernst meint und sich auf ein bestimmtes Thema konzentriert, kann etwas Zeigenswertes schaffen.

Es wird von niemandem verlangt, daß er das Material für eine ganze Ausstellung zusammenbringe, die ja erst durch die Fülle der Objekte diesen erdrückenden Eindruck macht. Der einzelne Aussteller soll seine Stücke nur auf einer oder zwei Tafeln zeigen, von denen jede etwa zwölf Albumblätter faßt. Auf großen Ausstellungen besteht das Problem also darin, wie man die Besonderheiten, die in jeder Sammlung stecken können, auf wenigen Albumbogen geschickt präsentiert.

Man wählt sich ohnehin erst einmal das Land aus, das man

Norwegische Forscher.

insbesondere zu sammeln gedenkt. Dazu sucht man sich die passende Art der Albumseiten aus, die die Albumfirmen heute für jedes Land vorgedruckt herstellen. Hier neigt der Anfänger dazu, jeweils die beste, das heißt teuerste Art zu wählen, weil er meint, dies müsse die beste Grundlage für eine ›Goldmedaillen-Sammlung‹ sein. Natürlich weiß er, daß er nicht gleich eine Goldmedaille bekommen wird, wenn er zum ersten und zweiten Male ausstellt, aber er will doch möglichst gut abschneiden. Um hier eine kleine Anmerkung aus der Praxis anzufügen: Bei vielen Sammlungen hat das Album pro Seite mehr gekostet, als die eingeklebten Marken wert sind.
Man ersteigert auf einer Auktion leicht die Restsammlung eines Landes, womit eine gute Grundlage zum Sammelbeginn geschaffen ist. Als Warnung sei gesagt, daß der Ausdruck ›gute Grundlage‹ übertrieben sein kann. Wenn es sich um eine ›Restsammlung‹ handelt, bei der nicht nur die besten Werte zur Einzelversteigerung herausgenommen, sondern alle wichtigeren Marken geplündert worden sind, dürfte der Rest nur ein sehr trauriger Rest sein. Versteigerer übernehmen keine Verantwortung für Qualität und Erhaltung von Sammlungen und auch nicht für die Echtheit etwa darin vorhandener seltener Stücke. Sind die besten Stücke bereits entnommen, so besteht sogar die Wahrscheinlichkeit, daß alle zurückgebliebenen ›Raritäten‹ zumindest in den Verdacht geraten sind, falsch zu sein. Aus all dem erklärt sich, warum man Sammlungen oft so ›preiswert‹, das heißt zu einem Bruchteil des Katalogpreises erwerben kann. Doch gibt es immer Gelegenheiten zu günstigen Käufen. Man muß nur die Augen offenhalten. Dies bezieht sich nicht bloß auf den Kauf von Sammlungen bei Auktionen. Man liest in der Zeitung oft Inserate: »Sammlung zu verkaufen, nur an Privat!« Man glaube nicht, daß dies aus Menschenfreundlichkeit geschieht. Da hatte jemand eine Sammlung aus zweifelhaften Gelegenheitskäufen und unsauberen Restbeständen zu kleinen Preisen zusammengetragen und seiner Familie dann anhand des neuesten Kataloges vorgerechnet, daß die Sammlung soundso wertvoll sei und daß sich die Familie nach dem Tode des Besitzers keine Sorgen mehr zu machen brauche. Diese Sammlung wurde dann stolz zum nächsten Händler getragen und zum übernächsten. Die für die Sammlung benannten Gebote hielt man dann für einen unerhörten Betrug. ›Da verlassen wir uns doch lieber auf den Preis, den Papa genannt hat‹, so sagt man sich in der Familie. Man inseriert also: »Händler unerwünscht.« Wenn ein Händler jedoch den Preis für die Sammlung verlangte, den die Familie in aller Unschuld zu kassieren sucht, würde man ihn wegen Betruges belangen können. Also auch hier das Erfordernis: die Augen offenhalten!

Nehmen wir also an, unser Sammler habe eine nette Anfangssammlung erworben. Er baut sie um, scheidet schlechte Stücke aus, markiert zweifelhafte und notiert sich die Lücken, die aufzufüllen sind, im Katalog. Langsam füllt er dann diese Lücken mit Hilfe eines Händlers oder mit Hilfe eines Rundsendedienstes auf. Es macht viel Freude, sich eine solche Sammlung zusammenzukleben. Wer dann noch eifrig auf den überall gelegentlich stattfindenden Großtauschtagen zu tauschen versteht, wird das Ziel einer vollständigen oder fast vollständigen Landessammlung schließlich doch erreichen.
Und nun muß es offen gesagt werden: Dies ist lediglich der Weg zur ausstellungsfertigen Sammlung. Von Ausstellungsreife ist noch keine Rede. Es ist der Typ von Sammlungen, die auf den kleinen Ausstellungen der Stolz des Ortsvereins sind — Sammlungen, zwischen denen dann jene zu erkennen sind, die sich aus den Fesseln des Vorgedruckten und Vorgeschriebenen herauszuheben beginnen.
Oft wird gesagt, die Philatelie beginne erst hinter dem Katalog, dann nämlich, wenn die Geschichte und Kulturgeschichte der Briefmarke mit der persönlichen Note, dem eigenen Forschungsbeitrag, kommentiert wird.
Es ist nicht so sehr die Vollständigkeit bis in die Spitzenwerte der Raritäten, die den auszuzeichnenden Beitrag ausmacht, wenn sie auch leider noch allzusehr selbst von gewissen Juroren in den preisvergebenden Komitees überschätzt wird. Dies ist lediglich eine Verbeugung vor einem Statussymbol, vor den Herren mit der dicken Brieftasche, denn es braucht nicht viel Intelligenz, um zu erkennen, daß ein oder zwei Spitzenwerte in der Sammlung fehlen — Spitzenwerte, die bei genügender Zahlungsfähigkeit erworben werden können, wie es etwa bei dem Schwarzen Einser von Bayern oder der Roten Dreier von Sachsen der Fall ist, die in normalen Stücken auf jeder größeren Auktion zu haben sind.
Es ist aber auch nicht das ausgefallene Stück an sich, das den Wert einer philatelistischen Studie — wie ich eine solche Sammlung nennen will — ausmacht, sondern die Schlüsse und neuen Erkenntnisse, die der Aussteller durch illustrative Demonstration oder Betextung aus seinem Material zu ziehen versteht, sind das Entscheidende.
Und das versteht nun jeder: eine solche ›Studie‹, der Ausdruck persönlicher Erkenntnisse, ist mit einer vorgedruckten Seite nie und nimmer zu erzielen. Solche Seiten mögen zur Vorsortierung des Materials und ganz allgemein für die normale Sammlung zum Hausgebrauch benutzt werden, obwohl es auch da schon Eigenwillige geben wird.
Die Sammlung, die einer Ausstellung würdig ist, muß auf vordrucklosen Seiten entstehen. Ob man Seiten mit dem fei-

nen Raster benutzt, wie sie der Handel liefert, oder ob man sich solche Seiten nach eigenen Angaben aus weißem Karton schneiden läßt, ist Geschmackssache, und man sollte sich in dieser Hinsicht nicht allzuviel vorschreiben lassen. Die Blätter können auch leicht getönt sein. Jede Variation hat ihre ›wissenschaftliche‹ Begründung, auch wenn es nur um eine Mode, um eine temporär bevorzugte Tendenz geht. Der Kluge bedenkt, daß auch Juroren, die Beurteiler der Ausstellungsobjekte, ihre Vorurteile haben. Ihnen entspricht man wohl am sichersten mit einfachen weißen Blättern. Wer schwarze Blätter benutzt — die man eine Zeitlang für den letzten Schrei hielt —, hat es sich selber zuzuschreiben, wenn man ihn für extrem hält. Sachlich ist dagegen zu sagen, daß Sammlungen auf schwarzen Blättern zuviel Licht schlucken. Außerdem macht auf ihnen eine gut leserliche Beschriftung besondere Schwierigkeiten. Da Sir John Wilson, der Betreuer der königlich-englischen Sammlungen, offenbar zumindest Teile auf schwarzen Blättern montiert hat, galten sie in Großbritannien längere Zeit als vorbildlich.
Wir haben kurz erwähnt, daß die Beschriftung auf diesen schwarzen Blättern einige Schwierigkeiten bereitet. Gerade die Beschriftung sollte aber nicht größere Anforderungen an den Sammler stellen, als es zum Ausdruck seiner Forschungsergebnisse notwendig ist. Die Beschriftung soll sauber und geschmackvoll sein, aber sich im Rahmen halten. Besondere künstlerisch-graphische Darbietungen auf diesem Gebiet sind unangebracht, weil sie vom Eigentlichen ablenken. Am besten nimmt man heute die Beschriftung mit der Schreibmaschine vor. Wem handschriftliche Druckbuchstaben gut gelingen, der mag seine Bemerkungen auf diese Art individueller gestalten, weil er mit verschiedener Schriftgröße arbeiten kann. Zurückhaltung und Sauberkeit, das sind die einzigen Bedingungen, die bei der Beschriftung in jedem Fall einzuhalten sind.
Die bekannten englischen philatelistischen Schriftsteller L. N. Williams und M. Williams, die den gleichen Standpunkt vertreten, zitieren dazu zwei Beispiele. Der Träger des Großen Preises auf der Internationalen Briefmarkenausstellung von 1950 in London hatte die Beschriftung seiner Sammlung mit gewöhnlicher Tinte in seiner normalen Handschrift vorgenommen. Auf der gleichen Ausstellung erhielt ein bekannter Philatelist den Sonderpreis für wirksame Darstellung, obwohl seine Sammlung mit Bleistift beschriftet war. Dies sind natürlich extreme Fälle. Aber sie verdienen angeführt zu werden, weil sich neuerdings eine modische Richtung unter den Juroren durchzusetzen sucht, die der Bewertung der graphischen Aufmachung zu großes Gewicht beimißt. Die Beurteilung des geistigen Gehalts einer Sammlung sollte aber keinesfalls da-

von beeinflußt werden. Auch bei den so ordnungsliebenden Deutschen darf es keine Punktänderung einbringen, ob nun um jede Marke noch ein grauer Strich gezogen oder ob Exemplar um Exemplar getönt unterlegt ist, so daß noch ein feines andersfarbiges Rändchen um die Marke erscheint.
Gerade die ernsthaftesten und selbständigsten Philatelisten sind oft Menschen, die in ihrem Beruf ohnehin sehr ausgelastet sind und die ihre Forschung zur geistigen Erholung betreiben, nicht etwa als Heimarbeit. Auch sind gerade die Sammlungen am wichtigsten, die stets lebendig im Wachsen begriffen sind, und nicht jene, deren Besitzer ständig mit der gleichen Kollektion von Ausstellung zu Ausstellung eilen. Die Sammlung muß leben.
Es ist durchaus keine Schande, wenn an einem interessanten Ausstellungsobjekt auch zu erkennen ist, wie die Sammlung aus einem Grundstock herauswuchs, größer und bedeutsamer wurde, wie besondere Stücke dann auf besonderen Blättern darzustellen waren.
Und hier, beim Ausbau solcher Studienblätter mit Besonderheiten, seien auch einige Worte zur notwendigen Qualität der gezeigten Marken gesagt. Es darf natürlich auf keinen Fall der Eindruck entstehen, daß der Aussteller den Unterschied zwischen einer arg verstempelten Marke und einem wunderbar leicht, aber voll angesetzten Stempel nicht erkennt. Dagegen sollten bei klassischen Marken die Ansprüche an die ›Qualität‹ nicht überbetont werden. Wenn an einer wertvollen Marke rückseitig ein kleiner Fehler verbessert ist, spielt das in der Beurteilung der Sammlung kaum eine Rolle. Anders ist es natürlich bei Stücken, bei denen der Experte schon durch das Ausstellungsdeckglas die vier angesetzten Ränder sieht, während der Besitzer stolz bemerkt, daß dies sein bestes Stück sei.
Zum Schluß sollte noch ein weiterer interessanter Punkt erwähnt werden. Leute, die es wissen müssen, raten immer wieder, sich für die Sammlung etwas Besonderes auszudenken, ein von den Feld-, Wald- und Wiesensammlern übersehenes, abgelegeneres Land oder Gebiet auszuwählen.
Von solchen Ländern oder Gebieten sind dann auch leichter wirkliche Seltenheiten zu noch vernünftigen Preisen zu erwerben. Es ist ja nicht so, daß wie mancher meint, Katalogpreis eben Katalogpreis sei. Selbst wenn man für Modeländer den halben Katalogpreis bezahlt, so bekommt man weniger populäre Länder — die philatelistisch durchaus interessanter sein können — zu einem Viertel der Katalognotierung.
Im Hinblick auf die Möglichkeit, eine Sammlung einmal auf einer Ausstellung zeigen zu können, ergibt sich sogar eine Umkehrung der Verhältnisse. Je beliebter das Gebiet ist, desto geringer ist die Aussicht, es auf einer Ausstellung unterbrin-

gen zu können. Dieser zunächst paradox erscheinende Zustand kommt daher, daß von den ›beliebten‹ Ländern, bei denen es einer dem anderen nachmacht, viel mehr erstklassige Sammlungen zur Verfügung stehen. So muß eine Sammlung dann oft abgelehnt werden, weil eine ähnliche des gleichen Landes bereits angenommen wurde.
Es hat ja keinen Sinn — selbst nicht auf einer örtlichen Werbeschau —, zwanzigmal Sammlungen ›Bundesrepublik und Berlin‹ auszustellen, nur weil alle im Verein ›Bundesrepublik und Berlin‹ zusammengetragen haben. Hier wird der Individualist triumphieren. Mit seiner Sammlung des indischen Vasallenstaates Faridkot, die auf vier Albumseiten untergebracht werden kann, wird er der Ausstellungsleitung immer der Willkommenere sein.

Das Reich der Motivmarken

Zwei Entwicklungstendenzen haben dazu beigetragen, daß sich die ganze bunte Vielfalt der Motive auf der Briefmarke entwickeln konnte.
Einmal das Aufkommen jener Staaten, die an einer weltweiten Propaganda ihrer besonderen staatspolitischen Ideen interessiert waren und auch die kleine Fläche einer Briefmarke für diesen Zweck nutzen wollten.
Dann die Erkenntnis jener anderen Staaten, die ständig auf der Suche nach neuen Geldquellen sein müssen, daß die interessante Marke ein besonders guter Geld- und Devisenbringer ist.
Die eine Gedankenrichtung bescherte die ideologische Briefmarke, die andere die Unterhaltungs- und Belehrungsbriefmarke. Beide können natürlich gut miteinander kombiniert werden, um der Werbung wie der Propaganda zu genügen. Im allgemeinen ist sich der Sammler von Motivmarken natürlich nicht dieser Zielsetzungen bewußt. Er glaubt, die Post gestalte ihre Marken aus Menschenfreundlichkeit so bunt und interessant, und wird erst ärgerlich, wenn die eine oder andere der wirklichen Absichten ruchbar wird.
Der Sinngehalt jener Marken, die wir als ›ideologische Briefmarken‹ definieren wollen, kann natürlich nicht nur darin gefunden werden, daß sie in ihrem Motiv eine Idee darstellen. Sonst wäre ja bereits auch die erste Briefmarke mit dem Bildnis der englischen Königin eine ideologische Marke. In den Begriff ›Idee‹ muß der Wille zur Prüfung des politischen Zustandes, die Absicht, auch politische Konsequenzen zu ziehen, mit eingeschlossen sein.

Die Zeit, da die ersten eigentlich ideologischen Briefmarken entstanden, war die Epoche der revolutionären Wirren und Umwälzungen nach dem Ersten Weltkrieg.
Als frühestes Beispiel einer bewußten Demonstration neuer Weltanschauung kann der Briefmarkensatz der ungarischen Räterepublik von 1919 genannt werden. In fünf Marken wurde hier eine Idee in aller Deutlichkeit demonstriert. Fünf Männer aus der ungarischen und internationalen Geschichte sollten den Geist und die Absichten des neuen Regimes verdeutlichen.
Schon die kräftige, aber graphisch geschmackvolle Art der Ausführung der Marken war eine Aussage. Sie zeigten im Mittelstück die Porträts in holzschnittähnlicher Manier. Auf der Marke zu 20 Filler war Karl Marx, der Begründer des wissenschaftlichen Sozialismus, zu sehen, mit wallendem Haupthaar und breitem Bart, dazu auf der Marke zu 80 Filler sein Freund Friedrich Engels mit freundlichem Schnauzbart.
Die 45-Filler-Marke zeigte den idealisierten Kopf des Dichters Alexander Petöfi, der die demokratischen Freiheitsideen mit Leidenschaft aufgegriffen hatte, in den Märztagen 1848 eine führende Rolle spielte und in der Julischlacht von Schäßburg fiel, in der das freie Ungarn von den mit den Habsburgern verbündeten Russen zerschlagen wurde. Die blaue 60-Filler-Marke trug das Porträt von Ignaz Martinovics, dem ehemaligen Franziskanerpater und späteren Professor an der Lemberger Akademie, der in anonymen Broschüren für die Ideen der französischen Revolution eingetreten war, eine geheime Gesellschaft ›Freiheit und Gleichheit‹ gegründet hatte und 1795, nach Aufdeckung einer Verschwörung zur Einführung der Republik, hingerichtet wurde. Die am weitesten in die ungarische Geschichte zurückgehende Marke, die violette zu 75 Filler, bildete den Bauernführer Georg Dozsa ab, ein Gesicht mit weit gedrehtem Schnurrbart und kühn geschwungenen Augenbrauen: Er wurde vom Erzbischof von Gran an die Spitze eines zum Kreuzzug gesammelten Heeres gestellt, das zumeist aus Bauern bestand, führte es aber gegen den Adel und begann den ungarischen Bauernkrieg — er wurde bei Temesvar gefangen und bei lebendigem Leibe geröstet.
Die erste Serie einer scharfen ideologischen Auseinandersetzung steht allerdings hoch über dem Durchschnitt der Masse heutiger Propagandabriefmarken, wie die erste Briefmarke mit dem Porträt der Königin Viktoria über vielem steht, was später gekommen ist.
Arme Verwandte der ideologischen Briefmarke sind jene Ausgaben, die von einer revolutionären, zum Umsturz bereiten Gruppe vorbereitet wurden, aber dann doch nicht zur Ausgabe gelangten. Das ideologische Motiv oder die propagan-

distische Werbung braucht in der Marke an sich gar nicht so ausdrücklich zur Geltung zu kommen. Die Ideologie besteht bei solchen Marken in der Tatsache, daß sie dazu bestimmt sind, die Symbole einer alten Regierung durch die einer neuen Machtgruppe zu ersetzen.

Ein gutes Beispiel für diesen interessanten Briefmarkentyp geben die Postwertzeichen, die Subhas Chandra Bose, Führer der Bewegung für ein Freies Indien, im nationalsozialistischen Deutschland vorbereiten ließ. Man hat von englischer Seite versucht, diese Serie unter die deutschen ›Propagandamarken‹ einzureihen, und von den deutschen Sammlern ist dies auch in politisch naiver Weise akzeptiert worden. Aber diese Einreihung ist unzutreffend.

Subhas Chandra Bose ist ein Beispiel dafür, daß die Welt nicht einfach in Schwarz und Weiß, in einen faschistischen und einen antifaschistischen, in einen bolschewistischen und einen antibolschewistischen Teil getrennt werden kann. Das Leben läßt sich nicht in ein Schema pressen.

Als Bose Ende 1939 in Berlin auftauchte, war er der britischen Haft in Kalkutta entkommen. Dem Inder, der in seiner Heimat von einem britischen Gefängnis zum anderen gewandert war, erschien das nationalsozialistische Deutschland nur als ein Fleck Boden in der Welt, auf den England bestimmt keinen Einfluß hatte. Bose war von seinen Landsleuten zum Generalsekretär des Allindischen Gewerkschaftskongresses gewählt worden und zum Präsidenten des Nationalkongresses von Bengalen. Schließlich wurde er auch noch Bürgermeister von Kalkutta — das er vom Gefängnis aus verwaltete — und dann Präsident des Allindischen Nationalkongresses. Diesen Mann aber, den Nehru seinen ›lieben, vertrauten Kameraden‹ nannte, zerfraß indessen die Tuberkulose in seiner politischen Kerkerhaft.

Als Bose flüchten konnte, suchte er natürlicherweise seine Verbündeten, wo er sie finden konnte. Im Jahre 1942 eröffneten die Achsenmächte einen Radiofeldzug für Bose, dessen Reden vom japanischen Sender in Bangkok nach Indien gestrahlt wurden. Sie erwiesen sich um so wirksamer, als die englische Verwaltung Indiens 1942 selbst die antijapanischen indischen Führer verhaften ließ.

Nun hielt man die Zeit für reif, und Subhas Chandra Bose wurde in einem von der deutschen Regierung für diese Sonderaufgabe eigens gebauten Unterseeboot, dem U 180, das starke Motoren und hinreichenden Laderaum hatte, in den Indischen Ozean gebracht.

Da mit einer baldigen Niederlage der englischen Armee in Indien gerechnet wurde, ließ Bose vor seiner Abfahrt neue Briefmarken für seine Regierung herstellen. Ob er die Druckplatten mitnahm und wie viele Marken er mit sich führte, ist unbekannt. Von den in seefester Verpackung an Bord gebrachten Papieren hielt sich unter der Mannschaft das Gerücht, daß es sich um Geheimzeichnungen der neuesten deutschen Waffen handle.

Bose wurde im Indischen Ozean von einem japanischen Unterseeboot übernommen und nach Singapore gebracht. Dort errichtete er seine indische Gegenregierung. Um diese Zeit gab es bereits 60 000 indische Überläufer. Aus diesen und anderen Freiwilligen rekrutierte Bose eine Armee von 30 000 Mann. Sie vermochte auch, zusammen mit japanischen Verbänden, auf ostindisches Gebiet vorzudringen. Für erobertes indisches Gebiet war Bose die Währungshoheit zugesprochen worden. Für solchen Zweck waren die in der Reichsdruckerei hergestellten Briefmarken bestimmt. Es scheint jedoch, daß die Japaner in dieser Sache eigene Ideen hatten. Jedenfalls gibt es keinen Nachweis einer Verwendung der in Deutschland gedruckten Marken. Bose selber soll bei einem Flugzeugunfall umgekommen sein. Obwohl das japanische Hauptquartier seinen Tod bekanntgab, hielt sich in gewissen Kreisen die Hoffnung, daß er eines Tages doch noch irgendwoher auftauchen würde, um ganz Indien zu einigen.

Für die deutsche Regierung ergaben sich im Verlauf des Jahres 1944 wichtigere Aufgaben, als den Briefmarkennachschub nach Indien zu sichern. Der Druck der Gesamtauflage war mitten in der Herstellung gestoppt worden. Dies ist der Grund, warum es von der Serie gezähnte und ungezähnte Marken gibt. So strikt wurde die Produktion unterbrochen, daß die rote 3-Anna-Marke der in Linienzähnung hergestellten Serie anscheinend nur in einer Richtung gezähnt wurde. Um ganze gezähnte Sätze zu erhalten, hat jemand später dann auch diese Marke waagerecht nachzähnen lassen. Beim 1-Rupie-Wert ist die Zähnung gar nicht mehr begonnen worden. Es gibt ihn nur ungezähnt.

Dieses gesamte Material einer halbfertigen Auflage wurde von deutschen Regierungsstellen an den Briefmarkenhandel abgestoßen. 200 000 Mark konnten auf diesem Wege noch aus der Affäre herausgeschlagen werden. Bis auf den Wert zu 1 Rupie, von dem nur 4000 Stück existierten, ist die übrige Serie – drei Marken ohne Zuschlag, sechs mit Zuschlag – für ein paar Mark noch zu erwerben. In Deutschland wird sie kaum richtig eingeschätzt, wohl weil sie so billig zu haben ist. Für Indien ist die Serie tabu, weil sie Mohammedaner und Hindus in einem freien Indien vereint zeigt.

Vergnügen mit Motiven

Natürlich bleibt es jedermann selbst überlassen, wie er eine Briefmarke ansieht: ob als reines Postwertzeichen, nur der Portoregistrierung gewidmet, ob als Träger repräsentativer Hoheitszeichen, ob als Ausgabe mit propagandistischen Absichten, also ideologiebefrachtet, oder als eine Marke, die von den Postverwaltungen mit der Absicht des Gelderwerbs herausgebracht wurde.
Oft hängt die schließliche Einreihung gar nicht von den ursprünglichen Absichten der Postverwaltungen ab. Die Einstellung des Publikums wird von den Gegebenheiten des Tages bestimmt.
Nehmen wir das Motiv der Weltraumfahrt. Solange die Sowjetunion auf diesem Gebiet zumindest in den Augen der Öffentlichkeit einen gewissen Vorsprung hatte, betrachtete man im Westen die Aktivität der Ostblockstaaten in der Herausgabe von Marken mit astronautischen Motiven mit Mißtrauen und wohl auch mit einem gewissen Recht als Propaganda. Zugleich aber gehörten diese Marken sicherlich zu den Motiven, die der Postkasse eine willkommene Sondereinnahme erbrachten. Die Jugend der ganzen Welt sammelte gerade diese Marken mit Begeisterung. Bald aber zeigten die Vereinigten Staaten in einer Reihe gelungener Versuche, daß sie auch auf diesem Gebiet mit im Rennen lagen. Eine ganze Gruppe von Staaten zwischen den beiden großen Machtblökken begann nun ebenfalls Briefmarkenserien mit Weltraummotiven herauszubringen, wobei sie die Lichter nach Ost und West sorgfältig verteilt aufsetzten. Unter den wichtigen europäischen Staaten war es zuerst Frankreich, das den Wettbewerb im Weltraum registrierte, indem es 1962 zwei Sondermarken zu den Fernsehübertragungen mit Hilfe des amerikanischen Telstar-Satelliten herausgab.
Daß der Vorstoß in den Weltraum die Phantasie vor allem der jungen Generation bewegt, ist verständlich. Das zeigt sich auch aus der Statistik der amerikanischen Motivsammler-Organisation, die Mitglieder in achtzig Ländern hat. Während 1962 das Briefmarken-Motiv ›Weltraum und Raumfahrzeuge‹ nur zwei Prozent der Sammler interessierte und in der Reihe der Beliebtheit der Motive an fünfzehnter Stelle stand, war es nach einer Umfrage von 1964 in stetem Aufstieg, befand sich bereits an dritter Stelle der Beliebtheit, und sechs Prozent unter allen Motivsammlern interessierten sich für das Thema der Weltraumfahrt.
Trotzdem ist das beliebteste Gebiet aller Motivsammler immer noch die Natur selber. Bilder aus Fauna und Flora, von

Tieren und Pflanzen, sammeln achtzehn Prozent aller Freunde der Motivmarke. Die beiden beliebtesten Themen, Blumen und Vögel, teilen sich in die ersten neun Prozent, während die anderen neun Prozent durch Sammler von Marken mit Schmetterlingen, Fischen, Säugetieren, Reptilien, Bäumen, Pflanzen und vielen, vielen anderen Spezialthemen gebildet werden.

Auf diesen Gebieten liegt nun auch die Hauptproduktion der philatelistischen Unterhaltungs- und Belehrungsindustrie. Jede Postverwaltung, die am Absatz ihrer Marken außerhalb des eigentlichen Postbereichs interessiert ist, produziert Sätze mit Blumen und Pflanzen, Vögeln und Tieren. Die Preise werden niedrig gehalten, und die Post wartet nicht, bis die Marken an den Schaltern gekauft, verwendet, gestempelt und dann dem Handel zugeführt werden, sondern stempelt einen Teil der Auflage sofort selber ab und leitet ihn zu niedrigen Preisen dem Großhandel zu, der ihn wiederum an die Briefmarkenhändler in Stadt und Land weitergibt.

Der jugendliche Sammler ist heute so sehr an dieses Absatzsystem gewöhnt, daß er da und dort sogar schon von seinem Tauschpartner verlangt, auch die gestempelten Marken sollten noch ihren jungfräulichen Aufklebegummi haben, was nur möglich ist, wenn die Marken eben bereits von der Post abgestempelt und so an den Handel ausgeliefert wurden. Man hält es gewissermaßen für unnatürlich, wenn ein Postwertzeichen, bevor es zum Sammler kommt, tatsächlich erst als Porto auf einer Postkarte oder einem Brief benutzt wurde.

Obwohl nicht abzustreiten ist, daß diese Mode den Absatz der Marken fördert, sollte man diese Praxis nicht zu weit treiben. In der Tat sind solche Wünsche einfach Unfug. Der vernünftige Sammler wird sich ihnen kaum anschließen, wenn er auch nicht in das andere Extrem zu verfallen braucht und alle postalisch noch ungebrauchten Briefmarken ablehnt, weil sie angeblich nicht den hohen Idealen der Philatelie entsprechen.

Motive zu sammeln ist ein einfaches Prinzip, wenn es auch der individuellen Gestaltung überlassen bleibt, daraus etwas des Anblicks Wertes zu machen. Wer Autos auf Briefmarken sammelt, braucht nur darauf zu achten, daß auf jeder seiner Briefmarken auch wirklich ein Auto zu sehen ist. Wer Flugzeuge auf der Briefmarke sammelt, der hat nur Marken mit Flugzeugabbildungen zu arrangieren.

Aber nun ist nicht jeder so simpel oder so praktisch, sich strikt an ein einfaches Motiv zu halten. Viele wählen als Leitmotiv ihrer Sammlung eine Idee oder ein Leitmotiv, ein ›Thema‹. Eine solche thematische Sammlung kann etwa dem ›Kampf gegen den Hunger‹ oder dem Gedanken des Friedens und der

Völkerverständigung gewidmet sein, und es ist jedem freigestellt, wie er ein solches Thema anschaulich an Hand von Briefmarken aller Länder der Welt demonstriert.
Natürlich gibt es auch hier bereits Vereine, die sich der Förderung dieser Art des Sammelns angenommen haben. Leider bedeutet aber ›Förderung‹ in der Praxis früher oder später immer auch ›Reglementierung‹, Einschränkung der freien Entfaltungsmöglichkeit: Die Organisatoren eines solchen Vereins glauben oft, die alleinseligmachende Methode zu beherrschen, und suchen dies dann auch in entsprechenden ›Vorschriften‹ niederzulegen. Goethe hat dieses Problem der geistigen Bevormundung genau bedacht, wenn er sagt: »Jede große Idee, sobald sie in Erscheinung tritt, wirkt tyrannisch; daher die Vorteile, die sie hervorbringt, sich nur allenbald in Nachteile verwandeln.« Das, was er auf große Ideen bezieht, trifft noch schneller auf die kleinen zu.
Erfreulicherweise gibt es aber immer wieder genug Sammler — und die Briefmarkenfreunde sind im Grunde recht eigensinnige Individualisten —, die sich von den Organisationstyrannen am Ende doch nicht vorschreiben lassen, was ihnen Spaß bereiten soll. Ob man seine Freizeit richtig und auch ein wenig nutzbringend anwendet, das spürt man am inneren Vergnügen, an der frohen Wärme, die man aus seiner Tätigkeit gewinnt. Wer jedoch den Erfolg seiner Tätigkeit nur an den Zahlen eines Kassabuches abzulesen versucht, wäre fürwahr ein armer Tropf.

Inselpost-Marken und andere Privatposten

Nach 1960 wurden die Sammler der Bundesrepublik mehr und mehr mit Ausgaben von Privatpostmarken englischer Inseln und Inselchen überschwemmt, die allzu offensichtlich auf die Wünsche der Motivsammler eingingen.
Da die Notwendigkeit der meisten dieser Ausgaben sehr in Zweifel zu ziehen ist und der Briefmarkenhandel ohnehin durch die geschäftige Neuheitenproduktion gewisser Staaten in seiner Aufnahmefähigkeit ausgelastet war, suchte man bald aus einer geschäftlich unangenehmen Situation eine Moral abzuleiten, wonach alle diese Privatpostmarken sammelunwürdig seien und die Philatelisten nicht nur gewarnt, sondern auch geschützt werden müßten. Es wurde bei dieser Entrüstung aber still übergangen, daß der angeregte Boykott eher den geschäftlichen Bequemlichkeiten des Handels zu dienen hatte als dem finanziellen Schutz des eventuell interessierten Sammlers. Der Kauf von Motivmarken ist rein eine Sache des

Vergnügens wie etwa der Kauf von Kinokarten. Es ist Heuchelei, eine geschäftsorientierte Ausgabenlenkung als Interessenschutz hinstellen zu wollen, selbst wenn sich in mißverstandenem Eifer auch Sammlerorganisationen zum Schutz selbsterfundener Spielregeln auf den Plan bringen lassen sollten.
Vor der Jahrhundertwende gab es in Deutschland die gleiche Flut von Privatpostmarken, weil das Postmonopol noch nicht vollständig war und es noch Privatinitiativen freistand, Postdienste in lokalen Bereichen einzurichten.
Was der Sammler dadurch gewann, daß man ihn vor den Ausgaben der Privatposten ›geschützt‹ hat, wird dem Postbenutzer seitdem vielfach durch die souveräne Portofestsetzung der Monopolinhaber wieder abgenommen. Briefmarkenliebhaber übersehen tatsächlich manchmal, daß Briefmarken auch als Postwertzeichen Verwendung finden und nicht nur der Freizeitgestaltung dienen.
Schon 1861 hatten die Geschäftsleute Hamburgs sich ausgerechnet, daß ein von ihnen selbst betriebener Stadtpostdienst rationeller und billiger als ein staatlicher arbeiten könnte. Als praktische Leute bewiesen sie das durch ihre Privatpost, die durchaus zur Zufriedenheit der Einwohnerschaft florierte.
Damit gaben sie ein Beispiel, dem rasch in anderen Städten ähnliche Privatposten folgten, die mit ihren eigenen Briefboten und Briefkästen natürlich ebenfalls ihre eigenen Briefmarken hatten.
Freilich gab es darunter auch eine Reihe von Privatpostanstalten, die ein Auge auf die Briefmarkensammler hatten und zu deren Freude etwas unternahmen. Der Bergedorfer ›Local-Verkehr‹ gab einen Briefmarkensatz heraus, der bereits die Motivsammler anzusprechen versuchte, als es solche noch gar nicht gab. Davon zeigte die braune 2-Pfennig-Marke einen Fischotter mit dem Kopf eines bayerischen Löwen, der einen Bismarck-Hering zwischen den Zähnen hielt. Die 3-Pfennig-Marke zeigte ein gemästetes Eichhörnchen, die schwarzgrüne 5-Pfennig-Marke ein Wachtelhuhn, das sich bereits im Maul eines Jagdhundes befand. Auf der 10-Pfennig-Marke war ein Storchen-, auf der 15-Pfennig-Marke ein Hasenpaar zu sehen. Wenn der Lokalverkehr in Bergedorf mit der Fauna erfreute, so warb er in Lübeck für den Verkehr und für das Vaterland. In einer Briefmarkenserie gab es Segelschiffe, Dampfschiffe und Eisenbahnen, in einer anderen Kaiser Wilhelm I., Kaiser Friedrich III., den jungen Kaiser Wilhelm II., den Grafen Zeppelin und den Grafen Moltke. Sogar eine Briefmarken-Gedenkmarke gab es bereits unter den Privatpostmarken: 1899 feierte die Dresdner Privatpost in etwas ungenauer Datierung das Fünfzig-Jahr-Jubiläum der roten 3 Pfennig Sachsen mit einer 3-Pfennig-Marke, die genau wie die alte Sach-

sen-Dreier aussah, nur daß sie in der Oberleiste statt des Wortes ›Sachsen‹ das Wort ›Dresden‹ trug. Viele Briefmarkenfreunde haben solche Stücke erst für eine echte, dann für eine falsche Sachsen-Dreier gehalten, bis sie entdeckten, daß es die Privatpost-Jubiläumsmarke mit dem ›Dresden‹-Eindruck war.

Nicht alle Privatpostanstalten schufen so freundliche, kaum den Geldbeutel belastende Sondermarken. Es gab auch andere, die sehr schöne Marken in sehr schönen Farben, aber in unnötig langen Sätzen druckten. Etwa die Gießener Privatstadtpost, die 1888 zwar ein geschmackvolles Stadt-Burg-Motiv, aber in einem Satz von zehn Werten herausbrachte, dessen höchster eine goldene 100-Pfennig-Marke war. Damit nicht genug, folgte im gleichen Jahr noch eine Farbänderung aller Werte: derselbe Satz in anderen Farben wiederum in zehn Werten von 2 Pfennig bis 100 Pfennig, wobei diesmal die 50 Pfennig golden und die 100 Pfennig silbern war; das Gold und das Silber der Marken leuchten noch heute in aller Frische, und auch die anderen Farben stehen noch. Als einer der geschmackvollsten Sätze deutscher Privatpostmarken ist er ein Kulturdokument, wenn auch sicherlich die selbstbestellten Hüter der Liebhaber-Geldbeutel damals über diese verwerfliche Finanzattacke aufgeschrien haben mögen.

Die wirkliche Attacke kam jedoch aus ganz anderer Richtung. Das Ortsporto von etwa zwei Pfennig, das die Privatposten erhoben, hinderte die Staatspost an ihrer eigenen finanziellen ›Entfaltung‹. Also jammerte man über die angeblich mangelnde Zuverlässigkeit der Privatposten, sammelte Material gegen sie, wo immer sich auch nur ein unzuverlässiger Privatpostbote fand, und man beteuerte, daß eine wesentliche Verpflichtung der Staatspost die Wahrung des Postgeheimnisses sei, die ihren Beamten verbiete, anderen etwas über den Inhalt der Briefe, Postkarten oder selbst Drucksachen mitzuteilen. Die Herren saßen also auf einem sehr hohen Roß mit moralischem Zaum und Zügel und versuchten, »die Auffassung, daß es sich beim Postwesen um eine ureigene Aufgabe des Staates handle, die nicht der Gewinnerzielung diene und damit auch nicht dem freien Wettbewerb der Privatwirtschaft überlassen werden könne«, durchzusetzen. Also in gutes Deutsch übersetzt: Die Privatpostanstalten mußten verschwinden, damit man auch bei den Ortstarifen in die Höhe gehen konnte. Wo die Konkurrenz fehlt, ist auch der Vergleich nicht mehr möglich.

Die sozialdemokratische Fraktion des Deutschen Reichstags stand dem ganzen Bestreben um eine Zentralisierung auch des Ortsverkehrs kühl gegenüber. Der Abgeordnete August Bebel stellte den Antrag, doch einfach die Gebühren der Staatspost bei der Ortszustellung so weit zu senken, daß es sich für Privatposten nicht mehr rentiere, mit der Staatspost in Konkurrenz zu treten. Der deutsche Generalpostmeister Heinrich Stephan fand diesen Vorschlag völlig abwegig, ja er ging auf den Kern der Sache nicht einmal ein: Er warf den Sozialdemokraten lediglich vor, daß es doch nicht ihrer Weltanschauung entspräche, wenn sie Privatunternehmen vor einer Verstaatlichung zu schützen suchten.

Im Februar 1898 wurde im Reichstag ein Gesetz eingebracht, wonach alle Privatpostanstalten auch in lokalen Bereichen untersagt sein sollten. Ein Jahr später wurden die Lokalpostanstalten mit einer Abfindung enteignet. Seit dem 1. April 1900 existierten in Deutschland keine privaten Stadtposten mehr. Das interessante Gebiet privater Briefmarkenausgaben war damit verlorengegangen. In England hingegen, wo man mehr vom natürlichen Wirken der Vernunft als von gesetzlicher Reglementierung hält, hat man den Privatposten noch einen Wirkungsbereich belassen – wo also die Staatspost verzichtet, einen eigenen Dienst einzurichten. Das ist sicherlich ein guter Standpunkt, der nicht von seinen Auswüchsen her beurteilt werden sollte. Ein Beispiel möge es erläutern.

Etwa 40 Kilometer in die See hinaus, westlich vom kleinen englischen Hafen Barnstaple, dort, wo die Bucht von Bristol aufhört und der Atlantische Ozean eigentlich beginnt, liegt die kleine Felseninsel Lundy. Sie ist die Heimat der Puffins, der clownisch anzusehenden Papageientaucher, jener putzigen Seevögel, die die Insel auch auf den Briefmarken repräsentieren.

Noch 1954 war sie der einzige Ort in ganz Großbritannien, wo niemand Einkommensteuer oder irgendeine andere Steuer zahlte und wo es keinen Zoll gab. Ihr Besitzer berief sich darauf, daß die Insel außerhalb der Dreimeilenzone liege und deshalb nicht unter britische Gesetze falle. Es ließ seine eigenen Münzen prägen und eigene Briefmarken drucken. Nicht, daß die Bauern und Fischer der 420 Hektar großen Insel viel geschrieben hätten, aber die Insel hatte einen Flugplatz, Touristen kamen und gingen, und alle schrieben zumindest eine Postkarte.

Um das Jahr 1887 gab es tatsächlich ein staatliches Postamt auf der Insel. Lloyds hatten eine Signalstation auf der Insel errichtet und dazu auch ein Kabel nach dem Festland legen lassen. An dem Kabelende, in einer Hütte, die sich an die Ruinen einer Seeräuberfestung lehnte, lag das Postamt. Es wurde von einem pensionierten Seemann verwaltet, der diesen Posten achtunddreißig Jahre lang hielt. Der britische Generalpostmeister hatte Abmachungen mit verschiedenen Kutterkapitänen getroffen, die einmal in der Woche und bei jedem Wetter die Post auf die Insel brachten und abholten.

Zu Ende des Jahres 1927 ergaben sich Schwierigkeiten. Der Unterpostmeister auf der Insel, ein Mister Mien, hatte das Inselleben satt und kehrte zum Festland zurück. Der Besitzer der Insel, Martin Coles Harman, entdeckte bei dieser Gelegenheit, daß die Unkosten für den Betrieb des wöchentlichen Postdienstes immer weiter angestiegen waren. Er teilte dem Generalpostmeister in London mit, daß er den Postdienst einzustellen habe, wenn die Staatszuschüsse nicht erhöht würden. Da sich kein Schiffseigner fand, der bereit war, die Staatspost zu den Bedingungen des Generalpostmeisters zu transportieren, dieser seinerseits aber den Postzuschuß nicht erhöhen wollte und kein Bewohner der Insel gesonnen war, den Unterpostmeister zu spielen, mußte das staatliche Postamt der Insel geschlossen werden.

Vom Januar 1928 an ließ der Besitzer der Insel die Post in seinem eigenen Boot in privaten Postsäcken transportieren. Sie wurde auf dem Festland im Postamt von Instow abgeholt und von Kapitän Dark auch dorthin gebracht. Fast zwei Jahre wurde dieser Postdienst auf Kosten von Mister Harman durchgeführt. Obwohl er ein reicher Mann war und es sich leisten konnte, empfand er es mit der Zeit doch als groben Unfug, die englische Post in so mildtätiger Weise zu unterstützen. Entweder war die Insel englisches Territorium — dann hatte die Post zu kommen. Oder er war sein eigener Herr — dann durfte er seinen eigenen Postdienst einrichten, seine ihm zustehenden Gebühren kassieren und auch eigene Briefmarken ausgeben.

Da die Engländer keine Prinzipienreiter sind und jedem seinen Spaß erlauben, wenn er niemandem schadet und gar der Staat dabei Geld spart, konnte Ende 1929 Mister Harman seinen eigenen Lundy-Postdienst einrichten. Er hatte sich dazu eine eigene Währung, den Puffin, erfunden. Sie war insofern nicht schwierig einzuführen, als ein Puffin den gleichen Wert wie ein Penny hatte.

Von einer bekannten englischen Briefmarkendruckerei wurden zwei Werte für Lundy hergestellt. Es waren je 500 000 Marken zu einem halben Puffin und zu einem Puffin. Die 1/2-Puffin-Marke war rot und zeigte den Kopf eines Papageientauchers, also eines Puffins. Die 1-Puffin-Marke zeigte den ganzen Vogel und war in blauer Farbe gedruckt. Der niedrige Wert galt für einfache Briefe oder Postkarten, der höhere Wert für Briefe über zwei Unzen.

Es stellte sich bald heraus, daß für Pakete Briefmarken höherer Wertstufen benötigt wurden. Drei Werte von 6 bis 12 Puffin erschienen daraufhin ein halbes Jahr später. Mit den nun insgesamt erschienenen fünf Werten begnügte man sich neun Jahre. Selbst der treueste Anhänger von staatlichen

Postwertzeichen und ärgste Feind von Privatpostmarken wird nicht behaupten können, daß hier bis jetzt irgend etwas außerhalb des normalen Bedarfs geschehen wäre. Was sich später dann auf Lundy in der Briefmarken-Ausgabepolitik änderte, folgte der allgemeinen Neigung, das Geld dort zu verdienen, wo es am leichtesten möglich ist.
Im November 1939 wurde der Lundy-Satz von fünf Marken durch zwei weitere Werte, einen zu 3 und einen zu 4 Puffin ergänzt, und zugleich kam ein Jubiläumssatz der ersten fünf Werte mit dem Überdruck ›1929—1939‹ heraus. Während des Krieges gab es einige Rot-Kreuz-Überdrucke und verschiedene Aufdruckproduktionen einer Briefmarkenverkaufsstelle, die der Besitzer der Insel für den internationalen Sammler-Bedarf einrichten ließ, die aber nach einigen Jahren stillschweigend wieder eingestellt wurde — nicht aber, bevor sie auch noch einen der modern gewordenen Briefmarkenblocks ausgegeben hatte.
Die verschiedenen Luftpostaufdrucke und Provisorien brauchen hier nicht weiter erwähnt zu werden, auch nicht die bunten Motivmarkenserien, mit denen sich Lundy am allgemeinen Wettbewerb um das Geld der Sammler beteiligte. Aber eine Serie, die wohl als legitimer patriotischer Ausdruck zu betrachten ist, sollte noch beachtet werden. Es ist die Krönungsserie vom 2. Juni 1953 — anläßlich der Krönung der Königin Elisabeth II. Diese Marken wurden durch einfachen Überdruck auf den Marken der ersten Ausgaben hergestellt. Die Ankündigung dieser Krönungsmarken wurde auf ein kleines Blatt gedruckt, wobei die Originalklischees der betreffenden Marken und der Originalsatz des Überdrucks benutzt wurden. Diese sparsame Art der Ankündigung erfolgte in Schwarz auf Wasserzeichenpapier, und wahrscheinlich sind diese ›Original-Ankündigungen‹ seltener und begehrter als so manches seltene ›Aufdruckstück‹ der Lundy-Marken.
Die Lundy-Post entstand also aus der ganz nüchternen Notwendigkeit, eine Postverbindung aufrechtzuerhalten. Dies fand seinen symbolischen Ausdruck auch darin, daß ›His Majesty's Post Offices‹ es hinnahmen, wenn die Marken von Lundy Seite an Seite neben den Marken Seiner Majestät klebten. Die Behörden waren froh, daß der unrentable Postdienst nach Lundy vom Besitzer der Insel ausgeübt wurde.
Wer die Ämter kennt, weiß, daß Beamte nie ruhen, sondern in der Zeit, in der sie ohne Arbeit sind, darüber nachdenken, wie sie die Interessen ihrer Behörde fördern könnten. Das Ergebnis solcher Anstrengung war, daß der Generalpostmeister der Privatpost von Lundy das Ansuchen stellte, die britischen Marken in die rechte obere Ecke und die Lundy-Marken in die linke kleben zu lassen.

Land und Leute, Jugoslawien.

Markenkunst in Tunesien und Israel.

Jeder wußte nun ganz genau, welches die Marken von Lundy und welches die von England waren, wenn er es nicht schon vorher gewußt haben sollte. Der Postdienst funktionierte in der neuen Variation ebenso ausgezeichnet wie vorher, und zwar für ein weiteres Jahr. Dann schien irgendein Beamter wieder eine der berühmten Denkpausen eingelegt zu haben. Die betreffenden internationalen Bestimmungen wurden nachgeschlagen, und es ergab sich, daß die Marken von Lundy wie alle anderen nichtamtlichen Aufkleber nur auf der Rückseite der Umschläge angebracht werden durften. Dies ist eine internationale Vorschrift, die kaum eingehalten, aber von den Postverwaltungen immer wieder hervorgeholt wird, wenn man jemanden in seine Schranken weisen will. (Übrigens wird die Rückseite von Briefumschlägen gelegentlich und bei bestimmtem Anlaß auch von der Staatspost zur Brieffrankierung benutzt. Die Rückseite ist also nicht unbedingt ein privates Reservat. So bringt zum Beispiel die ungarische Staatspost bei eingeschriebenen Ersttagsbriefen nur jene Marken auf der Vorderseite an, die an diesem vom Ersttagsstempel genannten Datum ausgegeben worden sind. Alle anderen Marken, die dazu gebraucht werden, um das Briefporto auf die korrekte Höhe zu bringen, werden auf die Rückseite geklebt, wo sie — entgegen dem Brauch der Deutschen Bundespost — der Einfachheit halber auch mit dem Ersttagsstempel entwertet werden.)
Somit ging nun ein Teil der Lundy-Briefmarken auf der Rückseite der Umschläge auf die Reise — bei Postkarten bedeutete es, daß sie auf die Ansichtsseite geklebt werden mußten: Ein alter Brauch, den wir aus den Postkartenalben unserer Großväter kennen, wurde damit auf ›amtliche Anordnung‹ wieder zum Leben erweckt.
Das Aufkleben auf der Umschlag-Rückseite konnte jedoch nur für einen Teil der Post durchgesetzt werden. Bei denjenigen Briefen, die vom Festland nach Lundy und beim Festlandpostamt von Bideford aus der Hand der englischen Behörden gingen, blieb alles beim alten. Die Lundy-Marken wurden links oben in die Ecke der Umschläge geklebt. Da für alle Sendungen, die auf der Insel durch die Lundy-Post gingen, Porto zu bezahlen war, gibt es solche Mischfrankaturen nicht nur mit englischen Marken, sondern auch mit Marken anderer Staaten. Da mir der Generalpostmeister von Lundy Umschläge meiner Korrespondenz, die ich vor mehr als zehn Jahren mit ihm führte, wieder zurückschickte, besitze ich ein solches Muster, das rechts die Marken mit dem Kopf des Bundespräsidenten Heuss und links eine Marke von Lundy zeigt. Sie ist schwarz gestempelt, was eine vom Festland nach der Insel gehende Postsache anzeigt, deren Zusatzporto in diesem Fall

vom Empfänger zu zahlen war. Bei den Postsachen aber, die ich dann von der Insel als Antwort erhielt, waren die Marken, vorschriftsmäßig auf die Rückseite geklebt, mit dem Lundy-Poststempel grün entwertet. Wie lange das System so gehandhabt wurde, ist unklar, da es auch schwarze Ausgangsstempel gibt. Übrigens wechselten auch die Auflieferungspostämter der Inselpost in einem recht weiten Bezirk. Es kam darauf an, welchen Auftragshafen der Kutter anzulaufen hatte, und dort wurde dann die Post an das englische Postamt gegeben. Dies konnte an der Südspitze der Bristol-Bucht in Ilfracombe oder aber auch 50 Kilometer nördlich im Hafen von Swansea geschehen.
Wie beliebt die älteren Lundy-Marken sind, die immer nur den Puffin zeigen, erkennt man an der Tatsache, daß von ihnen in Deutschland bereits Steindruckfälschungen verkauft werden. Da sie nur ein paar Pfennige kosten, besteht keine finanzielle Gefahr, aber es ist doch gut, wenn man es weiß.
Der Puffin ist das Lieblingstier der Insel. Mit seinem schwarzweißen Gefieder, dem orangeroten Schnabel und der Gewohnheit, in den Erdhöhlen der Kaninchen zu nisten, ist er ein merkwürdiger Vogel — für die merkwürdige Post dieser Insel ein charakteristisches Symbol.

Briefmarkenkataloge, Zeitschriften und Literatur

Wer in arabische Länder kommt und nach dem Preis einer Ware fragt, hört neben einer Zahlenangabe oft den beschwörenden Ausruf: »Tarifa!« Ahnungslose Gemüter meinen dann, dies sei der amtlich festgesetzte Preis, der Tarif, und zahlen als ordentliche Leute die geforderte Summe.
Ähnlich ist es mit den Preiskatalogen für Briefmarken. Da rufen auch die Verkäufer von Briefmarken — und man sieht sie dabei im Geiste beschwörend die Hand auf den Katalog legen: »Tarifa, Tarifa!« In Wirklichkeit sind auch hier die Preise ähnlich denen eines arabischen Händlers. Hier heißt es ja nicht: Herstellungspreis des Produkts und Handelsspesen plus Gewinn ergeben den Verkaufspreis. Dieser wird einfach dadurch bestimmt, daß ein gewisser Händlerkreis zusammenkommt und Erfahrungen dahingehend austauscht, welche Preise man im letzten Jahr für eine Marke gerade noch verlangen konnte, um einen Absatz zu erreichen.
In Wirklichkeit müßten natürlich die Preise der einzelnen Marken sorgfältig untersucht werden, um zu einer vernünftigen Bewertung zu gelangen. Zu der Händlerkonferenz müßten unabhängige Experten (nicht solche, die ihr Geld durch

Anbringen von Prüfungszeichen bei eben diesen Händlern verdienen) und auch Vertreter der Sammlerorganisationen gehört werden. Leider wird in diesen Organisationen nur allzuviel von Idealismus geredet, so daß dann keine Zeit mehr für eine ernsthafte Marktanalyse bleibt. Der einzelne Sammler sollte deshalb nie vergessen, daß bei der Briefmarke letztlich allein der Käufer die Preise bestimmt.

Ein tüchtiger amerikanischer Händler, der es inzwischen sehr weit gebracht hat, machte seinen Verkäufern deshalb auch klar, daß der Absatz von Briefmarken mehr individuelle Einfühlung, Entgegenkommen und Freundlichkeit verlangt als etwa der von Herrenhemden: Ein Hemd benötige schließlich jeder früher oder später – eine gestempelte Briefmarke brauche eigentlich niemand.

Es amüsiert mich immer wieder, mit welcher Selbstverständlichkeit der deutsche Briefmarkenhändler nach seinem Standardkatalog greift, um den genauen Preis einer Marke zu nennen. Selbst den Koran kann man deuten und auslegen, den deutschen Briefmarkenkatalog aber nicht.

In Wirklichkeit ist nichts schwankender und ungewisser als die Preise der Briefmarken, nichts unverschämter als die Preise bestimmter Modewerte, die in ihrer Einschätzung auf nichts anderem als der kühl berechnenden Kalkulation einer ›maßgebenden‹ Händlergruppe beruhen.

Glücklicherweise können immer nur die Preisbewegungen von Marken verhältnismäßig weniger Gebiete, in denen sich im Augenblick jeweils der Hauptumsatz abspielt, manipuliert werden. Ein weiter Bereich interessantester Länder bleibt außerhalb der Moden, und ihre Marken sind zu einem Bruchteil der Katalogpreise zu erwerben. Um welchen Bruchteil es sich freilich handelt, kann lediglich durch Erfahrung und Marktbeobachtung herausgefunden werden. Nur jener, der genau weiß, was vorgeht, wird diese Marken zu angemessenen Preisen bekommen, meist über Auktionen, über privaten Kauf und auch über einen Händler, der Vernunft walten läßt. Es ist erstaunlich, wie wenige Händler, obwohl die meisten die Marktlage genau kennen, bereit sind, auch Marktpreise gelten zu lassen. Es ist zu verführerisch, mit der Miene eines soliden Geschäftsmannes den Katalog zur Hand zu nehmen und so zu tun, als seien seine Bewertungen die letzten Börsenkurse.

Es gibt Marken ganzer Länder, die mit einem Zehntel des Katalogpreises gehandelt werden. Welch ein Profit, wenn man solche Marken mit unbewegtem Gesicht zum vollen Katalogpreis absetzen kann! Viel zu viele Händler meinen, es sei einfach eine Frage der Solidarität, diese Katalogpreise für jedes Land zu kassieren. Man brauche nur jene Sammler, die ihre glückliche Naivität verloren haben und Ansprüche stellen, entsprechend lausig zu behandeln, sie als Schnorrer hinzustellen und ihnen nichts zu verkaufen — damit bringe man seine Kunden schon ›auf Vordermann‹.

Jeder fortgeschrittene Briefmarkenliebhaber erfährt früher oder später, daß er in diese Gruppe der Außenseiter geraten ist. Offenbar ist ihm sein Wissen anzusehen, denn sobald er einen Laden betritt, schließen die Händler ihre Lagerbücher. Gut für ihn, wenn er dann bald herausfindet, daß er eben ein ›Fortgeschrittener‹, ein ›Eingeweihter‹ ist, der seine Marken nicht mehr brav nach ›Fehlliste‹ kauft, sondern sie nach Erhaltung, Stempel usw. auf Auktionen auswählt und zu echten Marktpreisen erwirbt.

Mit der Zeit findet sich der Fortgeschrittene mit diesem Zustand eines von den Händlern Verstoßenen ab — er versteht sogar, warum man mit ihm keine Geschäfte mehr machen mag, da er ja aus der gleichen Quelle zu gleichen Preisen beziehen kann wie der Händler.

Nun ist es nicht so, daß der Händler für die Prozente, die er mehr verlangt, nichts liefert. Er stellt bei jedem Kauf dem Käufer sein besonderes Wissen, eine oft jahrzehntelange Erfahrung zur Verfügung, und das ist für den Anfänger das Aufgeld sicherlich wert. Es ist auch verständlich, warum dies beim spezialisierten Sammler oft anders sein mag. Der Spezialist kann dem durchschnittlichen Händler in einem bestimmten Punkt, etwa in bezug auf ein spezielles Land, überlegen sein, da der Händler ein philatelistisches Allgemeinwissen besitzen muß und selbst bei bestem Willen sich nicht nach allen Richtungen hin genauer orientieren kann.

Einem solchen fachmännischen Liebhaber gegenüber sollte sich der Händler immer vernünftig verhalten. Aber hier meint er allzuoft lediglich einen Narren oder einen blinden Liebhaber vor sich zu haben, der alle Preise zahlt, nur um ›Raritäten‹ zu erlangen, die meist nur Merkwürdigkeiten sind. Gott sei Dank gibt es noch immer genug verständige Händler, mit denen es sich gut arbeiten läßt.

Wichtig ist, daß der nach genauerem Fachwissen strebende Philatelist zumindest eine Zeitschrift abonniert sowie die meist in kleinen Auflagen hergestellten und deshalb verhältnismäßig teuren Spezialschriften, die es über bestimmte Länder und Sondergebiete gibt, kauft.

Die meisten Sammler sind sparsam, fast so sparsam wie die meisten Händler. Sie geben lieber zehn Mark für eine Briefmarke aus als für ein das ganze Gebiet erschließendes Fachwerk. Wer jedoch keine Literatur liest, wer sich die Erfahrungen von Generationen von Spezialisten nicht zu eigen machen will, kann zwar eine große Sammlung anhäufen, aber

wird dennoch immer ein Stümper bleiben. Wir haben ja nicht umsonst in der Schule lesen gelernt, und zwar nicht nur die Zahlen, sondern auch die Buchstaben.
Jeder Briefmarkensammler kauft sich entweder einen der billigen Nettokataloge oder auch einen teuren Spezialkatalog. Damit ist er dann genau über die Preise orientiert, die der Handel in Verbindung mit der Marktentwicklung festzulegen beliebt. Die Philatelie beginnt aber erst bei den Handbüchern, mit deren Hilfe der Sammler auch die Verschiedenheiten und Spezialitäten studieren und einen inneren Zusammenhang in sein Sammelgebiet bringen kann. Er kultiviert den primitiven Sammeltrieb und sieht nicht mehr nur Farben, Zahlen und Landesnamen, Daten und Motive. Er zieht eigene Schlüsse, die ihn mit Kultur und Geschichte, mit sozialen und künstlerischen Entwicklungen vertraut machen, und darin dürfte der eigentliche Sinn und Wert des Briefmarkensammelns liegen.

Namens- und Sachregister